ALEXANDER SPRICK

PRÜFUNG KAUFMANN/-FRAU EINZELHANDEL?

ABER HALLO!

ÜBER 270 FRAGEN, FÄLLE, ÜBUNGEN UND LÖSUNGEN ZUR VORBEREITUNG AUF DIE SCHRIFTLICHE ABSCHLUSSPRÜFUNG

ANAXIMANDER

Erstauflage, Februar 2018

Copyright © 2018

Anaximander Verlag, Rinteln

Verlag:

Anaximander Verlag UG (haftungsbeschränkt),

Alte Kasseler Str. 23, D-31737 Rinteln

Telefon: 05754/926149 – Telefax: 05754/4989825

www.anaximander-verlag.de

E-Mail: mail@anaximander-verlag.de

Autor:

Alexander Sprick, Dipl.-Kfm.

Alte Kasseler Str. 23, D-31737 Rinteln

Telefon: 05754/926149 – Telefax: 05754/4989825

www.alexander-sprick.de

E-Mail: mail@alexander-sprick.de

Autorenfoto:

Evangeline Cooper

www.evangeline-cooper.de

ISBN: 978-3-9819676-0-9

Herstellung und Druck:

Siehe Eindruck auf der letzten Seite

Das Werk, einschließlich seiner Teile, ist urheberrechtlich geschützt. Jede Verwertung ist ohne Zustimmung des Verlages und des Autors unzulässig. Dies gilt insbesondere für die elektronische oder sonstige Vervielfältigung, Übersetzung, Verbreitung und öffentliche Zugänglichmachung.

Die Informationen in diesem Werk werden ohne Rücksicht auf einen eventuellen Patentschutz veröffentlicht. Warennamen werden ohne Gewährleistung der freien Verwendbarkeit benutzt. Nahezu alle Hard- und Softwarebezeichnungen sowie weitere Angaben, die in diesem Werk verwendet werden, sind als eingetragene Marken geschützt. Da es nicht möglich ist, in allen Fällen zeitnah zu ermitteln, ob ein Markenschutz bestehen könnte, wird das ® Symbol in diesem Werk nicht verwendet.

Dieses Werk enthält Links zu externen Webseiten Dritter, auf deren Inhalte Verlag und Autor keinen Einfluss haben. Deshalb können Verlag und Autor für diese fremden Inhalte auch keine Gewähr übernehmen. Für die Inhalte der verlinkten Seiten ist stets der jeweilige Anbieter oder Betreiber der Seiten verantwortlich. Die verlinkten Seiten wurden zum Zeitpunkt der Verlinkung auf mögliche Rechtsverstöße überprüft. Rechtswidrige Inhalte waren zum Zeitpunkt der Verlinkung nicht erkennbar. Eine permanente inhaltliche Kontrolle der verlinkten Seiten ist jedoch ohne konkrete Anhaltspunkte einer Rechtsverletzung nicht zumutbar. Bei Bekanntwerden von Rechtsverletzungen werden wir derartige Links umgehend entfernen.

Bibliografische Information der Deutschen Nationalbibliothek:

Die Deutsche Nationalbibliothek verzeichnet diese Publikation in der Deutschen Nationalbibliografie; detaillierte bibliografische Daten sind im Internet über http://dnb.d-nb.de abrufbar.

Themen

Sortierung nach Lernfeldern

Lernfeld 1: Das Einzelhandelsunternehmen repräsentieren	70 Fragen
Lernfeld 2: Verkaufsgespräche kundenorientiert führen	22 Fragen
Lernfeld 3: Kunden im Servicebereich Kasse betreuen	36 Fragen
Lernfeld 4: Waren präsentieren	10 Fragen
Lernfeld 5: Werben und den Verkauf fördern	6 Fragen
Lernfeld 6: Waren beschaffen	15 Fragen
Lernfeld 7: Waren annehmen, lagern und pflegen	22 Fragen
Lernfeld 8: Geschäftsprozesse erfassen und kontrollieren	8 Fragen
Lernfeld 9: Preispolitische Maßnahmen vorbereiten und durchführen	13 Fragen
Lernfeld 10: Besondere Verkaufssituationen bewältigen	11 Fragen
Lernfeld 11: Geschäftsprozesse erfolgsorientiert steuern	15 Fragen
Lernfeld 12: Mit Marketingkonzepten Kunden gewinnen und binden	10 Fragen
Lernfeld 13: Personaleinsatz planen und Mitarbeiter führen	23 Fragen
Lernfeld 14: Ein Einzelhandelsunternehmen leiten und entwickeln	10 Fragen
	271 Fragen

Sortierung nach Prüfungsbereichen

Abschlussprüfung Teil I

Verkauf und Werbemaßnahmen	78 Fragen
Warenwirtschaft und Kalkulation	55 Fragen
Wirtschafts- und Sozialkunde	<u>62 Fragen</u>
	195 Fragen

Abschlussprüfung Teil II

Geschäftsprozesse im Einzelhandel	***76 Fragen***

Am Ende des Buches findet sich ein ausführliches Stichwortverzeichnis, so dass Sie auch gezielt nach bestimmte Themen bzw. Aufgaben suchen können.

Inhaltsverzeichnis

Vorwort 9
Lernfeld 1, Frage 1.1 10
Lernfeld 2, Frage 2.1 69
Lernfeld 3, Frage 3.1 91
Lernfeld 4, Frage 4.1 137
Lernfeld 5, Frage 5.1 148
Lernfeld 6, Frage 6.1 156
Lernfeld 7, Frage 7.1 170
Lernfeld 8, Frage 8.1 185
Lernfeld 9, Frage 9.1 197
Lernfeld 10, Frage 10.1 212
Lernfeld 11, Frage 11.1 225
Lernfeld 12, Frage 12.1 240
Lernfeld 13, Frage 13.1 247
Lernfeld 14, Frage 14.1 265
Stichwortverzeichnis 273
Feedback oder Kritik 280

Bei der Erstellung dieses Buches wurde mit größter Sorgfalt vorgegangen. Trotzdem lassen sich Fehler nie vollständig ausschließen. Verlag und Autor können für fehlerhafte Angaben und deren Folgen weder eine juristische Verantwortung noch irgendeine Haftung übernehmen.

Aus Gründen der besseren Lesbarkeit wird bei geschlechtsspezifischen Begriffen die maskuline Form verwendet. Die Verwendung dieser Form versteht sich explizit als geschlechtsneutral. Bei allen Bezeichnungen sind selbstverständlich immer beide Geschlechter gemeint.

Vorwort

Sie möchten sich zielgerichtet auf Ihre schriftlichen Abschlussprüfungen als Kauffrau/-mann im Einzelhandel vorbereiten?

Sie möchten kurz und bündig die wesentlichen Themen der einzelnen Lernfelder Ihres Berufsschulunterrichts wiederholen und dabei nicht ganze Schulbücher wälzen?

Sie möchten vor allem die Themen beherrschen, die in den letzten Jahren *(von 2007 bis 2017)* immer wieder in den IHK-Klausuren abgeprüft wurden?

Sie möchten den aktuellsten Rechtsstand laut neuer Verordnung über die Berufsausbildung, die seit dem 1. August 2017 gilt, berücksichtigt wissen?

Sie möchten nicht nur stichwortartige Lösungen haben *(wie in einigen anderen Büchern)*, sondern auch ein bisschen Hintergrundwissen aufbauen *(was übrigens in Ihrer späteren mündlichen Prüfung für Sie sehr wichtig sein kann)*?

Dann bitte ich Sie, diesem Buch eine Chance zu geben!

Mein Name ist Alexander Sprick und ich habe als Lehrkraft bei verschiedenen Bildungsträgern schon mehrere „Einzelhandels"-Klassen unterrichtet und erfolgreich in die Prüfungen geführt. Häufig hatten meine Schüler Probleme mit dem kaufmännischen Rechnen und dem Kalkulationsschema. Daraufhin haben wir uns „Eselsbrücken" gebastelt.

Deshalb finden Sie in diesem Buch

- Schritt-für-Schritt-Anleitungen zum Rechnen *(die wirklich jeder versteht)*,
- „Merkhilfen" rund um das „Kalkulationsschema".

Wie können Sie am besten mit diesem Buch arbeiten?

Decken Sie einfach die rechte Seite des Blattes – also die mit den Lösungen – mit einem Zettel, einer Pappe oder einem Lesezeichen ab und lesen Sie die Frage. Lösen Sie die Aufgabe erst einmal selbst und schauen Sie erst danach in die Musterlösung auf der rechten Seite.

Markieren Sie sich Aufgaben, die Sie noch nicht 100%ig können, mit einem Bleistift. Diese Aufgaben müssen Sie später noch einmal bearbeiten, bis Sie auch diese Aufgaben beherrschen. Je öfter, desto besser.

Wo finden Sie weiteres Material, das Ihnen wirklich weiterhilft?

Wenn Sie „echte" IHK-Prüfungen kaufen möchten, finden Sie alte Prüfungen sowie Lösungserläuterungen unter http://www.u-form-shop.de/

Also: Erst einmal mit diesem Buch die Inhalte und Themen lernen, danach die alten Prüfungsaufgaben bei U-Form durcharbeiten.

Von meiner Seite „toi, toi, toi" bei Ihrer Prüfung! Sie schaffen das!

Ihr Alexander Sprick, Rinteln

Lernfeld 1, Frage 1.1
Wirtschafts- und Sozialkunde

a) Welche Inhalte müssen laut dem Berufsbildungsgesetz (BBiG) mindestens im Ausbildungsvertrag stehen?

b) Wann müssen diese Inhalte durch den Ausbildenden spätestens schriftlich festgehalten werden?

Antwort 1.1

a) **Inhalte gemäß § 11 BBiG**

b) Unmittelbar nach Abschluss des Ausbildungsvertrages und spätestens vor Beginn der Ausbildung muss der Ausbildende die wesentlichen Inhalte schriftlich festhalten.

Frage 1.2

Wirtschafts- und Sozialkunde

Lernfeld 1

Wann endet das Berufsausbildungsverhältnis?

Antwort 1.2

Die Berufsausbildung endet **mit Vertragsende**.

Liegt der Prüfungstermin **vor** dem Vertragsende, so endet die Ausbildung bereits **mit dem Bestehen des letzten Prüfungsabschnitts**, d.h. wenn Sie als Azubi definitiv erfahren, dass Sie die Prüfung bestanden haben *(sog. Bekanntgabe des Ergebnisses durch den Prüfungsausschuss).*

Frage 1.3

Wirtschafts- und Sozialkunde

Lernfeld 1

Die Abschlussprüfung wurde nicht bestanden.

a) Wie oft kann die Prüfung wiederholt werden?

b) Verlängert sich das Berufsausbildungsverhältnis automatisch?

Die Abschlussprüfung wurde bestanden.

c) Muss der Auszubildende vom Betrieb in ein Arbeitsverhältnis übernommen werden?

Antwort 1.3

a) Es ist möglich, die Abschlussprüfung zweimal zu wiederholen. **Achtung: Hier ist bspw. auch die folgende Frage möglich: „Sam ist bereits 3x durch die Abschlussprüfung gefallen. Darf er nochmal zugelassen werden?" Die Antwort lautet: „Nein!"**

b) In § 21 BBiG ist geregelt: Bestehen Auszubildende die Abschlussprüfung nicht, so verlängert sich das Berufsausbildungsverhältnis auf ihr Verlangen bis zur nächstmöglichen Wiederholungsprüfung, höchstens um ein Jahr.

c) Ein Auszubildender muss nach bestandener Prüfung natürlich nicht vom Betrieb übernommen werden.

Achtung: Der Ausbildende hat dies dem Azubi spätestens am letzten Ausbildungstag mitzuteilen, da das Ausbildungsverhältnis sonst in einen unbefristeten Arbeitsvertrag übergeht.

Frage 1.4

Wirtschafts- und Sozialkunde

Lernfeld 1

Wie kann das Ausbildungsverhältnis gekündigt werden?

Antwort 1.4

Während der Probezeit kann das Ausbildungsverhältnis von beiden Seiten jederzeit ohne Einhalten einer Kündigungsfrist und ohne Begründung gekündigt werden.

Nach der Probezeit darf die Kündigung nur schriftlich und unter Angabe der Kündigungsgründe erfolgen und nur

- aus wichtigen Grund (z.B. Diebstahl) ohne Einhalten einer Kündigungsfrist,
- vom Azubi mit einer Kündigungsfrist von vier Wochen, wenn er die Ausbildung aufgeben oder sich für eine andere Berufstätigkeit ausbilden lassen will (also Wechsel der Berufsausbildung).

Eine Kündigung aus einem wichtigen Grund ist unwirksam, wenn die ihr zugrunde liegenden Tatsachen länger als 2 Wochen bekannt sind.

Übrigens: Abweichende Kündigungsfristen darf der Ausbildende nicht vereinbaren.

Frage 1.5

Wirtschafts- und Sozialkunde

Lernfeld 1

Kürzlich fragte mich eine Auszubildende: „Wegen schlechter Noten droht mein Chef mit der Kündigung des Ausbildungsverhältnisses. Kann er das wirklich?"

Wie ist die Rechtslage?

Antwort 1.5

Nach § 22 BBiG kann der Arbeitgeber das Ausbildungsverhältnis **nach der Probezeit** nur dann kündigen, wenn ein wichtiger Grund (z.B. Diebstahl) vorliegt. Schlechte Schulnoten zählen nicht dazu. Eine Kündigung ist für den Chef also nicht möglich.

Aber Achtung: **Während der Probezeit** kann das Ausbildungsverhältnis von beiden Seiten jederzeit ohne Einhalten einer Kündigungsfrist und ohne Begründung gekündigt werden. Wäre die Auszubildende noch in der Probezeit, könnte der Chef kündigen.

Frage 1.6

Wirtschafts- und Sozialkunde

Lernfeld 1

Nennen Sie mindestens 6 Pflichten, die der Auszubildende laut Berufsbildungsgesetz (BBiG) aus dem Ausbildungsverhältnis hat.

Antwort 1.6

Pflichten des Auszubildenden laut BBiG

- Teilnahme am Berufsschulunterricht, an Ausbildungsmaßnahmen außerhalb der Ausbildungsstätte und an Prüfungen
- Führen eines Berichtsheftes
- Stillschweigen über Betriebs- und Geschäftsgeheimnisse bewahren
- Weisungen zu befolgen, die ihm im Rahmen der Ausbildung aufgetragen werden
- Beachtung der für die Ausbildungsstätte geltenden Betriebsordnung
- Sorgfältige Ausführung der ihm im Rahmen der Ausbildung aufgetragenen Aufgaben
- Bemühung, die berufliche Handlungsfähigkeit zu erwerben, die erforderlich ist, um das Ausbildungsziel zu erreichen
- Pflegliche Behandlung von Maschinen, Werkzeugen und sonstigen Einrichtungen

Hinweis: Diese Pflichten sind gleichzeitig Rechte des Ausbilders. Die Frage könnte also auch umgekehrt gestellt werden.

Frage 1.7

Wirtschafts- und Sozialkunde

Lernfeld 1

Nennen Sie mindestens 6 Pflichten, die der Ausbilder (auch Ausbildender genannt) laut Berufsbildungsgesetz (BBiG) aus dem Ausbildungsverhältnis hat.

Antwort 1.7

Pflichten des Ausbilders bzw. Ausbildenden laut BBiG

Der Ausbilder hat

- mit dem Azubi einen schriftlichen Berufsausbildungsvertrag zu schließen
- mit dem Azubi eine Probezeit (mindestens 1, maximal 4 Monate) zu vereinbaren
- dem Azubi eine angemessene Vergütung zu zahlen
- dafür zu sorgen, dass dem Auszubildenden die berufliche Handlungsfähigkeit vermittelt wird, die zum Erreichen des Ausbildungsziels erforderlich ist
- die Berufsausbildung planmäßig durchzuführen
- selbst auszubilden oder einen Ausbilder oder eine Ausbilderin zu beauftragen
- Auszubildenden kostenlos die erforderlichen Ausbildungsmittel zur Verfügung zu stellen
- Auszubildende zum Besuch der Berufsschule sowie zum Führen von schriftlichen Ausbildungsnachweisen anzuhalten
- dafür zu sorgen, dass Auszubildende charakterlich gefördert sowie sittlich und körperlich nicht gefährdet werden.
- Auszubildenden nur Aufgaben zu übertragen, die dem Ausbildungszweck dienen und die ihren körperlichen Kräften angemessen sind
- Auszubildende für die Teilnahme am Berufsschulunterricht und an Prüfungen freizustellen
- dem Auszubildenden bei Beendigung des Berufsausbildungsverhältnisses ein schriftliches Zeugnis auszustellen (*Achtung: Haben Ausbildende die Berufsausbildung nicht selbst durchgeführt, so soll auch der Ausbilder oder die Ausbilderin das Zeugnis mit unterschreiben*)

Hinweis: Diese Pflichten sind gleichzeitig Rechte des Azubis. Die Frage könnte also auch umgekehrt gestellt werden.

Frage 1.8

Wirtschafts- und Sozialkunde

Lernfeld 1

Was versteht man unter einer „dualen Ausbildung" bzw. einem „dualen Ausbildungssystem"?

Antwort 1.8

Man versteht darunter, dass die Berufsausbildung *(gemeint: Erstausbildungen der staatlich anerkannten Ausbildungsberufe gemäß BBiG)* in Deutschland durch die beiden Lernorte

1. Ausbildungsbetrieb
2. Berufsschule

durchgeführt wird. *Vielleicht als Merkhilfe: „Dual" kommt vom Lateinischen „dualis" und bedeutet „__zwei__ enthaltend".*

Frage 1.9

Wirtschafts- und Sozialkunde

Lernfeld 1

Die 20-jährige Luna Lustig hat sich dazu durchgerungen, eine Ausbildung zur Verkäuferin zu absolvieren. Der Lebensmittel-Einzelhändler „IMFRI" („Immer Frisch") hat mit ihr einen Ausbildungsvertrag abgeschlossen. Welcher Stelle ist der von den beiden Parteien unterschriebene Vertrag vorzulegen und warum?

Antwort 1.9

Der von Frau Lustig und dem IMFRI-Zeichnungsberechtigten unterschriebene Ausbildungsvertrag muss der zuständigen Industrie- und Handelskammer (IHK) zur Prüfung vorgelegt werden.

Die IHK nimmt dann auch die Eintragung in ihr Verzeichnis der Berufsausbildungsverhältnisse vor.

Frage 1.10

Wirtschafts- und Sozialkunde

Lernfeld 1

Nennen Sie die Voraussetzungen für die Zulassung zur Abschlussprüfung.

Antwort 1.10

Die Voraussetzungen zur Zulassung sind im § 43 Berufsbildungsgesetz (BBiG) aufgeschrieben.

Zur Abschlussprüfung ist zuzulassen, wer

- die Ausbildungszeit zurückgelegt hat (oder wessen Ausbildungsverhältnis nicht später als zwei Monate nach dem Prüfungstermin endet)
- an Zwischenprüfungen teilgenommen hat *(ACHTUNG: Das Ergebnis der Zwischenprüfung spielt keine Rolle!)*
- vorgeschriebene Berichtshefte geführt hat
- bei der Kammer im Verzeichnis der Berufsausbildungsverhältnisse eingetragen ist.

Noch einmal der Hinweis, da solche Fälle oft in den Abschlussprüfungen vorkommen: Das Resultat oder „Bestehen"/ „Nicht-Bestehen" der Zwischenprüfung ist für die Zulassung zur Abschlussprüfung vollkommen unwichtig. Die Teilnahme ist aber Voraussetzung für die Zulassung zur Abschlussprüfung.

Frage 1.11

Wirtschafts- und Sozialkunde

Lernfeld 1

Was sagt das Berufsbildungsgesetz (BBiG) zur Probezeit von Auszubildenden?

Ist eine Verlängerung der Probezeit möglich?

Antwort 1.11

Laut BBiG muss die Probezeit von Auszubildenden <u>mindestens einen</u> Monat und darf <u>höchstens vier</u> Monate betragen.

> Probezeit zwischen 1 Monat und 4 Monaten

Eine Verlängerung der Probezeit ist nur dann möglich, wenn der Azubi länger als ein Drittel der Probezeit ausfällt, zum Beispiel durch Krankheit. Diese Möglichkeit muss aber vorher vereinbart worden sein.

Frage 1.12

Wirtschafts- und Sozialkunde

Lernfeld 1

Welche Stelle ist gemäß BBiG für die Eintragung des Ausbildungsverhältnisses, die Überwachung der Ausbildung, die Durchführung der Prüfungen etc. zuständig? *Auch „zuständige Stelle" genannt...*

Antwort 1.12

Die **zuständigen Stellen** sind in § 71 BBiG aufgezählt: Für die Berufsbildung

- in Berufen der Handwerksordnung die **Handwerkskammer**
- in nichthandwerklichen Gewerbeberufen die **Industrie- und Handelskammer**
- in Berufen der Landwirtschaft die **Landwirtschaftskammer**
- der Fachangestellten im Bereich der Rechtspflege die **Rechtsanwalts-, Patentanwalts- und Notarkammern**
- der Fachangestellten im Bereich der Wirtschaftsprüfung und Steuerberatung die **Wirtschaftsprüferkammern** und die **Steuerberaterkammern**
- der Fachangestellten im Bereich der Gesundheitsdienstberufe die **Ärzte-, Zahn-, Tierärzte- und Apothekerkammern**

Frage 1.13

Wirtschafts- und Sozialkunde

Lernfeld 1

a) Welche Personen schützt das Jugendarbeitsschutzgesetz (JArbSchG)?

b) Was ist das Ziel des Jugendarbeitsschutzgesetzes?

c) Was steht im Jugendarbeitsschutzgesetz zur ärztlichen Untersuchung?

d) Welche Aussagen stehen im Jugendarbeitsschutzgesetz zum Berufsschulbesuch?

Antwort 1.13

a) Das Jugendarbeitsschutzgesetz (JArbSchG) ist auf alle Beschäftigungsverhältnisse von Personen anzuwenden, die noch nicht 18 Jahre alt sind.

Kind ist, wer noch nicht 15 Jahre alt ist. **Jugendlicher** ist, wer zwischen 15 und 18 Jahren alt ist.

D.h. ab Volljährigkeit gilt das Jugendarbeitsschutzgesetz auch für Auszubildende nicht mehr.

b) Das Ziel des JArbSchG besteht im Schutz der Jugendlichen unter 18 Jahren vor Gefährdungen am Arbeitsplatz.

c) Ein Jugendlicher, der in das Berufsleben eintritt, darf nur beschäftigt werden, wenn er innerhalb der letzten vierzehn Monate von einem Arzt untersucht worden ist **(Erstuntersuchung)** und dem Arbeitgeber eine von diesem Arzt ausgestellte Bescheinigung vorlegt.

Ein Jahr nach Aufnahme der ersten Beschäftigung hat sich der Arbeitgeber die Bescheinigung eines Arztes darüber vorlegen zu lassen, dass der Jugendliche nachuntersucht worden ist **(erste Nachuntersuchung)**.

d) Hier gelten die folgenden Aussagen:

- Freistellung von der Arbeit für die Teilnahme am Berufsschulunterricht, an Prüfungen, außerbetrieblichen Ausbildungsmaßnahmen

- Beschäftigungsverbot an einem Tag in der Woche bei Berufsschulunterricht von mehr als 5 Stunden

- Freistellung für die Abschlussprüfungen

- Ein freier Tag unmittelbar vor der Abschlussprüfung

Frage 1.14

Wirtschafts- und Sozialkunde

Lernfeld 1

Welche Regelungen enthält das Jugendarbeitsschutzgesetz (JArbSchG)

a) zum Urlaubsanspruch?

b) zur Arbeits- und Freizeit?

c) zu den Pausenzeiten?

Antwort 1.14

a) Bei der Urlaubsregelung gilt die folgende Staffelung:

- 15-Jährige: Mindestens 30 Werktage Urlaub
- 16-Jährige: Mindestens 27 Werktage Urlaub
- 17-Jährige: Mindestens 25 Werktage Urlaub

b) Jugendliche dürfen

- nur an 5 Tagen in der Woche beschäftigt werden
- nicht mehr als 40 Stunden wöchentlich beschäftigt werden
- nicht mehr als 8 Stunden täglich beschäftigt werden (bei früherem Arbeitsschluss an anderen Tagen maximal 8 ½ Stunden)
- grundsätzlich nur zwischen 6.00 und 20.00 Uhr beschäftigt werden (hierzu gibt es Ausnahmen)
- nach Ende der täglichen Arbeitszeit nicht vor Ablauf von mindestens 12 Stunden erneut eingesetzt werden
- pro Schicht nicht mehr als 10 Stunden eingesetzt werden (hierzu gibt es Ausnahmen)
- grundsätzlich an Samstagen und Sonntagen nicht beschäftigt werden (hierzu gibt es Ausnahmen)

c) Die Pausenzeiten müssen insgesamt

- 30 Minuten bei einer Arbeitszeit von mehr als 4 ½ Stunden,
- 60 Minuten bei einer Arbeitszeit von mehr als 6 Stunden betragen.

Eine Pause muss mindestens 15 Minuten lang sein.

Frage 1.15

Wirtschafts- und Sozialkunde

Lernfeld 1

Zur Vertretung der besonderen Interessen von jugendlichen Arbeitnehmern und Azubis kann in einem Betrieb eine Jugend- und Auszubildendenvertretung (JAV) gewählt werden.

a) Welche Aufgaben hat die JAV?
b) Über welche Rechte verfügt sie?

Antwort 1.15

a) Die allgemeinen Aufgaben der JAV sind in § 70 BetrVG geregelt:
- Beantragung von Maßnahmen beim Betriebsrat (BR), die den jugendlichen Arbeitnehmern und Auszubildenden dienen *(insbesondere Fragen der Berufsbildung und Übernahme der Auszubildenden in ein Arbeitsverhältnis)*.
- Durchsetzung der Gleichstellung von Männern und Frauen bei der Ausbildung.
- Überwachung der Einhaltung der zugunsten der Auszubildenden und jugendlichen Arbeitnehmer geltenden Gesetze, Verordnungen, Unfallverhütungsvorschriften, Tarifverträge und Betriebsvereinbarungen.
- Aufsuchen der Arbeitsplätze *(nur mit der vorherigen Zustimmung des Betriebsrats)*.
- Entgegennahme von Anregungen von jugendlichen Arbeitnehmern und Auszubildenden in Fragen der Berufsbildung und Hinwirken auf die Erledigung durch den Betriebsrat.
- Förderung und Integration ausländischer Auszubildender und Beantragung entsprechender Maßnahmen beim BR.

b) Die JAV hat u.a. die folgenden Rechte:
- Zu allen Betriebsratssitzungen kann die JAV <u>einen</u> Vertreter entsenden.
- Im Falle der Behandlung speziell jugendliche Arbeitnehmer und Auszubildende betreffenden Angelegenheiten dürfen <u>alle</u> Mitglieder der JAV an der Sitzung teilnehmen.
- Betreffen die zu fassenden Beschlüsse überwiegend die jugendlichen Arbeitnehmer und Auszubildenden hat die JAV volles Stimmrecht.
- Aussetzen von Beschlüssen des Betriebsrates für eine Woche, wenn sie Jugendliche und Azubis betreffen.

Frage 1.16

Wirtschafts- und Sozialkunde

Lernfeld 1

Zur Vertretung der besonderen Interessen von jugendlichen Arbeitnehmern und Azubis kann in einem Betrieb eine Jugend- und Auszubildendenvertretung (JAV) gewählt werden.

a) In welchem Abstand wird die Vertretung der Jugendlichen und Auszubildenden gewählt?
b) Wer trägt die Kosten der Wahl?
c) Kann es in einem Betrieb ohne Betriebsrat eine JAV geben?
d) Wonach richtet sich die Anzahl der Jugendvertreter?

Antwort 1.16

a) Die JAV-Wahlen finden bundesweit alle zwei Jahre statt. In der Regel wird die JAV in den Monaten Oktober und November gewählt. Der genaue Wahltermin richtet sich nach dem Ende der Amtszeit der vorherigen JAV.

Die JAV wird in geheimer und unmittelbarer Wahl gewählt.

b) Die Kosten für die Wahl trägt der Arbeitgeber.

c) Nein. In einem Betrieb ohne Betriebsrat gibt es auch keine JAV. Die JAV ist „nur" ein „Unterorgan" des BR.

d) Die Anzahl der Jugendvertreter ist gestaffelt. Sie richtet sich nach der Zahl der wahlberechtigten Jugendlichen/Azubis im Betrieb:

5- 20 Jugendliche/Azubis = 1 Jugendvertreter

21-50 Jugendliche/Azubis = 3 Jugendvertreter

Frage 1.17

Wirtschafts- und Sozialkunde

Lernfeld 1

Annahme:

Ihr Ausbildungsbetrieb verfügt über eine Jugend- und Auszubildendenvertretung (JAV). Nun möchten Sie sich gerne bei der nächsten Wahl als Kandidat für diese JAV aufstellen lassen. In welchem Gesetz müssen Sie sich informieren, um Details zu der Wahl zu erfahren?

Antwort 1.17

Sie sollten in das **„Betriebsverfassungsgesetz" (BetrVG)** schauen.

Beispielsweise steht in § 60 BetrVG, dass in Betrieben mit … mindestens fünf Arbeitnehmern, die das 18. Lebensjahr noch nicht vollendet haben (jugendliche Arbeitnehmer) oder die zu ihrer Berufsausbildung beschäftigt sind und das 25. Lebensjahr noch nicht vollendet haben, Jugend- und Auszubildendenvertretungen gewählt werden.

Achtung: In Abschlussprüfungen tauchen ähnliche Aufgaben auch in der Form auf, dass mehrere Gesetze genannt wurden und Sie das richtige Gesetz – nämlich das Betriebsverfassungsgesetz – ankreuzen müssen.

Frage 1.18

Wirtschafts- und Sozialkunde

Lernfeld 1

Welche der folgenden Arbeitnehmer Ihres Betriebes dürfen in die Jugend- und Auszubildendenvertretung (JAV) gewählt werden?

1. 35-jährige Angestellte
2. 17-jähriger Arbeiter
3. 23-jährige Auszubildende
4. 27-jährige Auszubildende

Antwort 1.18

In die Jugend- und Auszubildendenvertretung sind alle **Arbeitnehmer** wählbar, die das 25. Lebensjahr noch nicht vollendet haben. Es muss sich also nicht zwingend um Auszubildende handeln.

1. **Nicht wählbar:** 35-jährige Angestellte
2. **Wählbar:** 17-jähriger Arbeiter
3. **Wählbar:** 23-jährige Auszubildende
4. **Nicht wählbar:** 27-jährige Auszubildende

Achtung: Mitglieder des Betriebsrates können nicht zu Jugendvertretern gewählt werden *(hier keine Angaben dazu)*.

Frage 1.19

Wirtschafts- und Sozialkunde

Lernfeld 1

Welche der folgenden Personen dürfen in Ihrem Warenhaus an den Betriebsratswahlen teilnehmen, d.h. wählen?

a) 17-jährige Auszubildende
b) 16-jähriger Arbeiter
c) 23-jähriger Auszubildender
d) 31-jährige Angestellte
e) 29-jährige Auszubildende
f) 45-jähriger leitender Angestellter (Personalleiter, Prokurist)

Antwort 1.19

Gemäß § 7 Betriebsverfassungsgesetz (BetrVG) sind alle Arbeitnehmer des Betriebs wahlberechtigt, die das 18. Lebensjahr vollendet haben.

Arbeitnehmer im Sinne des BetrVG sind vor allem Arbeiter, Angestellte und Azubis.

Leitende Angestellte, die selbständig einstellen und entlassen dürfen, gelten nicht als Arbeitnehmer im Sinne dieses Gesetzes (siehe § 5).

Die Lösungen c) bis e) sind also korrekt.

Frage 1.20

Wirtschafts- und Sozialkunde

Lernfeld 1

a) Worum handelt es sich beim „Betriebsrat"?

b) Ab welcher Betriebsgröße wird ein Betriebsrat gewählt?

c) In welchem Turnus wird der Betriebsrat gewählt? Wer trägt die Kosten für die Wahl?

d) Wer darf an der Betriebsratswahl teilnehmen?

e) Wer kann in den Betriebsrat gewählt werden?

Antwort 1.20

a) Der Betriebsrat ist die gewählte Vertretung der Arbeitnehmer gegenüber dem Arbeitgeber.

b) Gemäß § 1 Betriebsverfassungsgesetz (BetrVG) wird in Betrieben mit in der Regel <u>mindestens 5 ständigen wahlberechtigten Arbeitnehmern, von denen 3 wählbar sind</u>, ein Betriebsrat in geheimer Wahl gewählt.

c) Gemäß § 13 BetrVG finden die regelmäßigen Betriebsratswahlen <u>alle 4 Jahre</u> in der Zeit vom 1. März bis 31. Mai statt.

Die Kosten für die Betriebsratswahl trägt der Arbeitgeber.

d) <u>Aktives Wahlrecht nach § 7 BetrVG: „Wer darf wählen gehen?"</u>

Wählen darf jeder Arbeitnehmer, der über 18 Jahre alt ist – unabhängig von der Länge der Betriebszugehörigkeit!

Hierzu gehören auch Außendienstmitarbeiter, Auszubildende und Leiharbeiter, die länger als drei Monate beschäftigt werden.

Leitende Angestellte sind nicht wahlberechtigt.

e) <u>Passives Wahlrecht nach § 8 BetrVG: „Wer darf gewählt werden?"</u>

Gewählt werden kann jeder Mitarbeiter, der über 18 Jahre alt ist <u>und</u> der seit mindestens sechs Monaten für den Betrieb arbeitet.

Leitende Angestellte können nicht gewählt werden.

Nicht wählbar ist auch, wer infolge strafrechtlicher Verurteilung die Fähigkeit, Rechte aus öffentlichen Wahlen zu erlangen, nicht besitzt.

Frage 1.21

Wirtschafts- und Sozialkunde

Lernfeld 1

Bei den Rechten des Betriebsrates unterscheidet man

- Mitbestimmung
- Mitwirkung
- Information

Erläutern Sie kurz diese Rechte und geben Sie jeweils 2 Beispiele an.

Antwort 1.21

Nach dem BetrVG hat der Betriebsrat je nach Angelegenheit unterschiedlich wirksame Rechte:

Recht auf	Angelegenheit	Beispiele
Mitbestimmung	**in sozialen Angelegenheiten** -- bedeutet, gleichberechtigtes Mitentscheiden -- Arbeitgeber und Betriebsrat <u>müssen</u> sich einigen	Mitentscheidung über Arbeitszeit, Pausenregelung und Urlaubsplanung, Einrichtungen zur Überwachung von Arbeitnehmern, Betriebsordnung Grundsätze über das betriebliche Vorschlagswesen
Mitwirkung	**in personellen Angelegenheiten** -- Betriebsrat muss angehört werden, Zustimmung aber nicht erforderlich	Unterrichtung bei Einstellungen, Versetzungen, Umgruppierungen, Beurteilungs-Grundsätze
Information	**in wirtschaftlichen Angelegenheiten** -- Betriebsrat muss unterrichtet werden. Kein Mitbestimmungs- bzw. Mitwirkungsrecht	Unterrichtung über wirtschaftliche und finanzielle Lage des Unternehmens, Einführung neuer Produkte

Frage 1.22

Wirtschafts- und Sozialkunde

Lernfeld 1

a) Die Geschäftsführung kündigt einer Arbeitnehmerin, ohne vorher den Betriebsrat anzuhören. Ist die Kündigung wirksam?

b) Die Geschäftsführung Ihres Einzelhandelsunternehmens möchte Grundsätze über das betriebliche Vorschlagswesen aufstellen. Was für ein Recht hat der Betriebsrat?

c) Die Geschäftsführung Ihres Einzelhandelsunternehmens möchte die Pausenzeiten ändern. Welches Recht hat der Betriebsrat?

d) Die Geschäftsführung Ihres Einzelhandelsunternehmens möchte einen Urlaubsplan aufstellen. Welches Recht hat der Betriebsrat?

Antwort 1.22

a) Nein, die Kündigung ist unwirksam, da vorher der Betriebsrat anzuhören ist.

b) Der Betriebsrat hat hier ein Mitbestimmungsrecht.

c) Bei der Änderung der Pausenzeiten hat der Betriebsrat ein Mitbestimmungsrecht.

d) Bei der Aufstellung des Urlaubsplans hat der Betriebsrat ein Mitbestimmungsrecht.

Frage 1.23

Wirtschafts- und Sozialkunde

Lernfeld 1

Sie sind als Verkäufer in der Xpert GmbH & Co. KG tätig. Ihnen wird am ersten Tag eine neue Auszubildende zugewiesen, die einen Aushang am Schwarzen Brett studiert. Unvermittelt dreht sie sich zu Ihnen um und fragt: „**Welche Aufgaben hat eigentlich der Betriebsrat?**"

Dumm gelaufen? Nicht bei Ihnen, denn Sie glänzen mit Fachkenntnis und können 5 **allgemeine Aufgaben des Betriebsrates** nennen.

Antwort 1.23

Die allgemeinen Aufgaben des Betriebsrats sind in § 80 BetrVG geregelt. Dort ist sozusagen das Tätigkeitsfeld des Betriebsrats aufgeschrieben…

Nachfolgend ein Auszug an Aufgaben:

- Überwachung der zu Gunsten der Arbeitnehmer geltenden Gesetze, Verordnungen, Unfallverhütungsvorschriften, Tarifverträge und Betriebsvereinbarungen.
- Beim Arbeitgeber Maßnahmen zu beantragen, die dem Betrieb und der Belegschaft dienen.
- Durchsetzung der tatsächlichen Gleichberechtigung von Frauen und Männern, insbesondere bei der Einstellung, Beschäftigung, Aus-, Fort- und Weiterbildung usw.
- Eingliederung Schwerbehinderter zu fördern.
- Beschäftigung älterer Arbeitnehmer im Betrieb zu fördern.
- Eingliederung ausländischer Arbeitnehmer im Betrieb zu fördern.
- Maßnahmen des Arbeitsschutzes und des betrieblichen Umweltschutzes zu fördern.

Frage 1.24

Wirtschafts- und Sozialkunde

Lernfeld 1

Was ist die sog. Betriebsversammlung? Wer darf daran teilnehmen? Wie oft wird sie im Jahr einberufen?

Antwort 1.24

Unter einer Betriebsversammlung versteht man eine Versammlung von Arbeitnehmern und Betriebsrat zum Zwecke der Information der Arbeitnehmer über die den Betrieb betreffenden Angelegenheiten.

An der Betriebsversammlung dürfen alle Mitarbeiter des Betriebes teilnehmen. Auch der Arbeitgeber ist zur Betriebsversammlung einzuladen und darf dort vor der Belegschaft sprechen.

Der Betriebsrat beruft einmal in jedem Kalendervierteljahr die Betriebsversammlung ein und erstattet ihr einen Tätigkeitsbericht. Der Betriebsrat kann in jedem Kalenderhalbjahr eine weitere Betriebs- oder Abteilungsversammlung durchführen, wenn dies aus besonderen Gründen zweckmäßig erscheint.

Frage 1.25

Wirtschafts- und Sozialkunde

Lernfeld 1

Was bedeutet der Begriff „Tarifautonomie"?

Antwort 1.25

Tarifautonomie bedeutet, dass die Tarifvertragsparteien – also die Gewerkschaften und die Arbeitgebervertreter – den Tarifvertrag „autonom", das heißt, ohne dass irgendjemand auf die Verhandlungen Einfluss nehmen darf, eigenverantwortlich verhandeln und abschließen.

Das Recht, ohne staatliche Einmischung Tarifverträge auszuhandeln, ist durch das Grundgesetz in Artikel 9 Absatz 3 geschützt.

Frage 1.26

Wirtschafts- und Sozialkunde

Lernfeld 1

Bitte vervollständigen Sie die Schaubilder:

Antwort 1.26

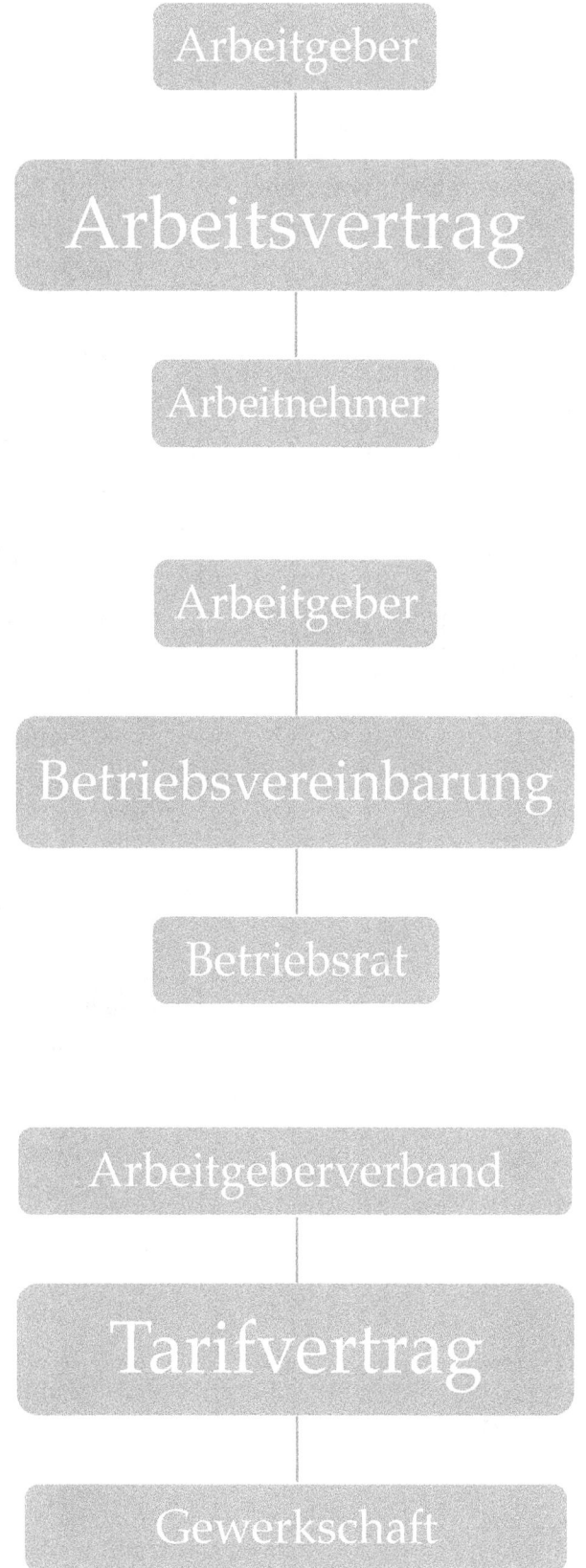

Frage 1.27

Wirtschafts- und Sozialkunde

Lernfeld 1

a) Was ist ein Tarifvertrag? Was wird im Tarifvertrag geregelt?

b) Zwischen welchen Verbänden finden Tarifverhandlungen mit dem Ziel statt, einen Tarifvertrag auszuhandeln?

c) Wer vertritt bei Tarifverhandlungen die Interessen der Arbeitnehmer?

d) Was bedeutet der Begriff Friedenspflicht?

e) Welche Aufgaben haben die Gewerkschaften?

Antwort 1.27

a) Der Tarifvertrag ist ein **privatrechtlicher Vertrag** zwischen den Tarifvertragsparteien. Man spricht auch von einem Kollektivvertrag, der Kollektivvereinbarungen für eine ganze Branche oder Berufsgruppe beinhaltet.

Im Tarifvertrag werden die **Rechte und Pflichten** der Tarifvertragsparteien geregelt. Er enthält Rechtsnormen über den Inhalt, die Begründung und die Beendigung von Arbeitsverhältnissen Tarifverträge enthalten beispielsweise Bestimmungen zu folgenden Punkten:

- Arbeitsentgelt
- Arbeitszeiten
- Urlaubsanspruch
- Arbeitsbedingungen
- Abschluss und Kündigung von Arbeitsverhältnissen
- Laufzeit des Vertrages

b) Im Normalfall die **Arbeitgeberverbände** einerseits und die **Gewerkschaften** andererseits.

c) Die Interessen werden durch die zuständige Gewerkschaft vertreten.

d) Friedenspflicht bedeutet, dass während der Laufzeit eines Tarifvertrages keine Arbeitskampfmaßnahmen erlaubt sind.

Fortsetzung: Frage 1.27

Wirtschafts- und Sozialkunde

Lernfeld 1

a) Was ist ein Tarifvertrag? Was wird im Tarifvertrag geregelt?

b) Zwischen welchen Verbänden finden Tarifverhandlungen mit dem Ziel statt, einen Tarifvertrag auszuhandeln?

c) Wer vertritt bei Tarifverhandlungen die Interessen der Arbeitnehmer?

d) Was bedeutet der Begriff Friedenspflicht?

e) Welche Aufgaben haben die Gewerkschaften?

Fortsetzung: Antwort 1.27 (Aufgaben der Gewerkschaften)

e) Die wichtigste Aufgabe der Gewerkschaft ist das

- Aushandeln von Tarifverträgen.

Weitere Aufgaben können beispielsweise sein:

- Beratung und Rechtshilfe ihrer Mitglieder bei Verfahren vor Arbeits- und Sozialgerichten.
- Unterstützen von Betriebsräten bei der Wahrnehmung der Arbeitnehmerinteressen.
- Mitwirkung bei Gesetzesvorhaben durch Anträge, Stellungnahmen und Beratungen.
- Mitwirkung in den Selbstverwaltungsorganen der Sozialversicherungsträger.
- Vorschlagen von Arbeits- und Sozialrichtern.
- Umsetzen der Mitbestimmung durch Entsendung von Mitgliedern in Aufsichtsräte und als sog. Arbeitsdirektoren.

Frage 1.28

Wirtschafts- und Sozialkunde

Lernfeld 1

Was versteht man unter dem Begriff „Ökonomisches Prinzip" bzw. „Wirtschaftlichkeitsprinzip"?

Erklären Sie auch kurz die beiden Grundsätze, in denen es zum Ausdruck kommt.

Geben Sie für jeden Grundsatz ein Beispiel.

Antwort 1.28

Als „Ökonomisches Prinzip" bzw. „Wirtschaftlichkeitsprinzip" bezeichnet man das Bemühen von Unternehmen und Menschen, knappe Wirtschaftsgüter sparsam einzusetzen, d.h. nach dem „Vernunftprinzip" zu handeln.

Ein Grundsatz ist das sog. **„Maximalprinzip"**, bei dem mit fest vorgegebenen Mitteln ein möglichst hohes Ergebnis bzw. der größtmögliche Erfolg erreicht werden soll.

Gegebene Mittel -> Möglichst hohes Resultat

Bsp.: Sie möchten gerne Ihr Smartphone verkaufen und möglichst viel Geld dafür bekommen.

Der zweite Grundsatz ist das **„Minimalprinzip"**, bei dem mit möglichst geringem Mitteleinsatz ein fest vorgegebenes Ergebnis bzw. Ziel erreicht werden soll.

Möglichst wenig Mittel -> Gegebenes Ziel

Bsp.: Sie möchten ein Paar Joggingschuhe der Marke „Jaguar", Modell „Laufschnell 2016 X2" haben. Sie suchen sich den Händler mit dem niedrigsten Preis aus.

Frage 1.29

Wirtschafts- und Sozialkunde

Lernfeld 1

Erklären Sie kurz die Begriffe „Bedürfnis", „Bedarf" und „Nachfrage".

Veranschaulichen Sie Ihre obigen Erklärungen an einem durchgehenden Beispiel für die 3 Begriffe.

Antwort 1.29

Bedürfnisse entstehen aus dem Gefühl eines Mangels (z.B. Hunger, Durst) und dem gleichzeitigen Wunsch, diesen Mangel zu beseitigen.

So hat der Mensch bspw. das Bedürfnis nach Nahrung, Wohnung und Kleidung.

Bedarf ist der Teil der Bedürfnisse, für den das Einkommen reicht, d.h. für den Kaufkraft zur Verfügung steht bzw. den der Mensch mit den ihm zur Verfügung stehenden Mitteln befriedigen kann.

Die Güter und Dienstleistungen, die dann letztendlich von den Käufern auf dem Markt nachgefragt werden, bezeichnet man als **Nachfrage**. Die Nachfrage ist also der auf dem Markt erscheinende Bedarf.

Nochmal: Durch das Bedürfnis entsteht ein Mangelgefühl. Sind finanzielle Mittel für die Bedürfnisbefriedigung vorhanden, spricht man vom Bedarf. Wenn der Bedarf dann zu dem Entschluss eines Kaufs führt, wird von Nachfrage gesprochen.

Beispiel:

Die Auszubildende Sieglinde S. möchte sich gerne neu einkleiden = **Bedürfnis**

Sie hat das nötige Geld in der Tasche, um sich die Kleidung kaufen zu können = **Bedarf**

Sie kauft sich im Bekleidungshaus Meyer eine neue Bluse und einen Hosenanzug = **Nachfrage**

Frage 1.30

Wirtschafts- und Sozialkunde

Lernfeld 1

Bitte tragen Sie die entsprechenden Bezeichnungen in die unterstrichenen Lücken ein.

Mangelempfindungen wie bspw. Durst rufen bei uns Menschen Wünsche hervor. Diese Wünsche werden als _____ bezeichnet. Letztere können nach der Dringlichkeit in _____, _____ und _____ eingeteilt werden. Der Teil der Bedürfnisse, der durch Einkommen gedeckt werden kann, wird _____ genannt. Als _____ wird der auf dem Markt erscheinende Bedarf bezeichnet. _____ sind Mittel, die dem Menschen Nutzen stiften. Sind sie in unbegrenzter Menge vorhanden und haben keinen Preis (z.B. Sonnenenergie), so spricht man von _____. Stehen sie hingegen nur in begrenzter Menge zur Verfügung (z.B. Kaffee), so spricht man von _____. Sachgüter können auch in Konsumgüter und _____ unterteilt werden.

Antwort 1.30

Mangelempfindungen wie bspw. Durst rufen bei uns Menschen Wünsche hervor. Diese Wünsche werden als *Bedürfnisse* bezeichnet. Letztere können nach der Dringlichkeit in *Existenzbedürfnisse*, *Kulturbedürfnisse* und *Luxusbedürfnisse* eingeteilt werden. Der Teil der Bedürfnisse, der durch Einkommen gedeckt werden kann, wird *Bedarf* genannt. Als *Nachfrage* wird der auf dem Markt erscheinende Bedarf bezeichnet. *Güter* sind Mittel, die dem Menschen Nutzen stiften. Sind sie in unbegrenzter Menge vorhanden und haben keinen Preis (z.B. Sonnenenergie), so spricht man von *freien Gütern*. Stehen sie hingegen nur in begrenzter Menge zur Verfügung (z.B. Kaffee), so spricht man von *Wirtschaftsgütern*. Sachgüter können auch in Konsumgüter und *Produktionsgüter* unterteilt werden.

Frage 1.31

Wirtschafts- und Sozialkunde

Lernfeld 1

Bitte teilen Sie Bedürfnisse nach

a) der Dringlichkeit
b) dem Gegenstand
c) den gesellschaftlichen Befriedigungsmöglichkeiten

ein.

Antwort 1.31

a) **Nach der Dringlichkeit** werden

- Existenz-/Grundbedürfnisse *(Bsp.: Durst, Mittel zur Befriedigung: Getränke)*,
- Kulturbedürfnisse und
- Luxusbedürfnisse

unterschieden.

Kulturbedürfnisse sind Bedürfnisse des Menschen, die der Mensch als geistiges Wesen empfindet (z.B. Musikkonzerte). Luxusbedürfnisse müssen nicht unbedingt befriedigt werden, sie verbessern jedoch die Lebensqualität und erhöhen das soziale Ansehen (z.B. ein exklusives Auto fahren).

b) Nach dem **Gegenstand** werden

- materielle Bedürfnisse und
- immaterielle Bedürfnisse

unterschieden.

Dabei zielen materielle Bedürfnisse auf stoffliche Gegenstände ab, wie z. B. das Verlangen nach einem Smartphone.

Immaterielle Bedürfnisse werden dagegen im religiösen, ethischen oder geistigen Bereich befriedigt, wie bspw. das Verlangen nach gesellschaftlichem Prestige.

c) Nach der **Art der gesellschaftlichen Befriedigungsmöglichkeiten** lassen sich

- Individualbedürfnisse und
- Kollektivbedürfnisse

unterscheiden.

Individualbedürfnisse sind Bedürfnisse des einzelnen Menschen, die er für sich selber befriedigen kann, wie bspw. Lesen. Kollektivbedürfnisse sind Wunschvorstellungen, die von vielen Menschen empfunden werden, z.B. innere Sicherheit.

Frage 1.32

Wirtschafts- und Sozialkunde

Lernfeld 1

Bitte vervollständigen Sie das folgende Schaubild *(Unterscheidung Güterarten)*:

Güter

- ? | Wirtschaftliche Güter
  - Materielle Güter | ?
    - Sachgüter | ? | ?
    - Konsumgüter | ?
      - ? | ? | ? | ?

Antwort 1.32

Güter

- Freie Güter | Wirtschaftliche Güter
  - Materielle Güter | Immaterielle Güter
    - Sachgüter | Rechte | Dienstleistungen
      - Konsumgüter | Produktionsgüter
        - Verbrauchsgüter | Gebrauchsgüter | Verbrauchsgüter | Gebrauchsgüter

Frage 1.33

Wirtschafts- und Sozialkunde

Lernfeld 1

Bitte erklären Sie kurz die folgenden Begriffe:

- Konsumgut
- Investitionsgut
- Rechte
- Dienstleistungen
- Verbrauchsgut
- Gebrauchsgut.

Geben Sie ferner zu jedem Begriff ein Beispiel.

Antwort 1.33

- Konsumgüter werden für den Endverbraucher hergestellt.

  Bsp.: Kleidung, Privat-PKW

- Mit Investitionsgütern werden in Betrieben wiederum Güter produziert. Investitionsgüter werden auch Produktionsgüter genannt.

  Bsp.: Werkzeugmaschinen, Firmen-LKW

- Rechte sind immaterielle Güter.

  Bsp.: Patente, Lizenzen, Warenzeichen

- Dienstleistungen sind immaterielle und somit „stofflose" Güter.

  Bsp.: Versicherungsschutz, Unterricht

- Gebrauchsgüter werden mehrmals genutzt.

  Bsp.: Arbeitsplatz-PC, Kassensystem (beides auch Produktionsgüter), private Möbel (auch Konsumgut)

- Verbrauchsgüter werden nur einmal genutzt.

  Bsp.: Lebensmittel, Genussmittel (beides auch Konsumgüter), Betriebsstoffe (auch Produktionsgut)

Frage 1.34

Wirtschafts- und Sozialkunde

Lernfeld 1

Erstellen Sie ein Schaubild des einfachen Wirtschaftskreislaufs.

Erläutern Sie kurz die Beziehungen, die zwischen den Wirtschaftseinheiten ablaufen.

Antwort 1.34

Schaubild: Einfacher Wirtschaftskreislauf

Im einfachen Wirtschaftskreislauf wird von 2 Gruppen von Wirtschaftseinheiten ausgegangen, den Unternehmen (z.B. Einzelhandelsunternehmen) und den privaten Haushalten (z.B. Verkäufer).

Zwischen diesen beiden Wirtschaftseinheiten gibt es die folgenden – stark vereinfachten – Beziehungen:

1. Die privaten Haushalte stellen ihre Arbeitskraft den Unternehmen zur Verfügung (Güterstrom).
2. Die Unternehmen entlohnen die bei Ihnen beschäftigten Arbeitskräfte (Geldstrom).
3. Die Unternehmen verkaufen Güter an die privaten Haushalte (Güterstrom).
4. Die privaten Haushalte bezahlen die gekauften Güter (Geldstrom).

Bei 1. kann statt der oben beschriebenen Arbeitskraft auch eine Vermietung/Verpachtung oder die Hingabe von Kapital in Betracht kommen. Bei den beiden letztgenannten Fällen besteht die Gegenleistung unter 2. dann für den Produktionsfaktor Boden in Miet-/Pachtzahlungen und für den Faktor Kapital in Gewinnen bzw. Zinsen.

Frage 1.35

Wirtschafts- und Sozialkunde

Lernfeld 1

Ganz gleich was ein Betrieb herstellt. Er benötigt Produktionsfaktoren.

Nennen und erklären Sie die 3 volkswirtschaftlichen Produktionsfaktoren.

Antwort 1.35

Arbeit	Boden	Kapital
Geistige und körperliche Arbeitskraft	Betriebsgelände bzw. Standort für Betriebe	Geldkapital, z.B. Kasse
Anordnende und ausführende Arbeit	Energie- und Rohstofflieferant	Sachkapital, z.B. Maschinen
	Anbaufläche für Land- und Forstwirtschaft	
	Gebrauchsgüter	

Frage 1.36

Wirtschafts- und Sozialkunde

Lernfeld 1

Die Reihenfolge der volkswirtschaftlichen Arbeitsteilung wird durch 3 Wirtschaftssektoren angegeben:

a) Primärer Wirtschaftssektor („Urproduktion")
b) Sekundärer Wirtschaftssektor („Be- und Verarbeitung")
c) Tertiärer Wirtschaftssektor („Verteilung", „Dienstleistung").

Ordnen Sie die folgenden Unternehmen dem jeweiligen Wirtschaftssektor zu, indem Sie die Buchstaben a), b) oder c) neben den 3 Unternehmen eintragen.

1. Färberei Meier ____
2. Ledergroßhandlung ____
3. Gerberei Geier GmbH ____

In welchen Sektor werden die Dienstleistungen des Handels eingeordnet?

Antwort 1.36

Die Tätigkeiten der **Färberei Meier** und der **Gerberei Geier GmbH** sind dem sekundären Wirtschaftssektor (also b) zuzuordnen. *Hier werden bspw. Textilien gefärbt (Färberei) oder Lederhäute (Gerberei) getrocknet, gebleicht und gefärbt.*

Die Tätigkeit der **Lederwarengroßhandlung** ist dem tertiären Wirtschaftssektor (also c) zuzuordnen.

Hintergrund:

Im primären Wirtschaftssektor werden die Rohstoffe gewonnen.

Im sekundären Wirtschaftssektor erfolgt die Bearbeitung, Verarbeitung oder „Veredelung".

Im tertiären Wirtschaftssektor wird die Verteilung der Güter und Dienstleistungen vorgenommen

Einige Beispiele:

a) Primärer Wirtschaftssektor: *Landwirtschaft, Fischerei*
b) Sekundärer Wirtschaftssektor: *Produzierendes Gewerbe in Handwerk und Industrie*
c) Tertiärer Wirtschaftssektor: *Handel*

Die Dienstleistungen des Handels gehören zum tertiären Wirtschaftssektor (Verteilung von Gütern an den Endverbraucher).

Frage 1.37

Wirtschafts- und Sozialkunde

Lernfeld 1

Die folgenden Schaubilder stellen modellhaft das Verhalten von Anbietern und Nachfragern auf einem Markt dar.

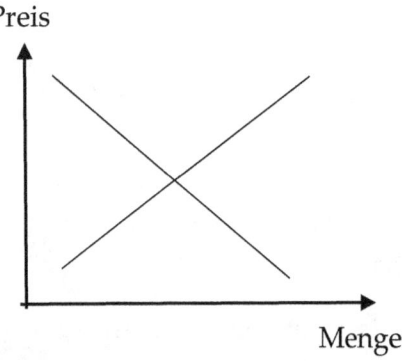

Bitte benennen und erläutern Sie kurz jedes der 3 Schaubilder.

Antwort 1.37

Wirtschafts- und Sozialkunde

Lernfeld 1

Im Rahmen einer Marktwirtschaft wird der Preis grundsätzlich durch Angebot und Nachfrage festgelegt.

Oberstes Schaubild

Das oberste Schaubild stellt die sogenannte **Angebotskurve** dar.

Je niedriger der Preis ist, desto geringer ist das Angebot der Verkäufer. Die Verkäufer wollen ihre Produkte nämlich möglichst teuer verkaufen.

Steigt der Preis, so steigt auch das Angebot.

Mittleres Schaubild

Das mittlere Schaubild stellt die sogenannte **Nachfragekurve** dar.

Ziel der Käufer ist ja, ihre Produkte möglichst günstig einzukaufen.

Je niedriger der Preis ist, desto größer ist die Nachfrage nach Produkten.

Werden Produkte teurer, sinkt die Nachfrage.

Übrigens: Eine hohe Nachfrage kann zu Preissteigerungen führen.

Unteres Schaubild

Das untere Schaubild ist eine Verbindung der beiden anderen Bilder. Hier sind Angebots- und Nachfragekurve in ein gemeinsames Koordinatensystem eingezeichnet worden.

Der Schnittpunkt von Angebots- und Nachfragekurve heißt **Gleichgewichtspreis**. Hier sind die angebotene Menge und die nachgefragte Menge gleich (**Gleichgewichtsmenge**).

Frage 1.38

Wirtschafts- und Sozialkunde

Lernfeld 1

Welche Funktionen bzw. Aufgaben hat der Einzelhandel?

Bitte nennen Sie mindestens 10 Funktionen bzw. Aufgaben.

Antwort 1.38

Der Einzelhandel übernimmt auf dem Weg der Waren zwischen Hersteller und Verbraucher die folgenden Aufgaben bzw. Funktionen:

- Raumüberbrückung
- Zeitüberbrückung
- Lagerhaltung
- Mengenausgleich
- Markterschließung
- Sortimentsbildung
- Marktbeobachtung
- Produktionslenkung
- Qualität
- Beratung und Information
- Kundendienst
- Kreditgewährung

Die Funktionen „Beratung und Information", „Kundendienst" und „Kreditgewährung" werden häufig auch als **„Service"** bezeichnet.

Dieses Thema müssen Sie können: Kam bereits mehrmals in der „WiSo"-Prüfung dran...

Frage 1.39

Wirtschafts- und Sozialkunde

Lernfeld 1

Einzelhandelsbetriebe erfüllen verschiedene Funktionen gegenüber dem Verbraucher. Welche Funktion liegt nachfolgend vor?

1. Eine Oma sucht für ihre Enkelin ein Smartphone und lässt sich von einem Verkäufer ausgiebig die unterschiedlichen Funktionen der Geräte erklären.
2. Ein Handelsbetrieb kauft Olivenöl in Italien ein und verkauft es – unverändert – an Verbraucher in Norddeutschland.
3. Einzelhandelsbetriebe nehmen indirekt Einfluss auf die Lenkung der Warenproduktion.
4. Händler kaufen in großen Mengen ein und verkaufen in kleinen Mengen an die Endverbraucher.
5. Ein Discounter überbrückt die Zeit zwischen Produktion und Verkauf von Schoko-Osterhasen.
6. Ein Einzelhandelskonzern weckt das Kaufinteresse der Verbraucher für ein neues Produkt.

Antwort 1.39

Der Einzelhandel übernimmt auf dem Weg der Waren als „Vermittler" zwischen Hersteller und Verbraucher bestimmte Aufgaben und Funktionen.

1. **Beratungsfunktion**

   Die Oma wird ausgiebig über Güte, Verwendung, Funktionen etc. der Ware informiert.

2. **Raumüberbrückungsfunktion**

   Der Handelsbetrieb versorgt die norddeutschen Verbraucher mit Waren, die an den unterschiedlichsten Orten Europas oder der Welt (hier in Italien) hergestellt werden.

3. **Produktionslenkung**

   Einzelhandelsbetriebe können über ihr Angebot auf die Hersteller bzw. Produzenten einwirken, welche Güter diese produzieren. Das hat mit „Marktmacht" zu tun („indirekte Lenkung der Warenproduktion").

4. **Mengenausgleich**

   Händler kaufen normalerweise Waren in größeren Mengen ein und Konsumenten kaufen sie dann in kleinen Mengen in den Geschäften.

5. **Zeitüberbrückung**

   Der Discounter überbrückt die Zeit zwischen Herstellung der Schoko-Hasen und dem Verkauf zur Osterzeit, indem er bspw. die Schokolade bei sich einlagert.

6. **Markterschließung**

   Der Einzelhandelskonzern hilft in diesem Fall, mit absatzfördernden Maßnahmen das neue Produkt am Markt einzuführen.

Dieses Thema müssen Sie können: Kam bereits mehrmals in der „WiSo"-Prüfung dran...

Frage 1.40

Wirtschafts- und Sozialkunde

Lernfeld 1

Bitte erklären Sie kurz in eigenen Worten die folgenden Funktionen bzw. Aufgaben, die Einzelhandelsbetriebe haben können:

1. Raumüberbrückung
2. Zeitüberbrückung
3. Lagerhaltung
4. Mengenausgleich
5. Markterschließung
6. Marktbeobachtung
7. Sortimentsbildung
8. Beratung und Information
9. Qualität

Antwort 1.40

1. **Raumüberbrückung**

   Handelsbetriebe schaffen die Waren vom Ort der Produktion bis zum Ort des Verbrauchers.

2. **Zeitüberbrückung**

   Der Handel überbrückt die Zeit zwischen Produktion und Verkauf durch die Lagerhaltung.

3. **Lagerhaltung**

   Der Handel ist durch seine Lagerhaltung jederzeit in der Lage, den Bedarf der Kunden zu decken.

4. **Mengenausgleich**

   Händler kaufen Waren in größeren Mengen ein und verkauft sie in kleinen Mengen an die Konsumenten.

5. **Markterschließung**

   Durch Kenntnisse des Kundenbedarfs (Kundennähe) ist der Handel in der Lage, Absatzmöglichkeiten für neue Produkte zu erschließen.

6. **Marktbeobachtung**

   Der Einzelhandel gibt warenbezogene Wünsche, Anregungen und Ansprüche der Kunden an den Hersteller weiter.

7. **Sortimentsbildung**

   Der Einzelhandel stellt aus der Vielzahl an hergestellten Produkten ein kundengerechtes Sortiment zusammen.

8. **Beratung und Information**

   Der Einzelhandel berät und informiert die Konsumenten, z.B. über Neuerungen, Trends, technische Merkmale, Funktionen, Anwendungsmöglichkeiten der Waren etc.

9. **Qualität**

   Durch seine Sortimentsbildung versucht der Einzelhandel den Qualitätsansprüchen seiner Kunden gerecht zu werden.

Frage 1.41

Wirtschafts- und Sozialkunde

Lernfeld 1

Erstellen Sie eine Tabelle mit allen Versicherungsarten bzw. Zweigen der gesetzlichen Sozialversicherung. Ordnen Sie in einem weiteren Schritt den Versicherungsarten bzw. Zweigen ihre jeweiligen Träger zu. Geben Sie abschließend jeweils ein Beispiel für einen Leistungsfall.

Geben Sie in einer zweiten Aufstellung 5 Beispiele für private Versicherungen.

Antwort 1.41

Gesetzliche Sozialversicherung

Versicherungspflicht aufgrund Gesetzes

Zweig/Versicherungsart	Träger	Beispiel
Krankenversicherung	Krankenkassen	Krankheit, Schwangerschaft usw.
Pflegeversicherung	Pflegekasse der jeweiligen Krankenkasse	Pflegebedürftigkeit usw.
Unfallversicherung	Berufsgenossenschaft, Gemeindeunfallversicherungsverband	Arbeitsunfall, Wegeunfall, Berufserkrankung usw.
Arbeitslosenversicherung	Bundesagentur für Arbeit	Arbeitslosigkeit usw.
Rentenversicherung	Deutsche Rentenversicherung Bund	Alter, Erwerbsunfähigkeit usw.

Private Versicherungen:

Versicherungspflicht aufgrund freiwillig abgeschlossenen Vertrages mit Versicherungsunternehmen

- Hausratversicherung
- Private Lebensversicherung
- Privathaftpflichtversicherung
- Hunde-Haftpflichtversicherung (auch Tier-Haftpflichtversicherung genannt)
- Pferde-Haftpflichtversicherung (auch Tier-Haftpflichtversicherung genannt)
- KFZ-Kaskoversicherung (Vollkasko/Teilkasko)
- Private Krankenversicherung (z.B. Zahn-Zusatzversicherung)
- Weitere

Frage 1.42

Wirtschafts- und Sozialkunde

Lernfeld 1

Eine Angestellte erhält ihre monatliche Gehaltsabrechnung ausgehändigt.

Wonach richtet sich die Höhe des Arbeitnehmer-Beitrages in der gesetzlichen Rentenversicherung?

a) Nach der Höhe des Bruttoeinkommens

b) Nach der Höhe des Nettoeinkommens

c) Nach der Höhe der Lohnsteuer

d) Nach der Höhe des Beitrages zur gesetzlichen Krankenversicherung

Antwort 1.42

Derartige Fragen tauchen in dieser oder ähnlicher Form immer wieder in den Prüfungsaufgaben auf.

Die korrekte Lösung ist a)

Grundsätzlich werden die Beiträge zur gesetzlichen Sozialversicherung immer **je zur Hälfte vom Arbeitgeber und vom Arbeitnehmer** getragen. Die Beitragshöhe richtet sich immer nach dem **Bruttoeinkommen bzw. Bruttolohn.**

Bei der gesetzlichen Kranken- und Pflegeversicherung ist es nicht mehr ganz die Hälfte, da es Sonderregelungen gibt.

Achtung: Nur bei der gesetzlichen Unfallversicherung gibt es eine Ausnahme. Hier ist der Beitrag an die Berufsgenossenschaft allein vom Arbeitgeber zu tragen.

Frage 1.43

Wirtschafts- und Sozialkunde

Lernfeld 1

Was ist unter einem „Generationenvertrag" zu verstehen?

Antwort 1.43

Der Begriff ist der gesetzlichen Rentenversicherung zuzuordnen.

Vereinfacht gesagt zahlen die heute Berufstätigen durch ihre Rentenversicherungsbeiträge die Rente der Älteren.

Da sie also nicht für ihre eigene Rente zahlen, erwarten sie, dass die nachfolgende Generation wiederum ihre Altersrente aufbringt.

Dieser „Generationenvertrag" wurde niemals irgendwo aufgeschrieben. Er basiert auf einem gesellschaftlichen Konsens und setzt das solidarische Verhalten der Generationen untereinander voraus.

Frage 1.44

Wirtschafts- und Sozialkunde

Lernfeld 1

Von den gesetzlichen Krankenkassen werden die Aufgaben der gesetzlichen Krankenversicherung nach Maßgabe des Sozialgesetzbuches wahrgenommen.

Welche Kassenarten können unterschieden werden?

Nennen Sie bitte auch Beispiele für die jeweiligen Krankenkassen.

Antwort 1.44

Gesetzliche Krankenkassen

Kassenarten und Beispiele für Krankenkassen

Kassenarten	Beispiele
Allgemeine Ortskrankenkassen (AOK)	AOK Niedersachsen, AOK Bayern, AOK Nordwest
Ersatzkassen (EK)	Techniker Krankenkasse, Barmer GEK, Kaufmännische Krankenkasse (KKH)
Betriebskrankenkassen (BKK)	BKK24, TUI BKK, Deutsche BKK
Innungskrankenkassen (IKK)	IKK Nord, IKK classic, BIG direkt gesund
Knappschaft	Knappschaft Bahn See (KBS)
Landwirtschaftliche Krankenkasse	Landwirtschaftliche Krankenkasse (LKK)

Frage 1.45

Wirtschafts- und Sozialkunde

Lernfeld 1

Pflegebedürftige Menschen benötigen im Alltag Unterstützung von Pflegekräften, zum Beispiel bei der Körperpflege oder bei Einkäufen. Die Leistungen und finanziellen Ansprüche der Patienten mit Pflegebedürftigkeit sind dabei von der jeweiligen Pflegestufe abhängig.

Wer nimmt die Einstufung in die entsprechende Pflegestufe vor?

Antwort 1.45

Ein Gutachter des **Medizinischen Dienstes der Krankenversicherung (MDK)** schätzt ein, ob eine Pflegebedürftigkeit vorliegt und welche der Pflegestufen zutreffend ist.

Frage 1.46

Wirtschafts- und Sozialkunde

Lernfeld 1

Der gesetzliche Mutterschutz hat die Aufgabe, die (werdende) Mutter und ihr Kind vor Gefährdungen, Überforderung und Gesundheitsschädigung am Arbeitsplatz, vor finanziellen Einbußen sowie vor dem Verlust des Arbeitsplatzes während der Schwangerschaft und einige Zeit nach der Geburt zu schützen.

Welche Mutterschutzfristen sieht das Mutterschutzgesetz im Normalfall vor und nach der Entbindung vor?

Antwort 1.46

Wirtschafts- und Sozialkunde

Lernfeld 1

Werdende Mütter dürfen in den letzten sechs Wochen vor der Entbindung und bis zum Ablauf von acht Wochen, bei Früh- und Mehrlingsgeburten bis zum Ablauf von zwölf Wochen nach der Entbindung nicht beschäftigt werden.

Frage 1.47

Verkauf & Werbemaßnahmen

auch: Geschäftsprozesse im Einzelhandel

Lernfeld 1

Erklären Sie kurz die folgenden Begriffe:

- Sortiment
- Kernsortiment
- Randsortiment
- Saisonsortiment
- Auslaufsortiment

Antwort 1.47

Als **Sortiment** wird das gesamte Angebot an Waren und Dienstleistungen bezeichnet, das ein Einzelhandelsunternehmen anbietet.

Kürzer:

Die Gesamtheit aller Waren und Dienstleistungen, die ein Einzelhändler anbietet.

Das **Kernsortiment** erbringt den Hauptumsatz des Einzelhandelsunternehmens. Es sind typische Artikel, die das ganze Jahr angeboten werden.

Bsp.: Lebensmittel im Supermarkt

Das **Randsortiment** stellen Produkte dar, die dem Unternehmen einen relativ geringen Umsatz einbringen. Es handelt sich bspw. um branchenfremde Ergänzungsartikel zur Sortimentsabrundung. Diese Artikel gehören nicht zum Kernsortiment, werden aber häufig angeboten, um den Kunden einen zusätzlichen Service zu bieten.

Bsp.: Bücher im Supermarkt

Von **Saisonsortiment** spricht man, wenn Artikel nur zu bestimmten Zeiten angeboten werden.

Bsp.: Schoko-Weihnachtsmänner

Restbestände, die nicht mehr angeboten werden, stellen das **Auslaufsortiment** dar.

Frage 1.48

Verkauf & Werbemaßnahmen

auch: Geschäftsprozesse im Einzelhandel

Lernfeld 1

Erklären Sie die Begriffe

- **Sortimentsbreite**
  (breites bzw. schmales Sortiment)

und

- **Sortimentstiefe**
  (tiefes bzw. flaches Sortiment).

Nennen Sie auch jeweils ein Beispiel.

Antwort 1.48

Sortimentsbreite

Wie breit ein Sortiment ist, hängt im Wesentlichen davon ab, wie viele verschiedene Warengruppen (WG) geführt werden.

Bei einem Warenhaus (z.B. Kaufhof) wird von einem **breiten Sortiment** gesprochen, denn dort werden „unter einem Dach" z.B. Drogerieartikel, Textilien, Stoffe, Sportartikel, Fahrräder, Haushaltswaren, Kinderausstattung, Schmuck, Kosmetika, Tabakwaren etc. angeboten.

| WG 1 | WG 2 | WG 3 | WG 4 | WG 5 |

Umgekehrt führen Spezialhändler (z.B. B.O.C., Uhrenfachgeschäft) meist ein **schmales Sortiment**, etwa bei Konzentration auf nur eine oder wenige Warengruppe(n). Diese können jedoch sehr tief gegliedert sein wie bspw. im Handel mit Fahrrädern.

| WG 1 |

Sortimentstiefe

Wie tief ein Sortiment gegliedert ist, hängt im Wesentlichen davon ab, wie groß die Auswahl an Artikeln *(genauer: Warenarten [WA], Artikeln, Sorten)* innerhalb einer Warengruppe ist.

Als ein typisches Beispiel für ein **tiefes Sortiment** kann eine gut sortierte Weinhandlung gelten, die bspw. im Vergleich zu einem Discounter ein sehr tiefes Weinsortiment anbietet.

| WG 1 |
| WA 1 |
| WA1.1 |
| WA1.2 |
| WA1.3 |

Fortsetzung: Frage 1.48

Verkauf & Werbemaßnahmen

auch: Geschäftsprozesse im Einzelhandel

Lernfeld 1

Erklären Sie die Begriffe

- **Sortimentsbreite**
  (breites bzw. schmales Sortiment)

und

- **Sortimentstiefe**
  (tiefes bzw. flaches Sortiment).

Nennen Sie auch jeweils ein Beispiel.

Fortsetzung: Antwort 1.48 (Sortimentstiefe)

Sortimentstiefe

Ein **flaches Sortiment** hat nur eine geringe Auswahl an Artikeln innerhalb einer Warengruppe. Ein Beispiel für ein flaches Sortiment ist das Schreibwarensortiment im Supermarkt.

Frage 1.49

Verkauf & Werbemaßnahmen

Lernfeld 1

Bitte vervollständigen Sie das folgende Schaubild.

Antwort 1.49

Frage 1.50

Verkauf & Werbemaßnahmen

Lernfeld 1

Bitte vervollständigen Sie das folgende Schaubild.

Antwort 1.50

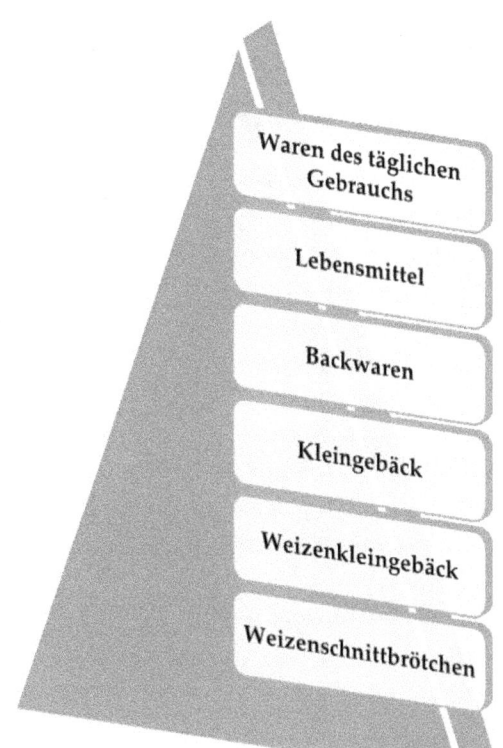

Frage 1.51

Verkauf & Werbemaßnahmen

Lernfeld 1

Nennen Sie Gründe für Sortimentsveränderungen!

Antwort 1.51

- Änderungen im Nachfrageverhalten der Kunden, z.B. durch Modeeinflüsse oder technischen Fortschritt
- Änderungen im Wettbewerb (z.B. öffnet in einer Kleinstadt ein weiteres Fahrrad-Fachgeschäft)
- Hersteller produziert das bisherige Produkt nicht mehr
- Änderungen in der Geschäftspolitik
- Schließen einer Sortimentslücke, indem bspw. häufig nachgefragte und im Sortiment bislang fehlende Waren ins Sortiment aufgenommen werden

Ähnlich einer ehemaligen Prüfungsaufgabe!

Frage 1.52

Verkauf & Werbemaßnahmen

Lernfeld 1

Welche vier Verkaufsformen können im Einzelhandel angetroffen werden? Bitte nennen…

Erklären Sie im nächsten Schritt die vier Verkaufsformen. Gehen Sie auch auf mögliche Vor- und Nachteile für das Einzelhandelsunternehmen ein.

Geben Sie abschließend jeweils ein Beispiel für jede Verkaufsform.

Antwort 1.52

Man unterscheidet die 4 Verkaufsformen:

- Bedienung
- Vorwahl
- Selbstbedienung
- Freiwahl

Unter der **Verkaufsform** wird die Verkaufsmethode verstanden, durch die im Einzelhandel Waren verkauft werden.

Achtung: In manchen Büchern und Aufgaben wird die „Verkaufsform" auch „Bedienform" genannt. Deshalb: Beide Begriffe auswendig können!

Bedienung:

Bei der Verkaufsform **Bedienung** erfolgt eine durchgehende Betreuung des Kunden durch das Verkaufspersonal. Der Verkäufer berät den Kunden, fragt nach seinen Wünschen, präsentiert und erklärt die Ware und unterstützt ihn bei der Auswahl. Diese Verkaufsform findet bei erklärungsbedürftigen und hochwertigen Artikeln Anwendung. Oft werden die Waren auch hinter Theken verkauft.

Vorteile:

- Kundenbindung durch persönlichen Kontakt
- Niedrige Diebstahlgefahr
- Mehrumsatz durch individuelle Beratung
- Kundenwünsche sind bekannt und können helfen, das Sortiment zu verbessern

Nachteile:

- Hohe Personalkosten
- Beratung erfordert hohen Zeitaufwand
- Wartezeiten für die Kunden
- Kaufhemmungen, da die Kunden evtl. befürchten, etwas „aufgedrängt" zu bekommen.

Beispiele:

- Verkauf von verschreibungspflichtigen Medikamenten in einer Apotheke
- Verkauf von teurem Schmuck bei einem Juwelier

Fortsetzung: Frage 1.52

Verkauf & Werbemaßnahmen

Lernfeld 1

Welche vier Verkaufsformen können im Einzelhandel angetroffen werden? Bitte nennen…

Erklären Sie im nächsten Schritt die vier Verkaufsformen. Gehen Sie auch auf mögliche Vor- und Nachteile für das Einzelhandelsunternehmen ein.

Geben Sie abschließend jeweils ein Beispiel für jede Verkaufsform.

Fortsetzung: Antwort 1.52 (ab „Vorwahl")

Vorwahl:

Bei der **Vorwahl** kann sich der Kunde selbständig über das Warenangebot informieren, Waren anfassen, auswählen usw. Das Warenangebot ist ihm frei zugänglich. Auf Wunsch: Beratung durch das Verkaufspersonal. Auch als Mischform aus „Bedienung" und „Selbstbedienung" bezeichnet.

Beispiele:

- Elektro-Fachmärkte und Baumärkte

Selbstbedienung:

Bei der Verkaufsform **Selbstbedienung** wählt der Kunde seine Ware selbständig aus dem frei zugänglichen Sortiment aus und bringt sie zur Kasse. Kunden können so schnell und unkompliziert einkaufen. Tätigkeiten des Verkaufspersonals: Warenauszeichnung, Warenanordnung und Kassieren.

Vorteile:

- Die Personalkosten sind niedrig, da fast keine Bedienung oder Beratung erfolgt.
- Höherer Umsatz (und evtl. Gewinn) durch niedriger kalkulierte Preise
- Impulskäufe
- Schnelle Abwicklung des Verkaufs

Nachteile:

- Risiko von Ladendiebstählen hoch
- Hohe Sicherungskosten (Schutz vor Diebstahl)
- Beschädigung der Ware durch Kunden
- Geringere Verkaufschancen durch fehlende Beratung
- Schwächere Kundenbindung, da geringer Kontakt zum Verkaufspersonal

Beispiel:

- Verkauf von Lebensmitteln in einem Supermarkt

Fortsetzung: Frage 1.52

Verkauf & Werbemaßnahmen

Lernfeld 1

Welche vier Verkaufsformen können im Einzelhandel angetroffen werden? Bitte nennen…

Erklären Sie im nächsten Schritt die vier Verkaufsformen. Gehen Sie auch auf mögliche Vor- und Nachteile für das Einzelhandelsunternehmen ein.

Geben Sie abschließend jeweils ein Beispiel für jede Verkaufsform.

Fortsetzung: Antwort 1.52 (ab „Freiwahl")

Freiwahl:

Bei der **Freiwahl** kann der Kunde zwischen Bedienung und Selbstbedienung wählen.

Beispiel:

- Freiwahl-Sortimente in Apotheken

Frage 1.53

Verkauf & Werbemaßnahmen

Lernfeld 1

Welche Bedienform bzw. Verkaufsform liegt vor? Bitte nur kurz nennen:

a) Frau Gammelgroschen steht in ihrem inhabergeführten Gemischtwarenladen hinter der Theke und bedient mit Herz und Charme ihre Kunden.

b) Beim Textilkaufhaus AB&C kann sich jeder Kunde selbst das Sortiment ansehen und einzelne Artikel anprobieren. Bei Bedarf springt aber gerne die jederzeit hilfsbereite Verkäuferin, Frau Geier-Wally, mit ihrer geballten Fachkompetenz hinter dem Ständer mit den Blusen hervor, um zu helfen.

c) Im Discounter „Ratz-Fatz-Rein-Raus" sind alle Waren so aufgebaut, dass die Kunden sie problemlos finden, in ihren XXL-Einkaufswagen verstauen und zur Kasse fahren können.

Antwort 1.53

Man unterscheidet grundsätzlich die 4 Verkaufsformen:

- *Bedienung*
- *Vorwahl*
- *Selbstbedienung*
- *Freiwahl*

Unter der **Verkaufsform** *wird die* <u>Verkaufsmethode</u> *verstanden, durch die im Einzelhandel Waren verkauft werden.* **Die Bedien- bzw. Verkaufsformen habe ich detailliert im Rahmen einer anderen Aufgabe erklärt.**

a) **Bedienung** *(Hier könnte man sogar noch von* **Vollbedienung** *sprechen).*

b) **Vorwahl**

c) **Selbstbedienung**

Frage 1.54

Wirtschafts- und Sozialkunde

Lernfeld 1

Welches Gericht ist in den folgenden Fällen zuständig?

a) Der Verkäuferin Stefanie Streit-Süchtig ist die Kündigung Ihres Arbeitgebers (eines Warenhauses) zugegangen. Sie möchte dagegen klagen. Welches Gericht ist zuständig? Zusatzfrage: Innerhalb welcher Frist muss Frau Streit-Süchtig die Klage einreichen?

b) Der Verkäufer Stefan Sonderbar hatte einen Arbeitsunfall. Er soll nun eine kleine Rente der Berufsgenossenschaft erhalten. Da er mit der errechneten Höhe der Rente nicht zufrieden ist, reicht er umgehend Klage ein. Welches Gericht ist zuständig? Zusatzfrage: Wie wird die Rente genannt?

c) Die Verkäuferin Paulina Pfiffig streitet sich mit ihrem Finanzamt über ihren Einkommensteuer-Bescheid für das Jahr 2015. Auch das Einspruchsverfahren war bereits erfolglos. Sie ist sauer und will klagen. Wo?

Bitte geben Sie zu den genannten Gerichten auch die jeweiligen Instanzen an.

Antwort 1.54

a) Für Rechtsstreitigkeiten rund um Arbeitsverhältnisse bzw. zwischen Tarifvertragsparteien sind die folgenden Gerichte zuständig:

Frau Streit-Süchtig muss spätestens innerhalb von 3 Wochen nach Zugang der schriftlichen Kündigung „Kündigungsschutzklage" beim **Arbeitsgericht** einreichen, da die Kündigung sonst als wirksam gilt.

b) Für Klagen gegen Sozialversicherungsträger sind die folgenden Gerichte zuständig:

Die Rente heißt **Verletztenrente**.

Fortsetzung: Frage 1.54

Wirtschafts- und Sozialkunde

Lernfeld 1

Welches Gericht ist in den folgenden Fällen zuständig?

a) Der Verkäuferin Stefanie Streit-Süchtig ist die Kündigung Ihres Arbeitgebers (eines Warenhauses) zugegangen. Sie möchte dagegen klagen. Welches Gericht ist zuständig? Zusatzfrage: Innerhalb welcher Frist muss Frau Streit-Süchtig die Klage einreichen?

b) Der Verkäufer Stefan Sonderbar hatte einen Arbeitsunfall. Er soll nun eine kleine Rente der Berufsgenossenschaft erhalten. Da er mit der errechneten Höhe der Rente nicht zufrieden ist, reicht er umgehend Klage ein. Welches Gericht ist zuständig? Zusatzfrage: Wie wird die Rente genannt?

c) Die Verkäuferin Paulina Pfiffig streitet sich mit ihrem Finanzamt über ihren Einkommensteuer-Bescheid für das Jahr 2015. Auch das Einspruchsverfahren war bereits erfolglos. Sie ist sauer und will klagen. Wo?

Bitte geben Sie zu den genannten Gerichten auch die jeweiligen Instanzen an.

Fortsetzung: Antwort 1.54 (ab Teil „Finanzamt")

c) Bei Klagen gegen die Finanzverwaltung sind die folgenden Gerichte zuständig:

Frage 1.55

Geschäftsprozesse im Einzelhandel

Lernfeld 1

Die Verkäuferin Vera Veranda hat bei ihrem Modehaus gekündigt, um sich zu verändern.

Ihr Chef fragt sie, ob sie ein einfaches oder ein qualifiziertes Arbeitszeugnis haben möchte.

Da Frau Veranda sich nicht so gut auskennt, bittet sie Sie um Rat.

a) Worin besteht der Unterschied zwischen einem einfachen und einem qualifizierten Arbeitszeugnis?

b) Welche Variante sollte Frau Veranda sich ausstellen lassen?

Antwort 1.55

a) Ein **einfaches Arbeitszeugnis** enthält **keine Angaben über Führung und Leistung**.

Aufgeführt werden lediglich die Personalien und die Dauer der Beschäftigung. Auch die übertragenen Aufgaben müssen in einem einfachen Arbeitszeugnis exakt aufgegliedert sein, jedoch – anders als bei einem qualifizierten Zeugnis – wertfrei.

In einem **qualifizierten Arbeitszeugnis** muss – neben Personalien und Dauer der Beschäftigung – im Gegensatz zum einfachen Zeugnis eine **Beurteilung der Führung (Verhalten) und Leistung** enthalten sein.

Einfaches Zeugnis	Qualifiziertes Zeugnis
Personalien	Personalien
Art der Beschäftigung	Art der Beschäftigung
Dauer der Beschäftigung	Dauer der Beschäftigung
	Angaben zu Führung und Leistung

b) Vera Veranda sollte auf Ausstellung eines qualifizierten Zeugnisses bestehen.

Wird ein einfaches Arbeitszeugnis verlangt bzw. einem potentiellen neuen Arbeitgeber vorgelegt, so kann im Normalfall davon ausgegangen werden, dass die Leistungen der Arbeitnehmerin mangelhaft waren bzw. es zu Vorkommnissen gekommen ist, deren Erwähnung durch das Verlangen eines einfachen Arbeitszeugnisses vermieden werden soll.

Frage 1.56

Wirtschafts- und Sozialkunde

Lernfeld 1

a) Bitte erklären Sie die Begriffe Gleitzeit und Kernzeit.

b) Welche Vorteile hat die Gleitzeit für Arbeitnehmer und Arbeitgeber?

Antwort 1.56

a) Bei der **Gleitzeit** können vom Arbeitnehmer Anfang und Ende der Arbeitszeit innerhalb bestimmter Grenzen frei gewählt werden können (Wochenarbeitszeit ist einzuhalten). Die **Kernzeit** ist dabei die Zeit, in der grundsätzlich alle Beschäftigten anwesend sein müssen. *Bsp.: Rahmenarbeitszeit 6:30 Uhr bis 19:00 Uhr, Kernarbeitszeit 8:30 bis 15:30 Uhr.*

b) Die Arbeitnehmer haben den Vorteil, dass sie die „Rush-Hour" umgehen können (weniger Stress). Ferner können Arzttermine flexibel wahrgenommen werden. Dadurch hat der Arbeitgeber weniger Fehlzeiten zu verzeichnen.

Frage 1.57

Verkauf & Werbemaßnahmen

Lernfeld 1

Eines Morgens betreten Sie gutgelaunt Ihren Supermarkt, als der Marktleiter mit einer Horde Praktikanten auf Sie zustürmt.

Er bittet Sie, den Praktikanten in einem kurzen Vortrag einen Überblick über die wichtigsten Betriebsformen des stationären Einzelhandels zu geben.

Ihre gute Laune ist wie wegblasen. Aber Sie erinnern sich an Ihre Ausbildungszeit…

Bitte nennen Sie mindestens 10 stationäre Betriebsformen.

Geben Sie den Praktikanten nun zu jeder der von Ihnen genannten Betriebsformen jeweils 2 Beispiele an.

Antwort 1.57

Wichtige Betriebsformen des stationären Einzelhandels:

Betriebsform	Beispiel	Beispiel
Fachgeschäft	Schuh-Fachgeschäft	Schreibwaren-Laden
Spezialgeschäft	Spezialgeschäft für Herren-Sneakers	Spezialgeschäft für Seifen
Boutique	Juwelier	Bekleidung für Teenager
Kaufhaus	C&A	Peek & Cloppenburg
Warenhaus	Kaufhof	Karstadt
Discounter	Aldi	Penny
Supermarkt	Edeka	Rewe
Verbrauchermarkt	Real	Kaufhof
Factory-Outlet („Fabrikverkaufs-Laden")	Lindt Werksverkauf, Aachen	Lloyd-Schuhe Factory-Outlet, Sulingen
Postenmarkt	Handel mit Sonderposten	Handel mit Insolvenzware
Convenience Store	Rewe to Go	Spar Express

Frage 1.58

Verkauf & Werbemaßnahmen

Lernfeld 1

Eines Morgens betreten Sie gutgelaunt Ihren Supermarkt, als der Marktleiter mit einer Horde Praktikanten auf Sie zustürmt. Er bittet Sie, den Praktikanten in einem kurzen Vortrag einen Überblick über die wichtigsten Betriebsformen des stationären Einzelhandels zu geben.

Bitte erstellen Sie sich als Hilfestellung eine Tabelle, in der Sie für die Betriebsformen

- Fachgeschäft
- Spezialgeschäft
- Boutique
- Kaufhaus
- Warenhaus
- Discounter
- Supermarkt
- Verbrauchermarkt
- Convenience Store

Angaben zu

- Standort,
- Verkaufsform,

zusammentragen.

Antwort 1.58

Betriebsform	Standort	Verkaufsform
Fachgeschäft	Zentrum	Vorwahl/Bedienung
Spezialgeschäft	Zentrum	Vorwahl/Bedienung
Boutique	Zentrum	Vorwahl/Bedienung
Kaufhaus	Zentrum	Selbstbedienung/Vorwahl/Bedienung
Warenhaus	Zentrum	Selbstbedienung/Vorwahl/Bedienung
Discounter	Zentrum, Randlage Stadt, Kundennähe	Selbstbedienung
Supermarkt	Kundennähe, Einkaufszentren	Überwiegend Selbstbedienung, aber auch Bedienstationen (z.B. Wurst)
Verbrauchermarkt	Randlage Stadt	Selbstbedienung, aber auch Bedienstationen
Convenience Store	an Bahnhöfen, Flughäfen, in Tankstellen etc. *(lange Öffnungszeiten!)*	Selbstbedienung

Frage 1.59

Verkauf & Werbemaßnahmen

Lernfeld 1

Eines Morgens betreten Sie gutgelaunt Ihren Supermarkt, als der Marktleiter mit einer Horde Praktikanten auf Sie zustürmt. Er bittet Sie, den Praktikanten in einem kurzen Vortrag einen Überblick über die wichtigsten Betriebsformen des stationären Einzelhandels zu geben.

Bitte erstellen Sie sich als Hilfestellung eine Tabelle, in der Sie für die Betriebsformen

- Fachgeschäft
- Spezialgeschäft
- Boutique
- Kaufhaus
- Warenhaus
- Discounter
- Supermarkt
- Verbrauchermarkt
- Convenience Store

Angaben zu

- Sortiment
- Betriebsgröße

zusammentragen.

Antwort 1.59

Betriebsform	Sortiment	Betriebsgröße
Fachgeschäft	Schmal und tief	Klein bis mittel
Spezialgeschäft	Schmal und tief	Klein bis mittel
Boutique	Schmal und tief (oft Modeartikel)	Klein
Kaufhaus	Breit und tief	Mittel bis groß
Warenhaus	Breit und tief	Groß
Discounter	Schmal und flach	Mittel
Supermarkt	Breit und teilweise tief	Mittel bis groß
Verbrauchermarkt	Breit und tief	Groß
Convenience Store	Schmal und flach	Klein

Frage 1.60

Verkauf & Werbemaßnahmen

Lernfeld 1

Eines Morgens betreten Sie gutgelaunt Ihren Supermarkt, als der Marktleiter mit einer Horde Praktikanten auf Sie zustürmt. Er bittet Sie, den Praktikanten in einem kurzen Vortrag einen Überblick über die wichtigsten Betriebsformen des stationären Einzelhandels zu geben.

Nach Ihrem Vortrag gibt es die folgenden Nachfragen der Praktikanten.

a) Worin besteht der wichtigste Unterschied zwischen einem **Warenhaus** und einem **Kaufhaus**?

b) Worin liegt der wichtigste Unterschied zwischen einem **Supermarkt** und einem **Discounter**?

c) Erklären Sie doch bitte kurz den Begriff **Einkaufszentrum**.

d) Was ist denn ein **„Off-Price-Store"**?

e) Welche wesentlichen Punkte charakterisieren den Postenmarkt bzw. Sondenpostenmarkt.

Antwort 1.60

a) Der wichtigste Unterschied besteht darin, dass **Kaufhäuser** auf eine bestimmte Branche spezialisiert sind. Sie bieten zum Beispiel nur Bekleidung an.

b) Ein Discounter ist zwar ähnlich strukturiert wie ein Supermarkt. Allerdings sind die Verkaufspreise niedriger als beim Supermarkt.

Auch Ladengestaltung, Warenpräsentation und Personalbesetzung sind häufig deutlich „geringer" als bei einem Supermarkt. Service- und Dienstleistungen sind bei Discountern eher selten zu finden.

c) Einkaufszentren (oft auch „Shopping-Center" genannt) sind meist günstig gelegen und bietet dem Kunden auf einer sehr großen Einkaufsfläche mehrere unterschiedliche, direkt beieinander angesiedelte und selbständige Kaufhäuser, Fachmärkte, Fachgeschäfte, Dienstleister usw.

Das Einkaufszentrum verfügt üblicherweise über eine zentrale Parkmöglichkeit (Parkplatz oder Parkhaus).

Da das Einkaufszentrum zentral verwaltet wird, werden bspw. Reinigung, Instandhaltung der öffentlichen Bereiche, Sicherheit sowie teilweise auch die Werbung und die Öffnungszeiten zentral geregelt.

d) Der „Off-Price-Store" wird formal als Sonderform des „Factory-Outlets" angesehen.

Diese Geschäfte sind oft recht klein und bieten verschiedene „Non-Food"-Artikel aus Überschusswaren, Restposten oder Versicherungsschäden zu erheblichen Preisabschlägen bzw. günstigen Preisen an (z.B. „1-Euro-Shop").

e) Beim Posten- bzw. Sondenpostenmarkt wechselt häufig das Sortiment. Es besteht vorrangig aus Restposten zu stark herabgesetzten Preisen. Die Sortimentstiefe ist meist gering.

Frage 1.61

Verkauf & Werbemaßnahmen

Lernfeld 1

Bitte nennen Sie 2 Beispiele für Betriebsformen, bei denen die Verkaufsräume eher **funktionsorientiert** und 2 Beispiele für Betriebsformen, bei denen die Verkaufsräume eher **erlebnisorientiert** gestaltet sind.

Antwort 1.61

Funktionsorientiert	Erlebnisorientiert
Supermärkte	Shopping-Center
Discounter	Boutiquen

Frage 1.62

Wirtschafts- und Sozialkunde

Lernfeld 1

Was ist das sog. erwerbswirtschaftliche Prinzip?

Antwort 1.62

Das erwerbswirtschaftliche Prinzip besagt, dass die Unternehmen bestrebt sind, einen möglichst großen (maximalen) oder zumindest einen angemessenen Gewinn zu erzielen (Gewinnmaximierung).

Frage 1.63

Wirtschafts- und Sozialkunde

Lernfeld 1

Nennen und erläutern Sie die 4 zentralen Prinzipien des Umweltschutzes.

Antwort 1.63

Prinzip	Erläuterung
Vorsorgeprinzip	Abfallvermeidung geht der Abfallbeseitigung vor
Verursacherprinzip	Der Verursacher einer Umweltbelastung haftet für die entstehenden Kosten
Gemeinlastprinzip	Kann der Verursacher einer Umweltbelastung nicht ermittelt werden, so haftet die Allgemeinheit
Zukunftsprinzip	Erschließung umweltverträglicher Wachstumspotentiale

Frage 1.64

Wirtschafts- und Sozialkunde

Lernfeld 1

a) Was versteht man unter „Recycling"?

b) Nennen und erläutern Sie 3 Formen des Recyclings?

Antwort 1.64

a) Unter Recycling versteht man die möglichst lückenlose Rückführung von Abfällen, Materialien und Produkten als Güter oder Wertstoffe in den Produktions- und Verbrauchsprozess, wobei die Umwelt möglichst gering belastet werden soll.

b)

Formen	Erläuterung
Wiederverwendung	z.B. Pfandflaschen
Wiederverwertung	Auflösung des Materials und Herstellung des gleichen Produktes *(bspw. Glasbruch, Glascontainer, neue Flasche)*
Weiterverwertung	Auflösung des Materials und Herstellung eines anderen Produktes *(bspw. Altreifen, Gummi, Schuhsohle)*

Frage 1.65

Wirtschafts- und Sozialkunde

Lernfeld 1

a) Welche Behörde ist im Regelfall für die Überwachung von Arbeitsschutzvorschriften, die Bund und Länder erlassen haben, zuständig?

b) Welche Institutionen erlassen Unfallverhütungs-Vorschriften?

Antwort 1.65

a) Das Gewerbeaufsichtsamt ist normalerweise zuständig.

b) Es handelt sich um die Berufsgenossenschaften.

Frage 1.66

Wirtschafts- und Sozialkunde

Lernfeld 1

Bitte tragen Sie die entsprechenden Bezeichnungen in die unterstrichenen Lücken ein.

Der _____ _____ ist das älteste und eines der bekanntesten Umweltzeichen der Welt. Er setzt und dokumentiert Maßstäbe für umweltfreundliche Produkte und Dienstleistungen, die von einer unabhängigen Jury nach bestimmten Kriterien beschlossen werden. Ein weiteres _____ ist bspw. die Europäische Umweltblume. Mit sog. _____ (auch _____ genannt) bestätigen Hersteller ihren Kunden, dass die Ware gesetzlich vorgeschriebene Sicherheitsanforderungen erfüllt. Eine weitere Kategorie von Zeichen sind sog. _____ wie bspw. Wollsiegel. Mit diesen Zeichen geben die Hersteller ihren Kunden Informationen über die Einhaltung bestimmter Qualitätsmaßstäbe. _____ dokumentieren die – *hoffentlich* sehr guten – Testurteile von Verbraucherschutz-Organisationen. _____ sind gesetzlich geschützte Zeichen (z.B. Wort, Bild), die Firmen verwenden, damit Verbraucher einen hohen Wiedererkennungswert haben.

Antwort 1.66

Der **Blaue Engel** ist das älteste und eines der bekanntesten Umweltzeichen der Welt. Er setzt und dokumentiert Maßstäbe für umweltfreundliche Produkte und Dienstleistungen, die von einer unabhängigen Jury nach bestimmten Kriterien beschlossen werden. Ein weiteres **Umweltzeichen** ist bspw. die Europäische Umweltblume. Mit sog. **Schutzzeichen** (auch **Prüfzeichen** genannt) bestätigen Hersteller ihren Kunden, dass die Ware gesetzlich vorgeschriebene Sicherheitsanforderungen erfüllt. Eine weitere Kategorie von Zeichen sind sog. **Gütezeichen** wie bspw. Wollsiegel. Mit diesen Zeichen geben die Hersteller ihren Kunden Informationen über die Einhaltung bestimmter Qualitätsmaßstäbe. **Testzeichen** dokumentieren die – *hoffentlich* sehr guten – Testurteile von Verbraucherschutz-Organisationen. **Markenzeichen** sind gesetzlich geschützte Zeichen (z.B. Wort, Bild), die Firmen verwenden, damit Verbraucher einen hohen Wiedererkennungswert haben.

Frage 1.67

Geschäftsprozesse im Einzelhandel

Lernfeld 1

Bitte ordnen Sie kurz die Begriffe „Organisation", „Disposition" und „Improvisation" ein.

Antwort 1.67

Frage 1.68

Geschäftsprozesse im Einzelhandel

Lernfeld 1

Leitungssysteme können nach Verrichtungen und/oder Objekten strukturiert werden.

Sind die folgenden Abteilungen nach Verrichtungen oder nach Objekten strukturiert?

- Beschaffung,
- Lebensmittel,
- Schuhe,
- Lagerhaltung.

Antwort 1.68

Bei der **objektorientierten Gliederung** wird der Betrieb bspw. nach Produktgruppen oder Kundengruppen in Sparten, Geschäftsbereiche etc. untergliedert.

Bei der **verrichtungsorientierten Gliederung** erfolgt die Strukturierung nach Funktionen (z.B. Beschaffung, Absatz).

Beschaffung und Lagerhaltung: Hier wurden Abteilungen nach Tätigkeiten – also Verrichtungen – gebildet.

Lebensmittel und Schuhe: Hier wurden Abteilungen nach Objekten – also Schuhen usw. – gebildet.

Frage 1.69

Geschäftsprozesse im Einzelhandel

Lernfeld 1

a) Bitte erklären Sie den Begriff „Aufbauorganisation".

b) Skizzieren Sie nun ein Einliniensystem, ein Mehrliniensystem und ein Stabliniensystem.

c) Erläutern Sie kurz die wesentlichen Unterscheidungskriterien.

d) Bitte erklären Sie nun den Begriff „Ablauforganisation".

e) Nennen Sie jeweils 2 Vor- und Nachteile der Systeme aus b)

Antwort 1.69

a) Die Aufbauorganisation bestimmt die Struktur eines Unternehmens und hat dadurch einen großen Einfluss darauf, wie schnell und mit welchen Kosten man auf Kundenwünsche reagieren kann.

Bei dieser Organisationsstruktur geht es um eine klare Zuordnung der Zuständigkeiten und der Weisungsberechtigung.

b) Einliniensystem:

Mehrliniensytem:

Stabliniensystem:

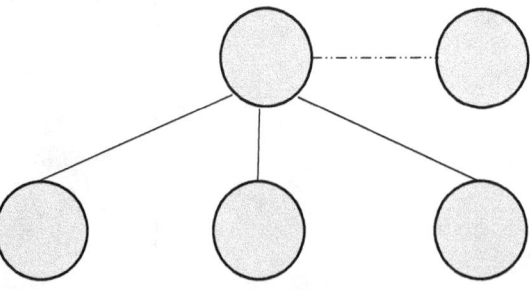

Fortsetzung: Frage 1.69

Geschäftsprozesse im Einzelhandel

Lernfeld 1

a) Bitte erklären Sie den Begriff „Aufbauorganisation".

b) Skizzieren Sie nun ein Einliniensystem, ein Mehrliniensystem und ein Stabliniensystem.

c) Erläutern Sie kurz die wesentlichen Unterscheidungskriterien.

d) Bitte erklären Sie nun den Begriff „Ablauforganisation".

e) Nennen Sie jeweils 2 Vor- und Nachteile der Systeme aus b)

Fortsetzung: Antwort 1.69

c) Die Aufbauorganisation bestimmt die Struktur eines Unternehmens Beim **Einliniensystem** gibt es nur eine übergeordnete Stelle, die Weisungen erteilt.

Beim **Mehrliniensystem** erhält mindestens eine untergeordnete Stelle Weisungen von mehreren übergeordneten Stellen.

Beim **Stabliniensystem** sind Stabsstellen vorhanden, die die Linienstellen entlasten. Stabsstellen haben keine Weisungs- und Entscheidungsbefugnisse. Stäbe bereiten Entscheidungen vor, die dann von den Führungskräften getroffen werden.

d) Unter **Ablauforganisation** versteht man die Gestaltung der Arbeitsprozesse zur Erfüllung betrieblicher Teilaufgaben. Hier steht also bspw. die <u>zeitliche Abfolge von Arbeitsabläufen</u> im Vordergrund.

e)

Vorteile	Nachteile
Einliniensystem	
Kein Kompetenzgerangel	Überlastung der Führungskräfte
Eindeutige Dienstwege/ Verantwortungsbereiche	Abhängigkeiten zwischen Vorgesetzten und Mitarbeitern
Mehrliniensystem	
Mitarbeiterkontrolle durch mehrere Vorgesetzte	Keine klaren Kompetenzabgrenzungen/ Verantwortungsbereiche
Fachautorität der übergeordneten Stellen wird betont	Schwierige Fehlerzuweisung
Stabliniensystem	
Entlastung der Linieninstanzen	Konfliktpotential zwischen Stab und Linie
Sorgfältigere Entscheidungsvorbereitung	Informelle Macht der Stabsstellen durch Info-Vorsprung

Frage 1.70

Wirtschafts- und Sozialkunde

Lernfeld 1

Grenzen Sie Kernprozesse, unterstützende Prozesse und Managementprozesse im Handel voneinander ab.

Antwort 1.70

Die Geschäftsprozesse eines Unternehmens können grundsätzlich in **Kernprozesse**, **unterstützende Prozesse** und **Managementprozesse** unterteilt werden.

Der Kernprozess umfasst alle Tätigkeiten, die der Wertschöpfung des Unternehmens dienen.

Bei einem Einzelhandelsunternehmen sind dies

- Einkauf,
- Lagerhaltung,
- Verkauf.

Unterstützende Prozesse sind beispielsweise

- Buchhaltung,
- Personalwesen,
- Marketing.

Managementprozesse sind beispielsweise Prozesse der

- Geschäftsführung.

Lernfeld 2, Frage 2.1
Verkauf & Werbemaßnahmen

Zwar ist der Ablauf eines Verkaufsgespräches immer von der jeweiligen Verkaufssituation abhängig, das Verkaufsgespräch läuft aber normalerweise in bestimmten Phasen ab.

Bitte bringen Sie die folgenden Phasen in die richtige Reihenfolge:

- Bedarfsermittlung
- Preisnennung
- Begrüßung und Kontaktaufnahme
- Behandlung von Kundeneinwänden
- Warenvorlage und Verkaufsargumentation
- Herbeiführung des Kaufabschlusses

Antwort 2.1

1. Begrüßung und Kontaktaufnahme
2. Bedarfsermittlung
3. Warenvorlage und Verkaufsargumentation
4. Preisnennung
5. Behandlung von Kundeneinwänden
6. Herbeiführung des Kaufabschlusses

Hinweis: Sollten Ihnen im Rahmen Ihrer Prüfung noch zusätzliche Phasen angegeben werden, so müssen Sie diese weiteren Phasen in die o.g. Reihenfolge einordnen. Manche Verkaufstrainer verwenden nämlich gerne 7 oder 8 Phasen.

Frage 2.2
Geschäftsprozesse im Einzelhandel
Lernfeld 2, auch Lernfeld 5

Die psychischen Phasen, die der Kunde während des Verkaufsgesprächs durchläuft, können mit einer aus den USA stammenden Formel zusammengefasst werden.

Geben Sie die einzelnen Buchstaben an und erläutern Sie diese.

Antwort 2.2

AIDA-Formel
- A = Attention – Aufmerksamkeit des Kunden gewinnen
- I = Interest – Es soll echtes Interesse des Kunden an der vorgelegten Ware entstehen
- D = Desire – Besitzwunsch soll beim Kunden geweckt werden
- A = Action – Kaufabschluss soll herbeigeführt werden

Frage 2.3

Verkauf & Werbemaßnahmen

Lernfeld 2, auch Lernfeld 10

Eine Kundin, die ein Geschenk für eine Freundin kaufen möchte, fragt Sie als Verkäufer um Hilfe.

Durch welche Fragen können Sie den Bedarf der Kundin ermitteln?

Formulieren Sie mindestens 3 Fragen in direkter bzw. wörtlicher Rede.

Antwort 2.3

*Entscheidend ist eine **genaue Bedarfsermittlung**, durch die Sie als Verkäufer erfahren, welches Geschenk zu welchem Anlass in Frage käme.*

Ideen:

- „Zu welchem Anlass möchten Sie Ihre Freundin beschenken?"
  oder:
  „Zu welchem Anlass soll das Geschenk sein?"
- „Welche Interessen/ Hobbys hat Ihre Freundin?"
- „Welche Sportarten betreibt Ihre Freundin?"
- „An welchen Preisrahmen haben Sie gedacht?"

Derartige Fragen zur <u>Bedarfsermittlung</u> tauchen in verschiedenen Variationen regelmäßig in den Prüfungen auf.

Frage 2.4

Verkauf & Werbemaßnahmen

Lernfeld 2

Wie sprechen Sie die Kunden in den folgenden Situationen geschickt an? Bitte in wörtlicher/direkter Rede formulieren…

a) Eine Kundin beschäftigt sich seit einigen Minuten mit einem Trekking-Rucksack.

b) Kunde sieht sich eine bestimmte Digitalkamera an, die in einer Glasvitrine verschlossen ist.

c) Kundin hat eine Outdoor-Jacke aus Tex-Material in der Hand.

Antwort 2.4

a) „Guten Tag, dieser Rucksack bietet Ihnen durch seine vielen Fächer besonders viel Stauraum und verfügt zusätzlich über einen abnehmbaren Day-Pack für Ihre Tagesausflüge."

Wichtig: Warenbezogene Ansprache

*In diesem Fall müssen Sie sehen, dass die Kundin ja schon etwas gefunden hat. Also unbedingt „**über die Ware**" ansprechen!*

No-Go: „Kann ich Ihnen helfen?"

b) „Guten Tag, diese Kamera von … ist das neueste Modell der Serie … Probieren Sie doch einmal selbst aus, wie leicht die Kamera ist."

Wichtig: Warenbezogene Ansprache, Tastsinn *(in die Hand geben)*

No-Gos: „Suchen Sie eine Kamera?", „Werden Sie schon bedient?"

c) „Guten Tag, wie ich sehe interessieren Sie sich für diese Outdoor-Jacke von …. Durch das Tex-Material ist die Jacke besonders atmungsaktiv. Möchten Sie die Jacke einmal anprobieren?"

Frage 2.5

Verkauf & Werbemaßnahmen

Lernfeld 2

Wie sprechen Sie die Kunden in den folgenden Situationen geschickt an? Bitte in wörtlicher/direkter Rede formulieren…

a) Eine Kundin schaut sich hilfesuchend um.

b) Ein Kunde hat bereits Ware in der Hand.

Antwort 2.5

a) „Guten Tag, wie kann ich Ihnen behilflich sein?"

No-Go: Geschlossene Frage (z.B. „Kann ich Ihnen behilflich sein?") Antwortet die Kundin mit „Nein", haben Sie bereits verloren …

b) „Guten Tag, wie ich sehe, interessieren Sie sich für diesen … Der Artikel ist zurzeit sehr beliebt, weil…"

Frage 2.6

Verkauf & Werbemaßnahmen

Lernfeld 2

Nennen und beschreiben Sie kurz fünf Kundentypen.

Wie gehen Sie als Verkäufer/-in mit den jeweiligen Kunden um?

Antwort 2.6

Nachfolgend sind exemplarisch einige wichtige Kundentypen beschrieben. Selbstverständlich sollte man nicht pauschalisieren und natürlich gibt es noch viel mehr Kundentypen…

1. **Senioren:** Häufig sehr kommunikationsfreudig, Senioren legen Wert auf eine höfliche und gute Behandlung, das Serviceangebot ist für diesen Kundentyp wichtig. *Umgang: Höflich und geduldig, Artikel selbst testen lassen und in die Hand geben, bei technischen Artikeln besonders auf „Handling" achten, auf Serviceangebot hinweisen.*

2. **Generation 55plus:** Verfügen über überdurchschnittliche Finanz- bzw. Kaufkraft, sehr anspruchsvoll, gesundheitsbewusst und aktiv. Dieser Kundentyp legt Wert auf eine hohe Lebensqualität. *Umgang: Hochwertige Artikel anbieten, Markenartikel präsentieren, auf Bemerkungen zum Alter verzichten, stattdessen die Fitness des Kunden bzw. der Kundin hervorheben. Dieser Kunde ist nur durch gezielte Verkaufsargumente zu überzeugen.*

Fortsetzung: Frage 2.6

Verkauf & Werbemaßnahmen

Lernfeld 2

Nennen und beschreiben Sie kurz fünf Kundentypen.

Wie gehen Sie als Verkäufer/-in mit den jeweiligen Kunden um?

Fortsetzung: Antwort 2.6

3. **Touristen, Ausländer:** Oft Sprachbarrieren vorhanden, mit Warenangebot evtl. nicht vertraut, manchmal andere Gewohnheiten, Ablehnung eines Teils der Ware, z.B. aus religiösen Gründen. *Umgang: Kunden schnell zur Ware bzw. deren Abbildungen führen, langsam und deutlich sprechen, evtl. auf Englisch kommunizieren. Bei Ablehnung bestimmter Waren Alternativen aufzeigen.*

4. **„Prestige-Kunde":** Geltungsdrang, Kauf soll dokumentieren, dass er/sie sich solche hochwertigen Artikel leisten kann, möchte das Personal gerne für sich allein „vereinnahmen". *Umgang: Den Kunden bzw. die Kundin als etwas „Besonderes" behandeln. Idealerweise – falls möglich – mit Namen ansprechen. Ruhig zuhören und kompetent und sachlich beraten.*

5. **„Kinder bzw. Jugendliche":** Kinder können ihre Wünsche noch nicht so genau ausdrücken wie Erwachsene. Sie leben häufig in einer eigenen Erlebniswelt. Jugendliche haben oft schon recht genaue Vorstellungen und verfügen über erstaunliche Kaufkraft. *Umgang: Kinder/Jugendliche wollen ernst genommen werden. Bei der Reihenfolge der zu bedienenden Kunden Kinder und Jugendliche nicht übergehen. Bei Kindern gezielte Fragetechnik einsetzen („Nachfragen") und rasch Ware vorlegen. Bei Jugendlichen muss die Ware auch dem Urteil des Freundeskreises bzw. dem Markenbewusstsein standhalten. Abschließend: Gesetzliche Bestimmungen einhalten (Z.B. Verkaufsverbot von Alkohol).*

Tipp: Fällt Ihnen in einer Prüfung keine Kundengruppe mehr ein, so teilen Sie einfach in „Kinder" und „Jugendliche" auf.

Weitere Kundentypen sind bspw.: Stammkunden, Schnäppchenjäger, Experten, emotionale Kunden, rationale Kunden, Sicherheits-Kunden, Laufkunden…

Frage 2.7

Verkauf & Werbemaßnahmen

Lernfeld 2

Welche Grundsätze bzw. Regeln sind bei der Warenvorlage im Rahmen des Verkaufsgesprächs zu beachten?

Welche Preislage sollte von dem Verkäufer bzw. der Verkäuferin gewählt werden? Gibt es dazu Ausnahmen?

Antwort 2.7

Grundsätze

- Dem Kunden ist nur eine begrenzte Auswahl von Waren vorzulegen. *Die Anzahl der vorzulegenden Artikel hängt von der Art des Geschäfts und der Situation ab.* Sinnvoll scheint mir eine Auswahl von 3 Artikeln.
- Der Verkäufer muss in Abhängigkeit vom Kundentypen die richtige Preislage auswählen.
- Die vorgelegte Ware darf keinerlei Mängel aufweisen.
- Der Verkäufer muss mit der Ware sorgfältig umgehen, um dem Kunden zu dokumentieren, dass die Ware „einen Wert" hat.
- Der Kunde muss die Ware durch verschiedene „Sinne" erfassen können, also „Anfassen", „Ausprobieren", „Anprobieren" lassen.
- Während der Warenvorlage sind die Verwendungsmöglichkeiten bezogen auf die Kundenerwartungen zu nennen.
- Ware, die dem Kunde nicht zusagt, ist zur Seite zu legen.

Preisnennung

- Bei der Preisnennung sollte im Regelfall mit dem Artikel der mittleren Preislage begonnen werden, damit dem Verkäufer Handlungsspielraum nach oben oder unten bleibt.
- Im Spezial- oder Fachgeschäft ist es im Regelfall ratsam, mit einer höheren Preisklasse zu beginnen, da die Kunden zumeist Artikel im oberen Preissegment präferieren.

Frage 2.8

Verkauf & Werbemaßnahmen

Lernfeld 2

Eine Kundin kommt auf Sie zu und wünscht die Zahnpasta „2Drops4All". Sie antworten: „2Drops4All bekommen wir bedauerlicherweise nicht mehr geliefert. Ich kann Ihnen nur eine andere Marke anbieten…"

a) Weshalb ist diese Antwort nicht optimal?

b) Formulieren Sie eine verkaufsfördernde Antwort in direkter/wörtlicher Rede.

Antwort 2.8

a) Bitte vermeiden Sie Formulierungen, die dem Kunden deutlich machen, dass er nicht die von ihm gewünschte Ware bekommt. **Zeigen Sie ihm stattdessen die Vorteile Ihres aktuell verfügbaren vorhandenen Sortiments auf.**

Bitte lassen Sie die folgenden negativ besetzten Aussagen weg, die dem Kunden zeigen, dass Sie keinen gleichwertigen Ersatz anbieten können:

- „Ich kann Ihnen leider nur … anbieten…"
- „… bekommen wir bedauerlicherweise nicht mehr herein…"
- „Dieser Artikel… auch ganz gut."
- „Nein, die Marke ABC führen wir nicht, wir haben nur…"

Führen Sie Ihren Kunden sofort Alternativangebote vor und sprechen Sie über nicht vorhandene Ware möglichst wenig. Ihr Kunde dürfte überrascht sein, welche Alternativen Sie ihm anbieten können.

b) „Bitte schauen Sie sich doch einmal diese DontoFixClean Zahnpasta an. Sie reinigt die Zähne sanft und schonend. Das Natriumfluorid härtet den Zahnschmelz. Die Stiftung Toller Test hat diese Zahnpasta mit GUT bewertet. Die 2Drops4All haben wir aus dem Sortiment genommen."

Frage 2.9

Verkauf & Werbemaßnahmen

Lernfeld 2

Es gibt Fragetechniken bzw. Frageformen, die beim Verkaufsgespräch häufig angewendet werden. Bitte geben Sie an, um welche Frageform es sich nachfolgend handelt:

a) Wie kann ich Ihnen helfen?
b) Es ist Ihnen also wichtig, dass der Kleber wasserfest ist?
c) Wie gehen Sie normalerweise bei der Fleckenbeseitigung vor?
d) Möchten Sie gerne eine helle oder dunkle Bluse?
e) Welche Funktionen benötigen Sie beim Handy?
f) Denken Sie nicht auch, dass sich ein höherer Anschaffungspreis rechtfertigt, wenn er sich nach einem halben Jahr durch den niedrigeren Verbrauch amortisiert hat?
g) Wo wollen Sie das neue Gerät einsetzen?
h) Bezahlen Sie mit Kreditkarte?

Erklären Sie anschließend kurz jede der von Ihnen genannten Frageformen.

Antwort 2.9

a) Offene Frage
b) Geschlossene Frage
c) Offene Frage
d) Alternativfrage
e) Offene Frage
f) Suggestivfrage
g) Offene Frage
h) Geschlossene Frage

Offene Fragen sind die „W"-Fragen, die mit „Was", „Wie", „Wo", „Wann", „Wieviel", „Warum" oder „Weshalb" beginnen.

Offene Fragen sind die beste Möglichkeit, die Bedürfnisse Ihrer Kunden zu erfragen. Der Kunde soll eine ausführliche Erklärung in ganzen Sätzen abgeben und Ihnen so wichtige Informationen für das Verkaufsgespräch geben.

Suggestivfragen sind Fragen, bei denen eine Meinung vorgegeben bzw. dem Kunden eine Antwort „in den Mund gelegt" wird. Man möchte den Kunden beeinflussen. Suggestivfragen haben einen lenkenden bzw. rhetorischen Charakter (Kunde kann eigentlich nur zustimmen) und sollen oft den Verkaufsvorgang beschleunigen.

Achtung: Zu plumpe Suggestivfragen fallen dem Kunden auf. Er spürt, dass er manipuliert wird.

Fortsetzung: Frage 2.9

Verkauf & Werbemaßnahmen

Lernfeld 2

Es gibt Fragetechniken bzw. Frageformen, die beim Verkaufsgespräch häufig angewendet werden. Bitte geben Sie an, um welche Frageform es sich nachfolgend handelt:

a) Wie kann ich Ihnen helfen?
b) Es ist Ihnen also wichtig, dass der Kleber wasserfest ist?
c) Wie gehen Sie normalerweise bei der Fleckenbeseitigung vor?
d) Möchten Sie gerne eine helle oder dunkle Bluse?
e) Welche Funktionen benötigen Sie beim Handy?
f) Denken Sie nicht auch, dass sich ein höherer Anschaffungspreis rechtfertigt, wenn er sich nach einem halben Jahr durch den niedrigeren Verbrauch amortisiert hat?
g) Wo wollen Sie das neue Gerät einsetzen?
h) Bezahlen Sie mit Kreditkarte?

Erklären Sie anschließend kurz jede der von Ihnen genannten Frageformen.

Fortsetzung: Antwort 2.9 (ab geschlossene Fragen)

Geschlossene Fragen werden durch „Ja" oder „Nein" oder eine andere kurze Angabe zu beantworten. Im Verkaufsgespräch setzen Sie geschlossene Fragen als Rückfrage oder zur Konkretisierung – also Eingrenzung – ein. **Geschlossene Fragen** sind auch geeignet, um das Verkaufsgespräch zum Abschluss zu bringen.

Der Kunde hat hier nur wenige oder kurze Antwortmöglichkeiten. Achtung: Ein zu häufiges „Nein" verschlechtert das Gesprächsklima! Deshalb: Fragen so formulieren, dass man als Verkäufer viele „Jas" sammelt.

Wenn Sie dem Kunden 2 (oder mehr) Möglichkeiten anbieten, spricht man von **Alternativfragen.** Sie sollten erst durch offene Fragen passende Lösungen für den Kunden herausgefunden haben, ehe Sie dann mit **Alternativfragen** die Entscheidung erleichtern und den Kaufabschluss herbeiführen. Man spricht deshalb auch oft von **Entscheidungsfragen**.

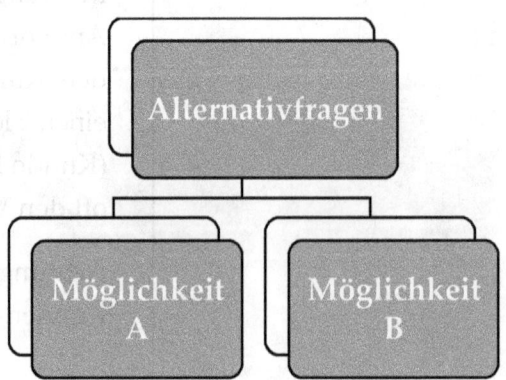

Frage 2.10

Verkauf & Werbemaßnahmen

Lernfeld 2

Der Kunde erwartet von Ihnen, dass Sie Ahnung von der Ware haben, die Sie gerade verkaufen wollen.

a) Wo können Sie sich als Verkäufer/-in informieren? Nennen Sie mindestens 10 Informationsquellen.

b) Nennen Sie 2 Probleme, die Ihrem Geschäft entstehen können, wenn Sie sich nicht gut mit den Waren auskennen (also mangelhafte Warenkenntnisse haben).

Antwort 2.10

a) Beispiele:

1. Warensteckbriefe
2. Fachbücher
3. Fachzeitschriften
4. Testzeitschriften von Warenprüfern
5. Warenkundliche Filme, DVDs
6. Prospekte
7. Besuch von Messen und Ausstellungen
8. Bedienungsanleitungen
9. Internet
10. Intranet *(Unternehmensinternes Rechnernetz, das im Gegensatz zum Internet kein öffentliches Netz benutzt und nicht öffentlich ist. Oft bei Handelsunternehmen mit Filialnetz eingesetzt, um die Mitarbeiter der einzelnen Filialen mit Informationen zu versorgen).*
11. Produktseminare/-schulungen der Hersteller
12. Innerbetriebliche Produktschulungen
13. Gespräch mit Vertretern der Hersteller
14. Beobachtung der Konkurrenz (Mitbewerber)

Dieses Thema kam bereits mehrmals in Abschlussprüfungen vor.

b) Meine Ideen:

- Kunden haben den Eindruck, dass sie schlecht informiert werden, gehen und erzählen eventuell weiter, dass sie schlecht beraten wurden. Dadurch: Negativ-Image Ihres Einzelhandelsunternehmens!

- Kunden kaufen Artikel, die nicht ihrem Bedarf oder ihren Ansprüchen entsprechen, sind unzufrieden und kommen nicht mehr zu Ihnen.

- Ihr Geschäft kauft im Einkauf von neuer Ware ungeeignete Artikel ein.

Frage 2.11

Verkauf & Werbemaßnahmen

Lernfeld 2

Beurteilen Sie das folgende Preisgespräch:

> Frau Eilig: „Hallo, wieviel kostet diese Bluse?"
>
> Verkäuferin Emsig: „89,00 Euro!"
>
> Frau Eilig: „Oh, das ist aber recht viel Geld für eine Bluse. Da muss ich noch einmal drüber nachdenken. Vielen Dank. Auf Wiedersehen."
>
> Verkäuferin Emsig: „Bitte sehr. Auf Wiedersehen."

a) Was ist schief gelaufen?

b) Sie sind die Kollegin von Frau Emsig. Geben Sie ihr einen Ratschlag, wie sie künftig argumentieren sollte. Formulieren Sie in direkter bzw. wörtlicher Rede.

Tipp: Der erste Satz der Kundin bleibt unverändert, da die Dame halt so auf Sie zukommt! Es geht jetzt um Ihre Reaktion!

c) Welche Grundsätze sind bei der Preisnennung zu beachten?

Antwort 2.11

a) Frau Emsig hat den Preis „nackt" genannt, ohne der Kundin zuvor den Nutzen der Bluse näherzubringen.

> b) Frau Eilig: „Hallo, wieviel kostet diese Bluse?"
>
> Verkäuferin Emsig: „Die Bluse ist sehr bequem, da sie aus elastischer Baumwolle ist und den Comfort Fit Schnitt hat. Bitte probieren Sie einmal selbst"
>
> Verkäuferin Emsig: „Die Bluse kostet 89,00 Euro. Sie werden sich darin sehr wohl fühlen, da das elastische Material Ihnen Bewegungsfreiheit lässt. Toll ist auch, dass die Bluse bügelleicht ist."
>
> Frau Eilig: „... Die ist bestimmt sehr bequem. Ich nehme sie!"

„Verpacken" Sie den Preis in Kundennutzen bzw. Verkaufsargumente! Man spricht von der sog. **Sandwichmethode**.

c) - Den Preis in Kundennutzen „verpacken"

   - Niemals „nackte" Preise nennen

   - Worte wie „billig" und „teuer" vermeiden

   - Worte wie „günstig", „hochwertig" verwenden

Frage 2.12

Verkauf & Werbemaßnahmen

Lernfeld 2

Bei der Sandwich-Methode nennen Sie den Preis des Produktes zwischen zwei „Lagen" positiver Eigenschaften. Dadurch soll der negative Effekt der Preisnennung auf den potentiellen Käufer abgemildert werden.

Wie sollten die 3 „Lagen" des „Sandwiches" aufgebaut sein?

Antwort 2.12

1. Geben Sie dem Kunden zunächst einen Überblick über die besten positiven Eigenschaften des Produktes, das Sie verkaufen möchten *(zum Beispiel die leichte Handhabbarkeit, eine Anzahl an Funktionen etc.)*

2. Nennen Sie dann den Preis des Produktes.

3. Geben Sie anschließend noch ein wirklich überzeugendes Argument an, weshalb das Produkt nützlich und besonders passend für den Kunden ist.

Vermeiden Sie es, nach der Nennung des Preises eine Pause zu machen! Nennen Sie stattdessen noch im gleichen Satz den prägnantesten Vorzug des Produkts für den Kunden. <u>Dies ist idealerweise die Eigenschaft, die der potentielle Käufer während des Verkaufsgesprächs als wichtigstes Kaufkriterium genannt hat.</u>

Frage 2.13

Verkauf & Werbemaßnahmen

Lernfeld 2

Bei der „Sandwich"-Methode nennen Sie als Verkäufer den Preis des Produktes zwischen zwei „Lagen" positiver Eigenschaften. Dadurch soll der negative Effekt der Preisnennung auf den potentiellen Käufer abgemildert werden.

Wie sollten die 3 „Lagen" des „Sandwiches" im Rahmen des folgenden Beispiels für den Trekking-Rucksack aufgebaut sein? Bitte formulieren Sie in direkter/wörtlicher Rede…

Rahmendaten: Trekkingrucksack der renommierten Marke „AS Alexander Sprick", großes Volumen, separate Fächer für Schlafsack, Schuhe und Papiere, einen einfach zu handhabenden Regenschutz, abnehmbarer kleiner Day-Pack für Mini-Ausflüge und Bergtouren, Preis 249,99 Euro.

Keine eigenen Argumente. Bitte argumentieren Sie mit den Rahmendaten, die angegeben sind.

Antwort 2.13

Mein Lösungsvorschlag:

> „Dieser <u>Trekkingrucksack der Marke AS</u> ist eine hervorragende Wahl. Er verfügt über ein <u>großes Volumen</u> und <u>separate Fächer für Schlafsack, Schuhe und Papiere</u> sowie einen wirklich <u>einfach zu handhabenden Regenschutz</u>. Probieren Sie ihn ruhig gleich einmal aus.
>
> Und <u>für 249,99 Euro</u> …
>
> … erhalten Sie außerdem einen <u>abnehmbaren Day-Pack – genau das Richtige für Ausflüge und Bergtouren</u>."

In meiner Lösung sind ALLE Argumente drin (siehe Unterstreichungen), d.h. der Kunde ist umfassend informiert.

Wichtig ist, dass der Preis in der „Mitte" genannt wird.

Häufig gesehener Fehler bei Lösungen meiner Schüler: Der Preis wurde zuletzt genannt. Das ist aber gerade verkehrt.

Noch einmal:

1. Geben Sie dem Kunden zunächst einen Überblick über die besten positiven Eigenschaften des Produktes, das Sie verkaufen möchten.

2. Nennen Sie in der mittleren Lage den Preis des Produktes.

3. Geben Sie anschließend noch ein wirklich überzeugendes Argument an, weshalb das Produkt nützlich und besonders passend für den Kunden ist.

4. Vermeiden Sie es, nach der Nennung des Preises eine Pause zu machen! Nennen Sie stattdessen noch im gleichen Satz den prägnantesten Vorzug des Produkts für den Kunden. Siehe meine Lösung oben, dargestellt mit den … (das soll ein Satz sein, der ohne Pause gesprochen wird).

Frage 2.14

Verkauf & Werbemaßnahmen

Lernfeld 2

Um den sog. **Preisschock** zu verhindern, gibt es verschiedene Möglichkeiten bzw. Techniken der Preisnennung.

Geben Sie 4 Möglichkeiten bzw. Techniken an und erläutern Sie diese. Führen Sie jeweils ein Beispiel an.

Antwort 2.14

1. **Optische Verkleinerung**

   Der Preis wird „verkleinert" dargestellt, indem er auf kleinere Mengen oder Einheiten verteilt wird. Rechnen Sie bei größeren Stückzahlen mit dem Stückpreis.

   Schwächen Sie dabei den Preis mit Worten wie „nur", „bloß" usw. ab und stellen ihn so als günstig dar.

   Bsp.: „Die CD-Rohlinge kosten im 100er-Pack nur 9 Cent pro Stück."

2. **Zerlegungsmethode**

   Die Gesamtleistung wird in mehrere Teilleistungen zerlegt, die einzeln „bepreist" werden.

   Bsp.: Ein Hotel bietet die reine Übernachtung für 79,00 Euro, das Frühstück für 9,00 Euro und die Tiefgarage für 15,00 Euro pro Übernachtungstag an.

3. **Vergleichsmethode**

   Hier wird ein Artikel mit einem höherpreisigen Artikel verglichen, so dass der Preis nicht mehr so hoch erscheint.

   Bsp.: Die Küchenmaschine X3 der Marke „Cook-Schnell", die Sie für 89,90 in die engere Wahl gezogen haben, hat sehr ähnliche Funktionen wie das hochpreisige Modell X5 von „Cook-Schnell" für 129,90.

   Am Rande: „Schlechtmachen" von Konkurrenzprodukten ist nicht erlaubt.

4. **Verharmlosungsmethode**

   Hier wird auf den nächstgünstigeren Artikel hingewiesen. Es wird nur der Preisunterschied erwähnt, der im Vergleich zum Mehrnutzen nicht mehr so hoch wirkt.

   Bsp.: Der Preisunterschied zwischen dem Artikel A und dem Artikel B ist mit … Euro kaum der Rede wert, wenn man den Mehrnutzen bedenkt.

Frage 2.15

Verkauf & Werbemaßnahmen

Lernfeld 2

Nennen und erklären Sie 5 Methoden, mit denen Sie Einwände Ihrer Kunden entkräften können.

Geben Sie jeweils 1 Beispiel in direkter bzw. wörtlicher Rede.

Antwort 2.15

1. **Bumerang-Methode**

Der Einwand des Kunden wird „postwendend" in ein positives Kaufargument umgewandelt.

Kunde: „Dieses Auto kommt mir sehr hoch vor."

Verkäufer: „Gerade deshalb ist es so bequem zum Ein- und Aussteigen."

2. **Vorteil-Nachteil-Methode**

   1. Der Nachteil des Artikels wird vom Verkaufspersonal anerkannt.
   2. Durch einen Vergleich mit den Vorteilen verliert der Nachteil an Gewicht.

Kunde: „Die Geldbörse ist wegen dem Reißverschluss unpraktisch."

Verkäufer: „Stimmt! Das Öffnen ist aufwändiger, dafür können Ihre Kreditkarten nicht herausfallen:"

3. **Rückfragemethode**

Hier reagiert der Verkäufer auf den Einwand des Kunden mit einer Rückfrage, so dass der Kunde seinen Einwand näher erklären muss.

Kunde: „Das WLAN-Radio ist aber teuer."

Verkäufer: „Wieso ist Ihnen das Gerät zu teuer?"

4. **Ja-aber-Methode**

   1. Zuerst stimmen Sie Ihrem Kunden zu und äußern so Verständnis für sein Argument.
   2. Im zweiten Schritt versuchen Sie, den Kundeneinwand durch ein Gegenargument zu entkräften.

Kunde: „Das Handy ist aber teuer."

Verkäufer: „Sie haben Recht. Auf den ersten Blick ist das für ein Handy sehr viel Geld. Bedenken Sie aber, dass die Kamera dieses Handys eine 25 Megapixel-Auflösung und ein Lenz-Objektiv hat. Sie sparen dadurch die Anschaffungskosten einer Digitalkamera."

Fortsetzung: Frage 2.15

Verkauf & Werbemaßnahmen

Lernfeld 2

Nennen und erklären Sie 5 Methoden, mit denen Sie Einwände Ihrer Kunden entkräften können.

Geben Sie jeweils 1 Beispiel in direkter bzw. wörtlicher Rede.

Fortsetzung: Antwort 2.15 (ab Vergleichsmethode)

5. Vergleichsmethode

Der Kundeneinwand wird durch einen anschaulichen Vergleich mit einem anderen Produkt entkräftet.

Dieses andere Produkt aber bitte nicht „schlechtmachen".

Kunde: „Dieser Handmixer ist aber teuer."

Verkäufer: „Stimmt. Dafür ist er im Vergleich zu diesem etwas günstigeren Modell hier deutlich leichter."

Frage 2.16

Verkauf & Werbemaßnahmen

Lernfeld 2

Wie sollten Sie als Verkäufer/-in sich bei Kundeneinwänden verhalten bzw. reagieren?

Antwort 2.16

Bitte…

- nehmen Sie Einwendungen Ihres Kunden immer ernst
- streiten Sie sich nicht mit Ihrem Kunden, sondern argumentieren Sie ruhig, sachlich, besonnen und lösungsorientiert
- werden Sie nie „persönlich"
- hören Sie sich den Einwand des Kunden ruhig an und unterbrechen ihn nicht, denn aufmerksames und verständnisvolles Zuhören verschafft Sympathie und bringt Ihnen Informationen
- stellen Sie unbedingt die genauen Gründe für die Einwendungen fest
- belehren Sie Ihren Kunden nicht und seien Sie nicht rechthaberisch
- zeigen Sie Ihrem Kunden, dass Sie für seinen Einwand Verständnis haben und seine Meinung respektieren
- geben Sie offen zu, wenn der Kunde mit seinem Einwand Recht hat
- überlegen Sie, wie Sie unberechtigte Einwände des Kunden entkräften können
- zerstreuen Sie Zweifel Ihres Kunden
- ändern Sie bei Bedarf die Warenvorlage entsprechend den Kundeneinwänden

Frage 2.17

Verkauf & Werbemaßnahmen

Lernfeld 2

Ein Kunde hat ein Kettcar der Marke „Kiddie-Car Daytona Formula Air" in die engere Wahl gezogen und sagt zu Ihnen: „Im Internet habe ich dieses Kettcar von Kiddie-Car aber günstiger gesehen."

a) Antworten Sie dem Kunden in wörtlicher/direkter Rede. Verwenden Sie zur Behandlung dieses Kundeneinwands die Ja-aber-Methode.

b) Welche Argumente sollten Sie als Verkäufer bei diesem Einwand bringen?

c) Auf was sollten Sie besser nicht eingehen?

Antwort 2.17

a) *Eine Idee von mir...*

„Danke für Ihre Offenheit. Bitte bedenken Sie, dass Sie hier bei uns eine umfassende Beratung haben und das Kettcar gleich prüfen und ausprobieren können. Sie können den Artikel gleich heute mit nach Hause nehmen. Auch nach dem Kauf haben Sie einen Ansprechpartner vor Ort."

Alternativ können Sie auch über eventuelle hohe Versandkosten des Online-Händlers argumentieren...

b) <u>Beispiele:</u>

- Persönliche Beratung vor Ort
- Fachkompetenz der Verkäufer (auch nach dem Kauf)
- Vor Ort ausprobieren
- Sofortige Mitnahme
- Hilfe bei einem Umtausch oder einer Reklamation

c) Bitte gehen Sie <u>nicht auf den Preisunterschied</u> ein. Hier dürfte Ihr stationäres Geschäft „den Kürzeren ziehen", da immer irgendein Online-Händler günstiger als Sie sein wird. Stellen Sie besser die persönliche Beratung und Standortnähe heraus.

Frage 2.18

Verkauf & Werbemaßnahmen

Lernfeld 2

Worauf können sich Kundeneinwände beziehen? Nennen Sie 4 solcher Gründe bzw. Arten und nennen Sie auch beispielhaft einige mögliche Kundeneinwände.

Geben Sie im nächsten Schritt mehrere Beispiele für Möglichkeiten an, den jeweiligen Einwand zu beheben.

Antwort 2.18

Einwand bezieht sich auf…	Beispiele für Möglichkeiten, den Einwand zu beheben:
Ware	
Hersteller (Marke) oder	Wenn nur Produkte anderer Hersteller (Marken) geführt werden, diese als Alternative anbieten.
Eigenschaften der Ware, z.B. Material, Qualität, Menge, Größe, Farbe usw.	Alternative Produkte vorlegen, Umtausch anbieten usw.
Preis	
Der Kunde empfindet den Preis entweder im Vergleich zur Qualität/Leistung bzw. im Vergleich zu Konkurrenzangeboten zu hoch	Produktqualität hervorheben, die durch den hohen Preis gewährleistet wird, Erklärung der Eigenschaften und Features. Kundennutzen herausstellen usw.
oder	
zu niedrig (*Qualität des Produktes wird in Frage gestellt*)	Falls der Preis dem Kunden „zu niedrig" scheint: Auf besondere Einkaufskonditionen und Aktionen etc. hinweisen.
Verkaufspersonal	
Unfreundlichkeit, mangelhafte Sortiments- oder Warenkenntnisse, gestresstes Personal, Lustlosigkeit usw.	Hier kann und sollte! schnell reagiert werden, z.B. indem Sie selbst den „genervten" Kunden übernehmen und vorbildlich weiter bedienen.
Geschäft	
Kunde ist mit Warenangebot, Platzierung oder der Warenpflege nicht einverstanden. Des Weiteren: Mangelhafte Serviceleistungen, zu wenig Personal, fehlende Parkmöglichkeiten usw.	Diese Einwände sollten zügig analysiert werden und dann sollte Abhilfe geschaffen werden (z.B. genügend Personal einplanen, Pausenzeiten aufeinander abstimmen etc.), da ansonsten das Image leiden könnte.

Frage 2.19

Verkauf & Werbemaßnahmen

Lernfeld 2

a) Erklären Sie die Begriffe „echter" und „unechter" Einwand und geben Sie jeweils ein Beispiel.

b) Wie sollten Sie als Verkäufer/-in auf einen unechten Einwand reagieren?

Antwort 2.19

a) Bei **echten Einwänden** hat der Kunde ein „echtes" Problem mit der Ware (z.B. Farbe, Preis) und sucht beim Verkäufer Hilfe. Wenn Sie ihm weiterhelfen können, steigen Ihre Chancen auf einen Kaufabschluss.

Bsp.: „Ich hatte eigentlich gedacht, dass es auf diese Stereoanlage drei Jahre Garantie gibt."

Unechte Einwände werden im Normalfall nur zum Schein vorgebracht. Hier ist der Kunde innerlich bereits vom Kauf abgerückt. Etliche Kunden wollen nach einer ausgiebigen Beratung nicht direkt sagen, dass sie diesmal nichts kaufen wollen. Sie äußern dann einen unechten Einwand.

Bsp.: „Da muss ich erst noch meine Frau fragen."

b) Auch wenn offensichtlich ist, dass der Einwand nur eine „Ausrede" des Kunden ist, sollten Sie diese Ausrede akzeptieren. Dadurch helfen Sie dem Kunden aus der Situation und ermuntern ihn zum Wiederkommen, um später tatsächlich einmal etwas zu kaufen.

Frage 2.20

Verkauf & Werbemaßnahmen

Lernfeld 2

Zusätzlich zum eigentlichen Verkauf von Waren bieten Einzelhandelsunternehmen ihren Kunden häufig freiwillige Leistungen – sogenannte Serviceleistungen – an.

a) Warum bietet Einzelhändler Serviceleistungen an?

b) Nennen Sie 3 Kategorien bzw. Gruppen, in die Serviceleistungen im Einzelhandel eingeteilt werden können.

c) Geben Sie zu jeder der 3 Kategorien jeweils 5 konkrete Beispiele.

d) Für bestimmte Kundengruppen werden häufig sehr spezielle Serviceleistungen angeboten. Nennen Sie 3 Kundengruppen und jeweils 2 konkrete Serviceleistungen je Kundengruppe.

e) Geben Sie abschließend jeweils 2 Beispiele für „Pre"-, „During"- und „After"-Sales-Serviceleistungen an – also Serviceleistungen, die vor, während und nach dem Kauf angeboten werden.

Antwort 2.20

a) Serviceleistungen stellen eine gute Möglichkeit dar, Kunden längerfristig an sich zu binden (**Kundenbindung**).

Des Weiteren stellen Serviceleistungen ein Instrument dar, sich **von Konkurrenten abzugrenzen**.

Gute Serviceleistungen fördern das **Image** des Einzelhandelsunternehmens.

Ferner sind Serviceleistungen ein Instrument, den **eigenen Umsatz zu steigern** und **höhere Gewinnspannen** zu erzielen (z.B. wenn ein Technikmarkt einen kostenpflichtigen Aufstellservice anbietet).

b) Serviceleistungen des Einzelhandels lassen sich in 3 Kategorien bzw. Gruppen einteilen:

- Warenbezogene Serviceleistungen
- Kundenbezogene Serviceleistungen
- Zahlungsbezogene Serviceleistungen

c) <u>Warenbezogene Serviceleistungen</u>

- Aufstellen von technischen Geräten
- Änderungsservice
- Einpackservice
- Reparaturservice

<u>Kundenbezogene Serviceleistungen</u>

- Kundenparkplätze, Parkkostenerstattung
- Kundentoiletten
- Rolltreppen, Fahrstühle
- Kinderspielecke, Kinderbetreuung

Fortsetzung: Frage 2.20

Verkauf & Werbemaßnahmen

Lernfeld 2

Zusätzlich zum eigentlichen Verkauf von Waren bieten Einzelhandelsunternehmen ihren Kunden häufig freiwillige Leistungen – sogenannte Serviceleistungen – an.

a) Warum bietet Einzelhändler Serviceleistungen an?

b) Nennen Sie 3 Kategorien bzw. Gruppen, in die Serviceleistungen im Einzelhandel eingeteilt werden können.

c) Geben Sie zu jeder der 3 Kategorien jeweils 5 konkrete Beispiele.

d) Für bestimmte Kundengruppen werden häufig sehr spezielle Serviceleistungen angeboten. Nennen Sie 3 Kundengruppen und jeweils 4 konkrete Serviceleistungen je Kundengruppe.

e) Geben Sie abschließend jeweils 2 Beispiele für „Pre"-, „During"- und „After"-Sales-Serviceleistungen an – also Serviceleistungen, die vor, während und nach dem Kauf angeboten werden.

Fortsetzung: Antwort 2.20 (ab Teil c: Beispiele)

<u>Serviceleistungen</u>

- Bargeldlose Zahlung, z.B. mit Kreditkarte
- Möglichkeit des Ratenkaufs
- Kundenkarte
- Zahlung auf Rechnung

d) Kundengruppen:

Senioren	Rollstuhlfahrer	Eltern mit Kids
Ruhezone, Sitzgelegenheit	Breite Gänge und Kassen-Durchgang	Kinderspielecke
Lupe am Einkaufswagen	Barrierefreier Zugang	Kinder-Betreuung
Toiletten	Fahrstuhl	Wickeltische
Rolltreppen	Behinderten-Parkplätze	Einkaufswagen mit Babyschalen
Taxi-Ruf		Eltern-Kind-Parkplätze

e) <u>Vor dem Kauf („Pre-Sales")</u>

- Erstellen eines Kostenvoranschlags
- Parkplätze

<u>Während des Kaufs („During-Sales")</u>

- Produktberatung
- Umkleidemöglichkeiten

<u>Nach dem Kauf („After-Sales")</u>

- Entsorgen von Altgeräten
- Möglichkeit des Umtausches

Frage 2.21

Verkauf & Werbemaßnahmen

Lernfeld 2

a) Bitte erklären Sie die Begriffe
   - Hauptartikel
   - Ergänzungsartikel
   - Zusatzartikel

   und nennen Sie jeweils 2 Beispiele.

b) Wann bieten Sie (zeitlich gesehen) Ergänzungs- oder Zusatzartikel an?

c) Wie bieten Sie Ergänzungs- und Zusatzartikel an? Bitte nennen Sie in wörtlicher Rede ein Beispiel.

Antwort 2.21

a) Begriffe:

   Hauptartikel

   Artikel, der Inhalt des Verkaufsgesprächs war und zu dessen Gunsten der Kaufentschluss gefallen ist.

   (z.B. „Blu-Ray-Player", „Gameboy", Digital-Kamera, Wanduhr)

   Ergänzungsartikel

   Artikel, der notwendig ist, um den Hauptartikel tatsächlich zu nutzen.

   (z.B. HDMI-Anschlusskabel für den „Blu-Ray-Player", Batterien für den „Gameboy", Speicherkarte für die Digitalkamera, Batterien für Wanduhr)

   Zusatzartikel

   Artikel, der langfristig für den Erhalt des Hauptartikels sorgt

   (z.B. Staubschutzhülle für „Blu-Ray-Player", „Gameboy"-Tasche, Gürteltasche für Digitalkamera)

   oder

   Artikel, der den Kundennutzen des Hauptartikels zusätzlich erhöht.

   (z.B. weitere „Blu-Ray"-Spiele, „Gameboy-Lampe", Stativ für die Digitalkamera)

b) **Angebote während des Hauptkaufs (im Verkaufsgespräch):**

   Jetzt Zusatzangebote anbieten, die den Hauptartikel in seiner Wirkung unterstützen oder seinen Gebrauchswert erhöhen.

   Angebote nach dem Hauptkauf (Kunde hat noch nicht bezahlt):

   Jetzt die Ergänzungsartikel anbieten, die notwendig sind, damit der Hauptartikel in Gebrauch genommen werden kann. Jetzt auch Zusatzartikel anbieten, die zur Pflege des Hauptartikels verwendet werden.

Fortsetzung: Frage 2.21

Verkauf & Werbemaßnahmen

Lernfeld 2

a) Bitte erklären Sie die Begriffe

- Hauptartikel
- Ergänzungsartikel
- Zusatzartikel

und nennen Sie jeweils 2 Beispiele.

b) Wann bieten Sie (zeitlich gesehen) Ergänzungs- oder Zusatzartikel an?

c) Wie bieten Sie Ergänzungs- und Zusatzartikel an? Bitte nennen Sie auch in wörtlicher Rede ein Beispiel.

Fortsetzung: Antwort 2.21 (ab c)

c) Formulieren Sie Ergänzungsangebote als konkrete Vorschläge, die sich auf die Verwendungsmöglichkeiten der Ware oder auf den Kunden beziehen.

z.B. „…Zu den Inlinern führen wir auch diese Knie- und Ellenbogenschützer hier. Damit bleiben Sie bei einem Sturz unversehrt…"

Vermeiden Sie inhaltlose Floskeln und negative Suggestivfragen.

No-Go:

„Haben Sie ansonsten noch einen Wunsch?"

Frage 2.22

Verkauf & Werbemaßnahmen

Lernfeld 2

Welche Anforderungen werden grundsätzlich an Verkäufer bzw. Verkäuferinnen gestellt?

Bitte nennen Sie jeweils 3 Stichworte zu den folgenden Punkten:

a) Erscheinungsbild
b) Verhalten
c) Körpersprache
d) Sprache

Antwort 2.22

Ideen:

a) Gepflegtes Äußeres, Sauberkeit, ansprechende Kleidung *(Tipp: Auch auf die Schuhe achten!)*

b) Höflichkeit, Wertschätzung, Interesse, Engagement, Einfühlungsvermögen, Freundlichkeit

c) Natürliche und offene Körperhaltung, aufmerksamer Blick zum Kunden, aktives Zuhören (Kopfnicken etc.)

d) Verständlichkeit (insbesondere keine Fachausdrücke, die der Kunde nicht versteht), kurze, aber vollständige Sätze, deutlich sprechen (nicht flüstern, nicht brüllen), wichtige Begriffe betonen

Lernfeld 3, Frage 3.1
Wirtschafts- und Sozialkunde

Erklären Sie kurz den Begriff „Rechtsfähigkeit".

Gehen Sie auch auf Beginn und Ende der Rechtsfähigkeit ein.

Antwort 3.1

Rechtsfähigkeit ist die **Fähigkeit, Träger von Rechten und Pflichten** zu sein.

Achtung: Die vorherige Definition müssen Sie können, da sie bereits in Prüfungen abgefragt wurde.

Rechtsfähig sind „natürliche Personen" (also wir Menschen) und „juristische Personen" (z.B. eine GmbH).

Die Rechtsfähigkeit **beginnt** bei „natürlichen Personen" mit der **Geburt** und **endet** mit dem **Tod**.

Also: Jeder Mensch ist rechtsfähig!

Bsp.: Ein Baby erbt ein Grundstück und muss Grundsteuer bezahlen. Es ist also bereits Steuerschuldner, d.h. Träger von Rechten und Pflichten.

Bei **„juristischen Personen" des Privatrechts beginnt** die Rechtsfähigkeit durch die **Eintragung in das Handelsregister, Genossenschaftsregister** etc. Die Rechtsfähigkeit einer juristischen Person **endet** mit ihrer **Löschung bzw. Liquidation**.

Bei **„juristischen Personen" des öffentlichen Rechts beginnt** die Rechtsfähigkeit mit einem Hoheitsakt. Die Rechtsfähigkeit einer solchen juristischen Person öffentlichen Rechts **endet**, wenn die **staatliche Verleihung entzogen** oder die **Genehmigung aufgehoben** wird.

Frage 3.2

Wirtschafts- und Sozialkunde

Lernfeld 3

Erklären Sie kurz den Begriff „Geschäftsfähigkeit".

Antwort 3.2

Geschäftsfähigkeit ist die Fähigkeit, **Willenserklärungen rechtswirksam abgeben, empfangen und widerrufen zu können**, d.h. Rechtsgeschäfte selbständig abschließen zu können.

Stufen	Alter	Rechtsfolge
Geschäftsunfähigkeit	- Kinder bis zum vollendeten 7. Lebensjahr - Dauerhaft geisteskranke Personen	Alle Willenserklärungen sind unwirksam. Solche Verträge sind immer nichtig, d.h. von vornherein ungültig. Ausnahme: Botengänge für die Eltern
Beschränkte Geschäftsfähigkeit	Minderjährige, die das 7., aber noch nicht das 18. Lebensjahr, vollendet haben	Deren Rechtsgeschäfte bedürfen im Normalfall der Zustimmung *(vorher: Einwilligung, nachher: Genehmigung)* des gesetzlichen Vertreters. Fehlt diese Zustimmung, so sind die Rechtsgeschäfte schwebend unwirksam. Wird die Genehmigung verweigert => Vertrag von Anfang an ungültig. Wird die Genehmigung erteilt => Vertrag von Anfang an wirksam. <u>Ausnahmen:</u> „Taschengeldparagraf" etc.
Unbeschränkte Geschäftsfähigkeit	Personen, die das 18. Lebensjahr vollendet haben <u>Ausnahme:</u> Menschen, die sich in einem Zustand krankhafter Störung der Geistestätigkeit befinden	Jedes gesetzlich erlaubte Rechtsgeschäft darf abgeschlossen werden. Die Zustimmung der gesetzlichen Vertreter ist nicht mehr erforderlich <u>Ausnahme:</u> Krankhafte Störung der Geistestätigkeit

Frage 3.3

Wirtschafts- und Sozialkunde

Lernfeld 3

Welche Art von Geschäften können auch von beschränkt Geschäftsfähigen ohne Zustimmung der Eltern rechtswirksam ausgeführt werden?

Geben Sie für jedes von Ihnen genannte Rechtsgeschäft zusätzlich ein Beispiel.

Antwort 3.3

Beschränkt Geschäftsfähige sind Minderjährige zwischen dem vollendeten 7. Lebensjahr und 18. Lebensjahr (Rechtsgrundlage: § 106 BGB).

Normalfall: Rechtsgeschäfte, die diese Personengruppe abschließt, bedürfen **vor Abschluss der Einwilligung** oder **nachträglich der Genehmigung** des gesetzlichen Vertreters. Bis zur möglichen Genehmigung ist das Rechtsgeschäft schwebend unwirksam.

Hier ist nun konkret nach den Sonderfällen gefragt, bei denen der beschränkt Geschäftsfähige Rechtsgeschäfte ohne Zustimmung des gesetzlichen Vertreters abschließen darf:

- Geschäfte, die lediglich einen rechtlichen Vorteil bringen *(z.B. 16-Jährige erhält von Ihrer Tante ein Sport-Shirt geschenkt)*
- Geschäfte, die er mit seinem angesparten Taschengeld bestreitet *(z.B. 15-Jähriger kauft sich von seinem Taschengeld ein Fantrikot von „Hannover 96")*
- Geschäfte, die im Zusammenhang mit einem vom gesetzlichen Vertreter erlaubten Dienst- oder Arbeitsverhältnis stehen, also die unmittelbare Eingehung, Aufhebung oder Erfüllung eines Dienst- oder Arbeitsverhältnisses der gestatteten Art betreffen sowie solche Geschäfte, die in engem Zusammenhang mit der Vertragsdurchführung stehen *(z.B. kauft der 15-jährige Tischler-Azubi sich Arbeitskleidung)*
- Geschäfte, die ein Geschäftsbetrieb mit sich bringt, zu dessen Betreiben der Minderjährige ermächtigt ist *(z.B. 17-Jähriger betreibt mit Genehmigung seiner Eltern und des Vormundschaftsgerichts einen Online-Shop und kauft Waren zum späteren Weiterverkauf ein)*

Frage 3.4

Wirtschafts- und Sozialkunde

Lernfeld 3

Sie sind Verkäuferin in einem kleinen Baumarkt. Da Sie am Wochenende in Ihre erste eigene Wohnung ziehen wollen, leihen Sie sich bei Ihrem Chef dessen Firmen-Bulli. Er drückt Ihnen den KFZ-Schein in die Hand. Den KFZ-Brief behält er selbst.

Erklären Sie an diesem Beispiel die Begriffe „Eigentum" und „Besitz".

Anhand welcher Fragen können Sie sich die beiden Begriffe gut merken?

Antwort 3.4

Besitz ist die tatsächliche Herrschaft über eine Sache bzw. einen Artikel. *Frage: Wer hat es?*

Sie können am Wochenende mit dem Firmenfahrzeug herumfahren. Sie dürfen es benutzen, es gehört Ihnen aber nicht, da Ihr Chef auch Eigentümer des Bullis bleibt.

Eigentum ist die rechtliche Herrschaft über eine Sache bzw. einen Artikel. *Frage: Wem gehört es?*

Ihr Chef hat sich – vielleicht vor einigen Jahren – den Firmenbulli gekauft und ist Eigentümer des Fahrzeugs. Der KFZ-Brief liegt in seinem Haus oder Büro, obwohl Sie mit dem Fahrzeug herumfahren dürfen.

Frage 3.5

Wirtschafts- und Sozialkunde

Lernfeld 3

Unterscheiden Sie die Kaufvertragsarten

- Einseitiger Handelskauf
- Zweiseitiger Handelskauf
- Verbrauchsgüterkauf
- Bürgerlicher Kauf

nach der rechtlichen Stellung der Vertragspartner.

Geben Sie jeweils 1 Beispiel für die o.g. Kaufvertragsarten.

Antwort 3.5

Beim **einseitigen Handelskauf** ist ein Vertragspartner Kaufmann gemäß HGB (umgangssprachlich „Unternehmer"/ „Gewerbetreibender").

Bsp.: Frau H. kauft eine Bluse beim Handelsbetrieb Blusenhandel GmbH & Co. KG.

Beim **zweiseitigen Handelskauf** sind beide Vertragspartner Kaufleute nach HGB (d.h. beide sind „Unternehmer"/„Gewerbetreibende").

Bsp.: Das Schuhhaus Shoes2Go GmbH kauft Ware bei der Schuhfabrik Schufabi GmbH.

Einseitiger Handelskauf	Zweiseitiger Handelskauf
Kaufvertrag zwischen	**Kaufvertrag Zwischen**
Kaufmann nach HGB (gemeint: „Unternehmer")	Kaufmann nach HGB (gemeint: „Unternehmer")
und	**Und**
Privatperson	Kaufmann nach HGB (gemeint: „Unternehmer")

Beim **Verbrauchsgüterkauf** verkauft ein Unternehmer eine bewegliche Sache an eine Privatperson.

Bsp.: Eine Rentnerin kauft einen Neuwagen im Autohaus Autos4Life.

Beim **bürgerlichen Kauf** sind beide Partner Privatleute.

Bsp.: Clara verkauft ihr Fahrrad an Ann-Kristin.

Fortsetzung: Frage 3.5

Wirtschafts- und Sozialkunde

Lernfeld 3

Unterscheiden Sie die Kaufvertragsarten

- Einseitiger Handelskauf
- Zweiseitiger Handelskauf
- Verbrauchsgüterkauf
- Bürgerlicher Kauf

nach der rechtlichen Stellung der Vertragspartner.

Geben Sie jeweils 1 Beispiel für die o.g. Kaufvertragsarten.

Fortsetzung: Antwort 3.5 (Schema):

Verbrauchsgüterkauf	Bürgerlicher Kauf
Kaufvertrag über BEWEGLICHE SACHEN zwischen	**Kaufvertrag zwischen**
Unternehmer nach BGB	Privatperson
und	Und
Privatperson (als Käufer)	Privatperson

Frage 3.6

Verkauf & Werbemaßnahmen

auch: Geschäftsprozesse im Einzelhandel

Lernfeld 3

a) Wie kommt formal ein Kaufvertrag zustande?

b) Welche 4 Konstellationen sind in der Praxis denkbar?

c) Bitte erklären Sie kurz die beiden Begriffe Verpflichtungs- und Erfüllungsgeschäft.

d) Welche Pflichten haben Verkäufer und Käufer im Rahmen des Verpflichtungsgeschäftes?

Antwort 3.6

a) Ein Kaufvertrag ist ein Rechtsgeschäft, das durch zwei inhaltlich übereinstimmende Willenserklärungen (Antrag und Annahme) zustande kommt.

b) Die Hauptschwierigkeit besteht darin, dass der unter a) erwähnte Antrag sowohl vom Verkäufer als auch vom Kunden ausgehen kann. Deshalb sind im Handel in der Praxis die folgenden 4 Konstellationen denkbar, die zum Kaufvertrag führen können. Im folgenden Schaubild ist der ANTRAG immer zuerst genannt, anschließend folgt dann die ANNAHME:

- 1. Bestellung
- 1. Bestellungs-Annahme
- 2. Bestellung
- 2. Lieferung
- 3. Angebot
- 3. Bestellung
- 4. Lieferung unbestellter Ware
- 4. Nutzung bzw. Zahlung

c) Mit dem Abschluss des Kaufvertrages entstehen für beide Vertragsparteien Pflichten und Rechte (Verpflichtungsgeschäft), die erfüllt werden müssen, um die vertraglichen Vereinbarungen zu erfüllen (Erfüllungsgeschäft).

Fortsetzung: Frage 3.6

Verkauf & Werbemaßnahmen

auch: Geschäftsprozesse im Einzelhandel

Lernfeld 3

a) Wie kommt formal ein Kaufvertrag zustande?

b) Welche 4 Konstellationen sind in der Praxis denkbar?

c) Bitte erklären Sie kurz die beiden Begriffe Verpflichtungs- und Erfüllungsgeschäft.

d) Welche Pflichten haben Verkäufer und Käufer im Rahmen des Verpflichtungsgeschäftes?

Fortsetzung: Antwort 3.6, Teil d)

d) Pflichten:

Pflichten Verkäufer	Pflichten Käufer
Rechtzeitige, vereinbarungsgemäße und mangelfreie Übergabe der Ware	Rechtzeitige Zahlung des vereinbarten Kaufpreises
Übertragung des Eigentums	Abnahme der Ware
Annahme des Kaufpreises	

Frage 3.7

Verkauf & Werbemaßnahmen

Lernfeld 3

Grundsätzlich sind alle Rechtsgeschäfte formfrei, d.h. es gelten keine Formvorschriften beim Abschluss von Verträgen. Keine Regel ohne Ausnahmen! Bitte erläutern Sie kurz die 3 Ausnahmen

- gesetzliche Schriftform,
- öffentliche Beglaubigung,
- notarielle Beurkundung

und geben Sie jeweils 1 Beispiel an.

Antwort 3.7

Gesetzliche Schriftform	Öffentliche Beglaubigung	Notarielle Beurkundung
Eigenhändige Unterschrift	Eigenhändige Unterschrift wird bspw. von einem Notar beglaubigt	Unterschriften der Vertrags-Parteien und Inhalt bzw. Wille der Vertrags-Parteien werden vom Notar bestätigt
Ausbildungs-Vertrag	*Anmeldung von Handelsregister-Eintragungen*	*Grundstücks-Verkauf*

Frage 3.8

Verkauf & Werbemaßnahmen

Lernfeld 3

Bitte erklären Sie kurz die folgenden Begriffe:

- Kauf auf Probe
- Kauf nach Probe
- Kauf zur Probe
- Spezifikationskauf
- Ramschkauf

Geben Sie auch jeweils ein Beispiel an.

Antwort 3.8

Hier werden Kaufvertragsarten nach Art, Güte und Beschaffenheit der Ware unterschieden.

- **Kauf auf Probe** heißt, dass der Kaufgegenstand innerhalb einer vereinbarten Frist zurückgegeben werden kann (Rückgaberecht).

  Bsp.: PC wird vom Kunden ausprobiert und erst dann entscheidet der Kunde über den Kauf.

- **Kauf nach Probe** bedeutet, dass der Käufer zunächst ein kostenloses Muster bzw. eine Warenprobe erhält. Die später gelieferte Gesamtmenge muss dann der Qualität des Musters bzw. der Warenprobe entsprechen. Der Kauf auf Probe wird manchmal auch „**Musterkauf**" genannt.

  Bsp.: Schuhhändler kauft Schuhe bei einer Schuhfabrik aufgrund eines Musters.

- **Kauf zur Probe** bedeutet, dass der Käufer zunächst aus Testgründen eine kleine Menge bestellt und dem Verkäufer bei Gefallen eine größere Nachbestellung in Aussicht stellt. Der Käufer muss die „Testware" also bezahlen.

  Bsp.: Bei einem Vertreterbesuch bestellt die Inhaberin eines Reformhauses zunächst nur 10 Flaschen eines diätetischen Getränks mit dem Hinweis, größere Mengen zu bestellen, wenn sich das Getränk gut verkauft.

- Beim **Spezifikationskauf** legen die Kaufvertragspartner zunächst nur die Art und die Gesamtmenge einer zu liefernden Gattungsware fest. Die Ware muss bestimmte grundsätzliche Eigenschaften aufweisen, der Käufer kann dann aber innerhalb einer vereinbarten Frist Farbe, Form oder Maß der Ware genauer benennen.

  Bsp.: Eine Modeboutique bestellt 50 Jeans-Hosen. Die Größen und Farben werden zu einem späteren Zeitpunkt angegeben.

Fortsetzung: Frage 3.8

Verkauf & Werbemaßnahmen

Lernfeld 3

Bitte erklären Sie kurz die folgenden Begriffe:

- Kauf auf Probe
- Kauf nach Probe
- Kauf zur Probe
- Spezifikationskauf
- Ramschkauf

Geben Sie auch jeweils ein Beispiel an.

Fortsetzung: Antwort 3.8 (ab „Ramschkauf")

- **Ramschkauf** bedeutet, dass eine Warengesamtmenge „im Block" zu einem Pauschalpreis gekauft wird. Für die einzelnen Stücke wird keine bestimmte Qualität zugesichert.

Bsp.: Insolvenzverwalter verkauft bei einer Insolvenz den Gesamtwarenbestand zu einem Pauschalpreis an einen Postenhändler.

Frage 3.9

Wirtschafts- und Sozialkunde

auch: Geschäftsprozesse im Einzelhandel

Lernfeld 3

Bitte erklären Sie kurz die folgenden Begriffe:

a) Eigentumsvorbehalt
b) Verlängerter Eigentumsvorbehalt
c) Erweiterter Eigentumsvorbehalt

Geben Sie jeweils 1 Beispiel an.

Antwort 3.9

a) Ein bei einer Lieferung vereinbarter **Eigentumsvorbehalt** (oft auch „einfacher" oder „normaler" Eigentumsvorbehalt genannt) bewirkt, dass der gelieferte Gegenstand bis zur vollständigen Bezahlung des Kaufpreises im Eigentum des Lieferanten verbleibt.

Der Verkäufer bleibt bis zur vollständigen Bezahlung **Eigentümer**, der Käufer ist zunächst nur **Besitzer** der Ware.

Wird der Kaufpreis nicht bezahlt, holt sich der Lieferant den gelieferten Gegenstand zurück. Der Eigentumsvorbehalt ist also eine **Kreditsicherheit** für den Lieferanten, bis der Kunde bezahlt.

Bsp.: Die Hänschen Klein GmbH liefert am 17. April 2016 Waren an den Kunden Schlaumeier. Der Kunde bezahlt trotz Mahnungen seine Rechnung nicht. Wurden die Waren unter Eigentumsvorbehalt geliefert, so kann sich die Hänschen Klein GmbH die Waren zurückholen.

Achtung: Der „einfache" Eigentumsvorbehalt erlischt, wenn die Ware an einen gutgläubigen Dritten weiterverkauft wurde oder verbraucht, verarbeitet oder vernichtet wurde.

b) Der **verlängerte Eigentumsvorbehalt** bezieht sich (im Gegensatz zum „einfachen" Eigentumsvorbehalt) nicht nur auf den gelieferten Gegenstand, sondern auch auf das Produkt, in das der gelieferte Gegenstand bei Weiterverarbeitung eingegangen ist. Auch die aus einem evtl. bereits erfolgten Weiterverkauf der verarbeiteten Produkte resultierende Kundenforderung wird in der Regel an den Verkäufer abgetreten.

Gegenüber dem obigen „einfachen" Eigentumsvorbehalt wird die Sicherheit für den Verkäufer durch die Vereinbarung eines verlängerten Eigentumsvorbehalts also wesentlich verbessert.

Fortsetzung: Frage 3.9

Wirtschafts- und Sozialkunde
auch: Geschäftsprozesse im Einzelhandel

Lernfeld 3

Bitte erklären Sie kurz die folgenden Begriffe:

a) Eigentumsvorbehalt

b) Verlängerter Eigentumsvorbehalt

c) Erweiterter Eigentumsvorbehalt

Geben Sie jeweils 1 Beispiel an.

Fortsetzung: Antwort 3.9 (ab verlängerter Eigentumsvorbehalt)

Beispiel zu b)

Der Rohstoffhändler Gold-Silber-Rost GmbH liefert Gold und Silber an einen Goldschmied, der daraus Schmuckstücke fertigt.

Vereinbart der Rohstoffhändler mit dem Goldschmied einen verlängerten Eigentumsvorbehalt, so dienen die aus dem Gold und Silber gefertigten Schmuckstücke dem Rohstoffhändler als Sicherheit, bis die Gold- und Silberlieferung durch den Goldschmied bezahlt ist.

Wurden die Schmuckstücke bereits an Kunden weiterverkauft, stehen diese Forderungen dem Rohstoffhändler ebenfalls als Sicherheit zur Verfügung, bis die offene Rechnung aus der Goldlieferung bezahlt ist.

c) Der **erweiterte Eigentumsvorbehalt** bezieht sich nicht nur auf den gelieferten Gegenstand und die dazugehörige offene Rechnung. Vielmehr erlischt der Eigentumsvorbehalt erst dann, wenn alle offenen Rechnungen des Lieferanten bezahlt sind.
Bsp.: Der Großhändler G-Handel GmbH & Co. KG liefert am 17. April 2016 und am 27. Mai 2016 jeweils Textilien an den Kunden Textilhaus Gebrüder Blattschuss OHG.

Ist für die Lieferungen ein erweiterter Eigentumsvorbehalt vereinbart, so besteht der Eigentumsvorbehalt für die gelieferten Waren solange, bis beide Rechnungen bezahlt sind.

Bezahlt der Kunde lediglich die Rechnung vom 17. April, so kann der Lieferant beide Lieferungen (vom 17. und 27. Mai) zurückholen.

Frage 3.10

Verkauf & Werbemaßnahmen

Lernfeld 3

Als Verkäuferin werden Sie an der Kasse eingesetzt.

Nennen Sie 5 vorbereitende Tätigkeiten für das Kassieren.

Antwort 3.10

- Wechselgeld in Empfang nehmen und kontrollieren
- Kasse vom Vorgänger ordnungsgemäß übernehmen
- Sauberkeit und Ordnung im Kassenbereich überprüfen
- Arbeitsplatz einrichten, z.B. Einstellen des Stuhles, Überprüfung von Druckerrolle und Ersatzrollen
- Bereitstellung des Schreibmaterials, der Quittungsblöcke und eventueller Geschenkgutscheine
- Überprüfung, ob Tragetaschen und Verpackungsmaterial in ausreichender Menge vorhanden sind
- Ordnungsgemäße Anmeldung an Ihrer Kasse, indem Sie Ihre Zugangsdaten (Benutzerkennung, Passwort) eingeben und die Kasse starten
- Höhe des Wechselgeldbetrages in die Kasse eingeben (**„Wechselgeld einzählen"**)

Frage 3.11

Verkauf & Werbemaßnahmen

Lernfeld 3

Als Verkäuferin werden Sie an der Kasse eingesetzt.

Eine Kundin möchte ihren Einkauf mit einer VISA-Kreditkarte bezahlen. Ihre Kasse nimmt Kreditkarten nicht an. Wie reagieren Sie angemessen? Machen Sie 3 Vorschläge…

Antwort 3.11

- Sie bitten die Kundin, den fälligen Betrag mit einer Karte zu bezahlen, die Ihre Kasse annimmt, z.B. einer „Girocard" (früher: „Electronic Cash").
- Sie bitten die Kundin, den fälligen Betrag bar zu bezahlen.
- Sind die beiden vorherigen Vorschläge nicht möglich, bieten Sie der Kundin an, die Ware so lange zu verwahren, bis sie mit dem nötigen Geldbetrag wiederkommt.

Frage 3.12

Verkauf & Werbemaßnahmen

Lernfeld 3

Als Verkäuferin werden Sie an der Kasse eingesetzt.

Ein Kunde kommt zu Ihnen, um seine ausgewählte Ware bar zu bezahlen. Wie verhalten Sie sich kundenorientiert?

Antwort 3.12

1. Blickkontakt herstellen! Sie begrüßen den Kunden freundlich, z.B. mit „Guten Tag". Stammkunden bzw. persönlich bekannte Kunden grüßen Sie mit Namensnennung: „Guten Tag, Herr Meier".
2. Sie scannen die Ware ein und nennen deutlich den zu zahlenden Betrag.
3. Sie nehmen das Bargeld der Kunden an, prüfen es auf Echtheit *(Geldprüfgerät)*, nennen deutlich die Höhe des Ihnen gegebenen Betrages und legen die Geldscheine <u>neben</u> die Kasse bzw. <u>klemmen</u> sie an die Kasse.
4. Im Anschluss nehmen Sie das Wechselgeld aus der Kasse und geben es dem Kunden, wobei Sie den Wechselgeldbetrag laut nennen.
5. Erst jetzt legen Sie das Geld des Kunden in die Kasse und schließen die Kasse.
6. Sie fragen den Kunden, ob Sie die Ware einpacken sollen.
7. Danach übergeben Sie dem Kunden die Ware sowie den Kassenbon.
8. Sie verabschieden den Kunden freundlich, indem Sie ihm bspw. einen schönen Tag wünschen.

Frage 3.13

Verkauf & Werbemaßnahmen

Lernfeld 3

Als Verkäuferin werden Sie an der Kasse eingesetzt.

Ein Kunde kommt zu Ihnen, um seine ausgewählte Ware bar zu bezahlen.

Bitte bringen Sie die folgenden Arbeitsschritte in die richtige Reihenfolge:

- Geldschein entgegennehmen und auf Echtheit prüfen
- Kunden das Wechselgeld vorzählen
- Kunden verabschieden
- Kunden begrüßen
- Wechselgeld aus der Kasse nehmen
- Zu zahlenden Betrag nennen
- Verkaufsetikett scannen
- Geldschein an der Kasse festklemmen

Antwort 3.13

Hinweis: Vergleichbare Aufgaben tauchen in ähnlicher Form immer wieder in den Prüfungen auf. Hier müssen Sie einfach die vorgegebenen Arbeitsschritte in die richtige Reihenfolge bringen. Wenn in Ihrem Ausbildungsbetrieb evtl. anders vorgegangen wird oder aber – wie hier – Schritte fehlen, interessiert das die Prüfer nicht. Deshalb: Einfach das, was angegeben ist, sortieren!

1. Kunden begrüßen
2. Verkaufsetikett scannen
3. Zu zahlenden Betrag nennen
4. Geldschein entgegennehmen und auf Echtheit prüfen
5. Geldschein an der Kasse festklemmen
6. Wechselgeld aus der Kasse nehmen
7. Kunden das Wechselgeld vorzählen
8. Kunden verabschieden

Frage 3.14

Verkauf & Werbemaßnahmen

Lernfeld 3

Als Verkäuferin werden Sie an der Kasse eines Selbstbedienungsmarktes eingesetzt.

Nennen Sie mindestens 5 Möglichkeiten für kundenorientiertes Verhalten an der Kasse.

Antwort 3.14

*In einem **Selbstbedienungsmarkt** findet der Kontakt zwischen Kunde und Verkäufer häufig erst an der Kasse statt.*

Ideen:

- Blickkontakt mit dem Kunden aufnehmen
- Jeden Kunden freundlich begrüßen (falls Name bekannt, ist der Kunde mit Namen ansprechen)
- Ware sorgfältig behandeln; dies gilt insbesondere beim Einpacken
- Beim Scannen der Waren positiv über die Ware bzw. den Einkauf äußern
- Auf Zusatzartikel und Serviceleistungen (z.B. Kundenkarten) hinweisen
- Nach Beendigung des Kassier-Vorgangs bei jedem Kunden für den Einkauf bedanken
- Die Kunden freundlich verabschieden

Frage 3.15

Verkauf & Werbemaßnahmen

Lernfeld 3

Nennen Sie 3 Gründe, weshalb Senioren das Bezahlen mit Bargeld bevorzugen.

Antwort 3.15

- Eventuell Schwierigkeiten beim Merken der PIN-Nummer ihrer Girocard bzw. Kreditkarte.
- Beim Benutzen der Tastatur des Kartenlesegeräts sind vielen Senioren die Tasten zu klein, zu schlecht lesbar oder zu eng zusammenliegend.
- Barzahlungen haben den Vorteil, dass die Senioren ohne großen Aufwand den Überblick über die eigenen Ausgaben behalten, worauf gerade ältere Menschen Wert legen.
- Senioren haben eventuell kein Vertrauen in die „moderne Technik".

Frage 3.16

Verkauf & Werbemaßnahmen

Lernfeld 3

Nennen Sie 5 wichtige Sicherheitsmerkmale der Euro-Geldscheine.

Antwort 3.16

Die Euro-Banknoten verfügen u.a. über die folgenden **Sicherheitsmerkmale**:

- Sicherheitsfaden
- Wasserzeichen
- Mikroschrift
- Durchsichtsregister
- Spezialfolie/Spezialfolienelement
- Kippeffekt (z.B. Perlglanzstreifen/Farbwechsel)
- Stichtiefdruck
- Infrarotschrift

Frage 3.17

Verkauf & Werbemaßnahmen

Lernfeld 3

Ihre geschätzte Kundin, Frau Zuckersüß, möchte ihren Einkauf gerne mit ihrem guten Namen – also ihrer Kreditkarte – bezahlen.

Nennen Sie jeweils 2 Vor- und Nachteile, die Ihr Chef durch diese Zahlungsart hat.

Antwort 3.17

Vorteile	Nachteile
z.B.	z.B.
Zahlungsgarantie durch das Kreditkarten-Unternehmen	Kreditkarten-Unternehmen erhebt eine prozentuale Provision bzw. Gebühr
Zusätzlicher Umsatz durch spontane Einkäufe	Anschaffung des Karten-Lesegerätes notwendig

Frage 3.18

Warenwirtschaft und Kalkulation

Lernfeld 3

Hier sollen Sie bitte nichts ausrechnen, sondern nur ein bisschen logisch denken.

Wir bereiten durch diese Aufgabe den „Dreisatz" vor.

a) Ihr Discounter verkauft am 4. Mai 2016 200 Dosen mit Ravioli und erzielt dabei einen Gesamtumsatz von 398,00 Euro brutto. Am 6. Mai 2016 werden 300 Dosen Ravioli verkauft. Ist der Gesamtumsatz höher oder niedriger als am 4. Mai 2016?

b) Im letzten Jahr haben 4 Mitarbeiter für die Inventur 10 Arbeitsstunden benötigt. In diesem Jahr sind 8 Mitarbeiter für die Inventur vorgesehen. Wird es schneller gehen als im letzten Jahr?

c) Die Personalkosten der Disco Discount GmbH betragen im Monat April 2016 insgesamt 25.000,00 Euro für 10 Mitarbeiter. Im Mai 2016 sind plötzlich 2 Mitarbeiter weniger im Team. Kamen irgendwie mit dem Chef nicht klar – munkelt man. Steigen oder fallen die Personalkosten?

Antwort 3.18

a) Wenn 200 Dosen einen Umsatz von 398,00 Euro einbringen, dann werden 300 verkaufte Dosen mit Sicherheit mehr Umsatz bringen. Der Gesamtumsatz ist also am 6. Mai höher.

200 Dosen   398,00 Euro
300 Dosen   Mehr Euro

Da auf beiden Seiten das gleiche Zeichen („+") steht, also beide Seiten „mehr werden", sprechen wir von einem **geraden Verhältnis**.

b) Wenn 4 Mitarbeiter für die Inventur 10 Stunden brauchen, dann werden 8 Leute wohl schneller fertig sein. *Hoffentlich … *lächel**

4 Leute   10 Stunden
8 Leute   Weniger Stunden

Da hier auf den beiden Seiten eben nicht das gleiche Zeichen steht, sprechen wir von einem **ungeraden Verhältnis**.

c) Wenn 10 Mitarbeiter insgesamt 25.000,00 Euro kosten, kosten 8 Mitarbeiter (10 minus 2) natürlich weniger. *Gehaltserhöhungen ausgeschlossen…*

10 Mitarbeiter   25.000,00 Euro
8 Mitarbeiter   Weniger Euro

Da auf beiden Seiten das gleiche Zeichen („-") steht, also beide Seiten „weniger werden", sprechen wir von einem **geraden Verhältnis**.

Frage 3.19

Warenwirtschaft und Kalkulation

Lernfeld 3

Ihr Discounter verkauft am 4. Mai 2016 200 Dosen mit Ravioli und erzielt dabei einen Gesamtumsatz von 398,00 Euro brutto. Am 6. Mai 2016 werden 300 Dosen Ravioli verkauft.

Bitte berechnen Sie den Gesamtumsatz am 6. Mai. Stellen Sie dafür einen Dreisatz auf.

Antwort 3.19

Wenn 200 Dosen einen Umsatz von 398,00 Euro einbringen, dann werden 300 verkaufte Dosen mit Sicherheit mehr Umsatz bringen. Der Gesamtumsatz wird also höher.

200 Dosen   398,00 Euro
300 Dosen   Mehr Euro

Da auf beiden Seiten das gleiche Zeichen („+") steht, also beide Seiten „mehr werden", sprechen wir von einem **geraden Verhältnis**.

Achtung: Bitte achten Sie darauf, dass bei Ihnen immer „Dosen" unter „Dosen" stehen und „Euro" unter „Euro", d.h. Sie müssen immer die zusammen passenden Einheiten untereinander schreiben.

Wir schreiben das jetzt etwas professioneller auf, damit Ihr Lehrer/Prüfer zufrieden ist: Der erste Satz (der mit den Ausgangsbehauptungen) wird auch als **„Behauptungssatz"** bezeichnet. Der zweite wird **„Fragesatz"** genannt, da dort noch eine Zahl fehlt. Diese wollen Sie ja errechnen.

Behauptungssatz:

    200 Dosen entsprechen 398,00 Euro

Fragesatz:

    300 Dosen entsprechen ? Euro

> Und jetzt – ganz, ganz wichtig – bitte „Auswendiglernen": Beim **geraden Verhältnis** steht die Zahl aus dem Fragesatz immer „auf" dem Bruchstrich.

$$\frac{(300) \cdot \text{blabla}}{\text{blabla}}$$

Fortsetzung: Frage 3.19

Warenwirtschaft und Kalkulation

Lernfeld 3

Ihr Discounter verkauft am 4. Mai 2016 200 Dosen mit Ravioli und erzielt dabei einen Gesamtumsatz von 398,00 Euro brutto. Am 6. Mai 2016 werden 300 Dosen Ravioli verkauft.

Bitte berechnen Sie den Gesamtumsatz am 6. Mai. Stellen Sie dafür einen Dreisatz auf.

Fortsetzung: Antwort 3.19

Weiter geht´s: Da die 300 Dosen auf dem Bruchstrich stehen und dadurch der Platz für Dosen besetzt ist, bleibt für die 200 Dosen kein Platz mehr auf dem Bruchstrich, sie fliegen also „unter den Bruchstrich".

$$\frac{300 \cdot \text{blabla}}{200}$$

Die zweite Zahl aus dem Behauptungssatz steht <u>immer</u> auf dem Bruchstrich. Bitte gleich merken…

$$\frac{300 \cdot 398{,}00}{200}$$

Kurz in den Taschenrechner eingetippt (300 mal 398 durch 200), ergibt einen Gesamtumsatz von 597,00 Euro für den 6. Mai.

Frage 3.20

Warenwirtschaft und Kalkulation

Lernfeld 3

Im letzten Jahr haben 4 Mitarbeiter für die Inventur 10 Arbeitsstunden benötigt. In diesem Jahr sind 8 Mitarbeiter für die Inventur vorgesehen. Wie lange benötigen diese 8 Mitarbeiter?

Antwort 3.20

Wenn 4 Mitarbeiter für die Inventur 10 Stunden brauchen, dann werden 8 Leute wohl schneller fertig sein. *Hoffentlich ... *lächel**

4 Leute	10 Stunden
8 Leute	Weniger Stunden

Da hier auf den beiden Seiten eben nicht das gleiche Zeichen steht, sprechen wir von einem <u>ungeraden Verhältnis</u>.

Achtung: Bitte achten Sie darauf, dass bei Ihnen immer „Leute" unter „Leute" stehen und „Stunden" unter „Stunden", d.h. Sie müssen immer die zusammen passenden Einheiten untereinander schreiben.

Wir schreiben das jetzt etwas professioneller auf, damit Ihr Lehrer/Prüfer zufrieden ist: Der erste Satz (der mit den Ausgangsbehauptungen) wird auch als „**Behauptungssatz**" bezeichnet. Der zweite wird „**Fragesatz**" genannt, da dort noch eine Zahl fehlt. Diese wollen Sie ja errechnen.

<u>Behauptungssatz:</u>

    4 Leute entsprechen 10 Stunden

<u>Fragesatz:</u>

    8 Leute entsprechen ? Stunden

Und jetzt – ganz, ganz wichtig – bitte „Auswendiglernen": Beim <u>ungeraden Verhältnis</u> steht die Zahl aus dem Fragesatz immer „unter" dem Bruchstrich.

$$\frac{blabla \cdot blabla}{8}$$

Fortsetzung: Frage 3.20

Warenwirtschaft und Kalkulation

Lernfeld 3

Im letzten Jahr haben 4 Mitarbeiter für die Inventur 10 Arbeitsstunden benötigt. In diesem Jahr sind 8 Mitarbeiter für die Inventur vorgesehen. Wie lange benötigen diese 8 Mitarbeiter?

Fortsetzung: Antwort 3.20

Weiter geht's: Da die 8 Leute unter dem Bruchstrich stehen und dadurch der Platz für Leute besetzt ist, bleibt für die 4 Leute kein Platz mehr unter dem Bruchstrich, sie fliegen also „auf den Bruchstrich".

$$\frac{4 \cdot \text{blabla}}{8}$$

Die zweite Zahl aus dem Behauptungssatz steht <u>immer</u> auf dem Bruchstrich. Bitte gleich merken…

$$\frac{4 \cdot 10}{8}$$

Kurz in den Taschenrechner eingetippt (4 mal 10 durch 8), ergibt eine Stundenzahl von 5 Stunden.

Frage 3.21

Warenwirtschaft und Kalkulation

Lernfeld 3

Die Personalkosten der Disco Discount GmbH betragen im Monat April 2016 insgesamt 25.000,00 Euro für 10 Mitarbeiter. Im Mai 2016 sind plötzlich 2 Mitarbeiter weniger im Team. Kamen irgendwie mit dem Chef nicht klar – munkelt man. Berechnen Sie die Personalkosten für den Mai über Dreisatz.

Antwort 3.21

Wenn 10 Mitarbeiter insgesamt 25.000,00 Euro kosten, kosten 8 Mitarbeiter (10 minus 2) natürlich weniger. *Gehaltserhöhungen ausgeschlossen...*

| 10 Mitarbeiter | 25.000,00 Euro |
| 8 Mitarbeiter | Weniger Euro |

Da auf beiden Seiten das gleiche Zeichen („-") steht, also beide Seiten „weniger werden", sprechen wir von einem **geraden Verhältnis**.

Achtung: Bitte achten Sie darauf, dass bei Ihnen immer „Mitarbeiter" unter „Mitarbeiter" stehen und „Euro" unter „Euro", d.h. Sie müssen immer die zusammen passenden Einheiten untereinander schreiben.

Wir schreiben das jetzt etwas professioneller auf, damit Ihr Lehrer/Prüfer zufrieden ist: Der erste Satz (der mit den Ausgangsbehauptungen) wird auch als **„Behauptungssatz"** bezeichnet. Der zweite wird **„Fragesatz"** genannt, da dort noch eine Zahl fehlt. Diese wollen Sie ja errechnen.

Behauptungssatz:

    10 Mitarbeiter entsprechen 25.000,00 Euro

Fragesatz:

    8 Mitarbeiter entsprechen ? Euro

> Und jetzt – ganz, ganz wichtig – bitte „Auswendiglernen": Beim **geraden** Verhältnis steht die Zahl aus dem Fragesatz immer „auf" dem Bruchstrich.

Fortsetzung: Frage 3.21

Warenwirtschaft und Kalkulation

Lernfeld 3

Die Personalkosten der Disco Discount GmbH betragen im Monat April 2016 insgesamt 25.000,00 Euro für 10 Mitarbeiter. Im Mai 2016 sind plötzlich 2 Mitarbeiter weniger im Team. Kamen irgendwie mit dem Chef nicht klar – munkelt man. Berechnen Sie die Personalkosten für den Mai über Dreisatz.

Fortsetzung: Antwort 3.21

Weiter geht's: Da die 8 Mitarbeiter auf dem Bruchstrich stehen und dadurch der Platz für Mitarbeiter besetzt ist, bleibt für die 10 Mitarbeiter kein Platz mehr auf dem Bruchstrich, sie fliegen also „unter den Bruchstrich".

$$\frac{8 \cdot \text{blabla}}{10}$$

Die zweite Zahl aus dem Behauptungssatz steht immer auf dem Bruchstrich. Bitte gleich merken…

$$\frac{8 \cdot 25.000,00}{10}$$

Kurz in den Taschenrechner eingetippt (8 mal 25000 durch 10), ergibt für den Mai Personalkosten von 20.000,00 Euro.

Frage 3.22

Warenwirtschaft und Kalkulation

Lernfeld 3

Tante Emma möchte den Mitarbeiterinnen und Mitarbeitern ihres gleichnamigen Lädchens etwas Gutes tun.

Sie will deshalb für das abgelaufene Geschäftsjahr 2015 eine umsatzbezogene Prämie ausschütten.

Im Geschäftsjahr 2014 wurde für einen Umsatz von 125.000,00 Euro an die Mitarbeiter eine Gesamtprämie von 3.000,00 Euro gezahlt.

Im Geschäftsjahr 2015 konnten Emma & Team einen Umsatz von 135.000,00 Euro erzielen.

Ermitteln Sie die Höhe der Umsatzprämie für 2015.

Bitte verwenden Sie zur Berechnung den „Dreisatz".

Antwort 3.22

Wenn im Geschäftsjahr 2014 bei einem Umsatz von 125.000,00 Euro an die Mitarbeiter eine Prämie von 3.000,00 Euro gezahlt wurde, dürfte in 2015 bei einem höheren Umsatz (135.000,00 Euro) eine höhere Prämie gezahlt werden.

125.000 Euro Umsatz   3.000 Euro Prämie
135.000 Euro Umsatz   Mehr Euro Prämie

Da auf beiden Seiten das gleiche Zeichen („+") steht, also beide Seiten „mehr werden", sprechen wir von einem **geraden Verhältnis**.

Achtung: Bitte achten Sie darauf, dass bei Ihnen immer „Umsatz" unter „Umsatz" steht und „Prämie" unter „Prämie", d.h. Sie müssen immer die zusammen passenden Einheiten untereinander schreiben.

Wir schreiben das jetzt etwas professioneller auf, damit Ihr Lehrer/Prüfer zufrieden ist: Der erste Satz (der mit den Ausgangsbehauptungen) wird auch als **„Behauptungssatz"** bezeichnet. Der zweite wird **„Fragesatz"** genannt, da dort noch eine Zahl fehlt. Diese wollen Sie ja errechnen.

Behauptungssatz:

   125.000 Euro Umsatz entsprechen 3.000 Euro Prämie

Fragesatz:

   135.000 Euro Umsatz entsprechen ? Euro Prämie

> Und jetzt – ganz, ganz wichtig – bitte „Auswendiglernen": Beim geraden Verhältnis steht die Zahl aus dem Fragesatz immer „auf" dem Bruchstrich.

Fortsetzung: Frage 3.22

Warenwirtschaft und Kalkulation

Lernfeld 3

Tante Emma möchte den Mitarbeiterinnen und Mitarbeitern ihres gleichnamigen Lädchens etwas Gutes tun.

Sie will deshalb für das abgelaufene Geschäftsjahr 2015 eine umsatzbezogene Prämie ausschütten.

Im Geschäftsjahr 2014 wurde für einen Umsatz von 125.000,00 Euro an die Mitarbeiter eine Gesamtprämie von 3.000,00 Euro gezahlt.

Im Geschäftsjahr 2015 konnten Emma & Team einen Umsatz von 135.000,00 Euro erzielen.

Ermitteln Sie die Höhe der Umsatzprämie für 2015.

Bitte verwenden Sie zur Berechnung den „Dreisatz".

Fortsetzung: Antwort 3.22

Weiter geht´s: Da die 135.000,00 Euro Prämie auf dem Bruchstrich stehen und dadurch der Platz für Prämien besetzt ist, bleibt für die Prämie von 125.000,00 Euro kein Platz mehr auf dem Bruchstrich, sie fliegen also „unter den Bruchstrich".

$$\frac{135.000 \cdot \text{blabla}}{125.000}$$

Die zweite Zahl aus dem Behauptungssatz steht <u>immer</u> auf dem Bruchstrich. Bitte gleich merken…

$$\frac{135.000 \cdot 3.000}{125.000}$$

Kurz in den Taschenrechner eingetippt (135.000,00 mal 3.000,00 durch 125.000,00), ergibt eine Prämie in Höhe von 3.240,00 Euro.

Frage 3.23

Warenwirtschaft und Kalkulation

Lernfeld 3

Vera Edelweiß – Inhaberin der Modeboutique „Vera E." – hat eine edle blütenweiße Bluse im Sortiment, die sich leider überhaupt nicht verkaufen lässt.

Deshalb plant Frau Edelweiß eine Preisaktion. Vom bisherigen Verkaufspreis in Höhe von 229,00 Euro soll die Bluse auf den neuen Verkaufspreis von 159,00 Euro reduziert werden.

Um wie viel Prozent wurde die Bluse reduziert? Bitte rechnen Sie hier zur Übung via „Dreisatz".

Antwort 3.23

Der Ausgangspreis von 229,00 ist „das Ganze". Er entspricht also 100%. Der neue Preis ist weniger, also werden auch die Prozente weniger als 100%...

229,00 Euro	100,00%
159,00 Euro	Weniger Prozent

Da auf beiden Seiten das gleiche Zeichen („-") steht, also beide Seiten „weniger werden", sprechen wir von einem **geraden Verhältnis**.

Achtung: Bitte achten Sie darauf, dass bei Ihnen immer „Euro" unter „Euro" steht und „Prozent" unter „Prozent", d.h. Sie müssen immer die zusammen passenden Einheiten untereinander schreiben.

Wir schreiben das jetzt etwas professioneller auf, damit Ihr Lehrer/Prüfer zufrieden ist: Der erste Satz (der mit den Ausgangsbehauptungen) wird auch als „**Behauptungssatz**" bezeichnet. Der zweite wird „**Fragesatz**" genannt, da dort noch eine Zahl fehlt. Diese wollen Sie ja errechnen.

Behauptungssatz:

229,00 Euro entsprechen 100,00%

Fragesatz:

159,00 Euro entsprechen ? %

> Und jetzt – ganz, ganz wichtig – bitte „Auswendiglernen": Beim **geraden Verhältnis** steht die Zahl aus dem Fragesatz immer „auf" dem Bruchstrich.

$$\frac{\boxed{159{,}00} \cdot \text{blabla}}{\text{blabla}}$$

Fortsetzung: Frage 3.23

Warenwirtschaft und Kalkulation

Lernfeld 3

Vera Edelweiß – Inhaberin der Modeboutique „Vera E." – hat eine edle blütenweiße Bluse im Sortiment, die sich leider überhaupt nicht verkaufen lässt.

Deshalb plant Frau Edelweiß eine Preisaktion. Vom bisherigen Verkaufspreis in Höhe von 229,00 Euro soll die Bluse auf den neuen Verkaufspreis von 159,00 Euro reduziert werden.

Um wie viel Prozent wurde die Bluse reduziert? Bitte rechnen Sie hier zur Übung via „Dreisatz".

Fortsetzung: Antwort 3.23

Weiter geht's: Da die 159,00 Euro auf dem Bruchstrich stehen und kein Platz mehr für Euro ist, fliegen die 229,00 Euro „unter den Bruchstrich".

$$\frac{159{,}00 \cdot \text{blabla}}{229{,}00}$$

Die zweite Zahl aus dem Behauptungssatz steht immer auf dem Bruchstrich. Bitte gleich merken…

$$\frac{159{,}00 \cdot 100{,}00}{229{,}00}$$

Kurz in den Taschenrechner eingetippt (159,00 mal 100,00 durch 229,00), ergibt 69,43%.

Achtung: Das ist noch nicht die Lösung, da ja nach der Preissenkung gefragt wurde. Wir haben aber ausgerechnet, wieviel Prozent der neue Verkaufspreis von 159,00 Euro ist. Sie müssen deshalb noch einen Rechenschritt machen:

100,00% - 69,43% = **30,57%.**

Alternativer Rechenweg: Den letzten Schritt können Sie sich sparen, wenn Sie den Dreisatz anders aufstellen. Sie wollen ja den Prozentsatz der Preissenkung wissen. Die Preissenkung ist 229,00 Euro – 159,00 Euro = 70,00 Euro.

Behauptungssatz:

229,00 Euro entsprechen 100,00%

Fragesatz:

70,00 Euro entsprechen ? %

Jetzt einfach selbst weiter rechnen. Sie sehen, Sie rechnen jetzt als Ergebnis direkt die 30,57% aus.

Frage 3.24

Warenwirtschaft und Kalkulation

Lernfeld 3

Ein Verbrauchermarkt mit 120 Angestellten hat eine Gesamtfläche von 3.000,00 qm. Davon dienen 80% als Verkaufsfläche. Der Umsatz pro Jahr beträgt bei 325 Öffnungstagen 4.000.000,00 Euro.

a) Wie hoch ist der Jahresumsatz pro qm Verkaufsfläche?

b) Wie hoch ist der durchschnittliche Tagesumsatz?

c) Wie hoch ist der Jahresumsatz je Mitarbeiter?

d) Wie hoch ist der Monatsumsatz je Mitarbeiter?

Antwort 3.24

a) Die Gesamtfläche von 3.000,00 qm ist „das Ganze". Sie entspricht also 100%. Die Verkaufsfläche macht nur 80% der Gesamtfläche aus. Sie muss also weniger sein...

100,00%	3.000,00 qm
80,00%	Weniger qm

Da auf beiden Seiten das gleiche Zeichen („-") steht, also beide Seiten „weniger werden", sprechen wir von einem **geraden Verhältnis**.

Achtung: Bitte achten Sie darauf, dass bei Ihnen immer „%" unter „%" steht und „qm" unter „qm", d.h. Sie müssen immer die zusammen passenden Einheiten untereinander schreiben.

Wir schreiben das jetzt etwas professioneller auf, damit Ihr Lehrer/Prüfer zufrieden ist: Der erste Satz (der mit den Ausgangsbehauptungen) wird auch als „**Behauptungssatz**" bezeichnet. Der zweite wird „**Fragesatz**" genannt, da dort noch eine Zahl fehlt. Diese wollen Sie ja errechnen.

Behauptungssatz:

100,00% entsprechen 3.000,00 qm

Fragesatz:

80,00% entsprechen ? qm

Und jetzt – ganz, ganz wichtig – bitte „Auswendiglernen": Beim **geraden Verhältnis** steht die Zahl aus dem Fragesatz immer „auf" dem Bruchstrich.

$$\frac{\boxed{80,00} \cdot \text{blabla}}{\text{blabla}}$$

Fortsetzung: Frage 3.24

Warenwirtschaft und Kalkulation

Lernfeld 3

Ein Verbrauchermarkt mit 120 Angestellten hat eine Gesamtfläche von 3.000,00 qm. Davon dienen 80% als Verkaufsfläche. Der Umsatz pro Jahr beträgt bei 325 Öffnungstagen 4.000.000,00 Euro.

a) Wie hoch ist der Jahresumsatz pro qm Verkaufsfläche?

b) Wie hoch ist der durchschnittliche Tagesumsatz?

c) Wie hoch ist der Jahresumsatz je Mitarbeiter?

d) Wie hoch ist der Monatsumsatz je Mitarbeiter?

Fortsetzung: Antwort 3.24 (Teil a)

Weiter geht's: Da die 80,00% auf dem Bruchstrich stehen und dort kein Platz mehr für Prozent ist, fliegen die 100,00% „unter den Bruchstrich".

$$\frac{80{,}00 \cdot \text{blabla}}{100{,}00}$$

Die zweite Zahl aus dem Behauptungssatz steht <u>immer</u> auf dem Bruchstrich. Bitte gleich merken…

$$\frac{80{,}00 \cdot 3.000{,}00}{100{,}00}$$

Kurz in den Taschenrechner eingetippt (80,00 mal 3.000,00 durch 100,00), ergibt 2.400,00 qm.

Achtung: Der gesamte Jahresumsatz beträgt 4.000.000,00 Euro. Wir haben 2.400,00 qm Verkaufsfläche errechnet. Es ist nach dem Umsatz pro qm <u>Verkaufs</u>fläche (nicht <u>Gesamt</u>fläche) gefragt. Also ist noch ein Rechenschritt nötig:

4.000.000,00 : 2.400,00 = <u>**1.666,67 Euro**</u>

b) Wir haben einen Gesamtumsatz von 4.000.000,00 Euro bei 325 geöffneten Tagen. Wir suchen den Umsatz pro Tag, also an 1 Tag. Auch das ist ein Dreisatz.

Behauptungssatz:

4.000.000,00 Euro entsprechen 325 Tagen

Fragesatz:

? Euro entsprechen 1 Tag

Fortsetzung: Frage 3.24

Warenwirtschaft und Kalkulation

Lernfeld 3

Ein Verbrauchermarkt mit 120 Angestellten hat eine Gesamtfläche von 3.000,00 qm. Davon dienen 80% als Verkaufsfläche. Der Umsatz pro Jahr beträgt bei 325 Öffnungstagen 4.000.000,00 Euro.

a) Wie hoch ist der Jahresumsatz pro qm Verkaufsfläche?

b) Wie hoch ist der durchschnittliche Tagesumsatz?

c) Wie hoch ist der Jahresumsatz je Mitarbeiter?

d) Wie hoch ist der Monatsumsatz je Mitarbeiter?

Fortsetzung: Frage 3.24 (Teil b)

Und jetzt – ganz, ganz wichtig – bitte „Auswendiglernen": Beim geraden Verhältnis steht die Zahl aus dem Fragesatz immer „auf" dem Bruchstrich.

$$\frac{① \cdot \text{blabla}}{\text{blabla}}$$

Weiter geht's: Da die 1 auf dem Bruchstrich steht und dort kein Platz mehr für Tage ist, fliegen die 325 Tage „unter den Bruchstrich". Die zweite Zahl aus dem Behauptungssatz steht immer auf dem Bruchstrich. Also:

$$\frac{1 \cdot 4.000.000,00}{325}$$

Kurz in den Taschenrechner eingetippt (1 mal 4.000.000,00 durch 325), ergibt 12.307,69 Euro.

Anmerkung: „Profis" umgehen hier den Dreisatz, indem Sie einfach rechnen:

Umsatz pro Jahr : Anzahl der Öffnungstage

c) Wir haben einen Jahresumsatz von 4.000.000,00 Euro und 120 Beschäftigte. Wir können mit Dreisatz rechnen oder alternativ:

Umsatz pro Jahr : Anzahl der Mitarbeiter

4.000.000,00 : 120 = 33.333,33 Euro
(Jahresumsatz pro Mitarbeiter)

d) Wir haben einen Jahresumsatz von 33.333,33 Euro. Da 1 Jahr aus 12 Monaten besteht, ist diese Zahl noch durch 12 zu teilen:

33.333,33 : 12 = 2.777,78 Euro (Monatsumsatz je Mitarbeiter)

Frage 3.25

Warenwirtschaft und Kalkulation

Lernfeld 3

Ihr Chef legt Ihnen die folgende Aufstellung vor und bittet Sie, den durchschnittlichen Tagesumsatz zu errechnen:

Tag	Umsatz in Euro	Kunden
Montag	2.500	70
Dienstag	3.400	85
Mittwoch	4.100	91
Donnerstag	4.500	94
Freitag	5.000	99
Samstag	4.500	95

Bitte setzen Sie dafür die sog. Durchschnittsrechnung ein.

Antwort 3.25

Durchschnittsrechnung bedeutet grundsätzlich, dass Sie alle Werte aller Elemente zusammenzählen und diesen Betrag dann durch die Anzahl aller Elemente teilen.

$$\frac{\text{Summe aller Elemente}}{\text{Anzahl aller Elemente}}$$

Tag	Umsatz in Euro	Kunden
Montag	2.500	70
Dienstag	+3.400	85
Mittwoch	+4.100	91
Donnerstag	+4.500	94
Freitag	+5.000	99
Samstag	+4.500	95
6 Tage	24.000,00 Euro	Nicht benötigt

$$\frac{24.000{,}00 \text{ Euro}}{6 \text{ Tage}}$$

Der durchschnittliche Tagesumsatz beträgt also 4.000,00 Euro.

Frage 3.26

Warenwirtschaft und Kalkulation

Lernfeld 3

Tante Emma möchte den Mitarbeiterinnen und Mitarbeitern ihres gleichnamigen Lädchens etwas Gutes tun.

Deshalb hat sie für das erfolgreich abgeschlossene Geschäftsjahr 2015 eine Kirschtorte gebacken. Lieb, oder?

Da erfahrungsgemäß „nur Bares Wahres ist" hat sie zusätzlich eine Prämie von 5.000,00 Euro für ihre Mitarbeiter vorgesehen.

Sie beabsichtigt die Prämie wie folgt nach der Dauer der Betriebszugehörigkeit zu verteilen:

- Felix Flott, 5 Jahre dabei
- Magdalena Müller, 25 Jahre dabei
- Trude Gottlos, 10 Jahre dabei

Bitte rechnen Sie via „Verteilungsrechnung" aus, wie viel Euro die einzelnen Mitarbeiter erhalten.

Antwort 3.26

> Bei der Verteilungsrechnung werden zuerst die einzelnen Anteile ermittelt, zusammengezählt und dann wird der zu verteilende Betrag durch die Summe der Anteile geteilt. Dadurch erhält man den Wert eines Anteils, den man dann mit den einzelnen Anteilsmengen „malnimmt". Zur Kontrolle sollte man die jeweiligen Ergebnisse zusammenzählen. Diese müssen wieder den zu verteilenden Betrag ergeben.

Verstanden? Keine Sorge, ich zeige es Ihnen!

1. Bei der Verteilungsrechnung werden zuerst die einzelnen Anteile ermittelt…

   Die Anteile sind die Jahre der jeweiligen Betriebszugehörigkeit (Flott 5, Müller 25, Gottlos 10)

2. … zusammengezählt …

   5 Jahre bei Flott + 25 Jahre bei Müller + 10 Jahre bei Gottlos = 40 Jahre insgesamt

3. … dann wird der zu verteilende Betrag durch die Summe der Anteile geteilt.

   5.000,00 Euro Verteilbetrag durch 40 Jahre = 125,00 Euro (Wert eines Anteils)

4. … Wert eines Anteils, den man dann mit den einzelnen Anteilsmengen „malnimmt".

   Flott: 125,00 Euro mal 5 Jahre = 625,00 Euro

   Müller: 125,00 Euro mal 25 Jahre = 3.125,00 Euro

   Gottlos: 125,00 Euro mal 10 Jahre = 1.250,00 Euro

5. … Zur Kontrolle sollte man die jeweiligen Ergebnisse zusammenzählen. Diese müssen wieder den zu verteilenden Betrag ergeben …

   Flott: 625,00 Euro

   Müller: 3.125,00 Euro

   Gottlos: 1.250,00 Euro

   Summe: 5.000,00 Euro

Tipp: Sie können die Schritte 1 bis 5 auch einfach in einer Tabelle darstellen.

Frage 3.27

Warenwirtschaft und Kalkulation

Lernfeld 3

Herr Hase, Herr Igel und Herr Fuchs sind als Gesellschafter an der „Tierfutter mit Genuss"-Handels-GmbH beteiligt.

Die „Tierfutter mit Genuss"-Handels-GmbH hat im Geschäftsjahr 2015 einen Gewinn in Höhe von 200.000,00 Euro erwirtschaftet, der im Verhältnis der Geschäftsanteile verteilt werden soll.

Herr Hase hält 60% der Geschäftsanteile, Herr Igel 30% und Herr Fuchs 10%.

Bitte rechnen Sie mittels „Verteilungsrechnung" aus, wie viel Euro Gewinnanteil die drei Gesellschafter jeweils erhalten.

Antwort 3.27

> Bei der Verteilungsrechnung werden zuerst die einzelnen Anteile ermittelt, zusammengezählt und dann wird der zu verteilende Betrag durch die Summe der Anteile geteilt. Dadurch erhält man den Wert eines Anteils, den man dann mit den einzelnen Anteilsmengen „malnimmt". Zur Kontrolle sollte man die jeweiligen Ergebnisse zusammenzählen. Diese müssen wieder den zu verteilenden Betrag ergeben.

Verstanden? Keine Sorge, ich zeige es Ihnen!

1. Bei der Verteilungsrechnung werden zuerst die einzelnen Anteile ermittelt...

   Die Anteile sind hier die Prozentsätze der jeweiligen Gesellschafter (Hase 60, Igel 30, Fuchs 10)

2. ... zusammengezählt ...

   60 + 30 +10 = 100 insgesamt

3. ... dann wird der zu verteilende Betrag durch die Summe der Anteile geteilt.

   200.000,00 Euro Verteilbetrag (Gesamt-Gewinn) durch 100 = 2.000,00 Euro (Wert eines Anteils)

4. ... Wert eines Anteils, den man dann mit den einzelnen Anteilsmengen „malnimmt".

   Hase: 2.000,00 Euro mal 60 = 120.000,00 Euro

   Igel: 2.000,00 Euro mal 30 = 60.000,00 Euro

   Fuchs: 2.000,00 Euro mal 10 = 20.000,00 Euro

5. ... Zur Kontrolle sollte man die jeweiligen Ergebnisse zusammenzählen. Diese müssen wieder den zu verteilenden Betrag ergeben ...

   Hase: 120.000,00 Euro

   Igel: 60.000,00 Euro

   Fuchs: 20.000,00 Euro

   Summe: 200.000,00 Euro

Tipp: Sie können die Schritte 1 bis 5 auch einfach in einer Tabelle darstellen.

Frage 3.28

Verkauf & Werbemaßnahmen

Lernfeld 3

In einem Prospekt entdecken Sie die abgebildete Anzeige.

> Bisheriger Preis: ~~99,00~~
>
> Jetzt nur: 79,00

Um wieviel Prozent wurde der Verkaufspreis des Artikels gesenkt?

Antwort 3.28

Solche Aufgaben müssen! Sie lösen können, da sie in ähnlicher Form immer wieder in Prüfungen auftauchen. Mal wurde eine optische Anzeige „gebastelt", mal wird die Preissenkung im Text angegeben.

Die nachfolgenden Berechnungen können entweder unter Anwendung des Dreisatzes oder der Prozentrechnung erfolgen.

Gehen Sie doch einfach wie folgt vor:

1. Um welchen Betrag wurde der Preis gesenkt?

   99,00 Euro - 79,00 Euro = 20,00 Euro

2. Was war der Ausgangspreis, also der Grundwert (das Ganze, die Grundgesamtheit, also die 100%), von dem aus gesenkt wurde?

   99,00 Euro

3. Wie lautet die Prozentformel, in die Sie einsetzen müssen?

Gesucht wird der **Prozentsatz.** *Der Prozentsatz ist die Zahl, die vor dem Prozentzeichen steht.* Formel:

$$\frac{\text{Prozentwert} \cdot 100}{\text{Grundwert}}$$

Die Preissenkung von 20,00 Euro stellt den **„Prozentwert"** *(den Teil des „Ganzen")* dar, der mit dem „Ausgangspreis" als **Grundwert** verglichen wird. Eingesetzt:

$$\frac{20,00 \cdot 100}{99,00}$$

Das Ergebnis – also der Prozentsatz – lautet 20,20%.

Frage 3.29

Warenwirtschaft und Kalkulation

Lernfeld 3

Da der Bürowaren-Händler Ober-Schlau der festen Überzeugung ist, dass sich anno 2016 dieses neumodische Internet- und E-Mail- „Zeugs" nicht durchsetzen werde, bestellt er bei seinem Lieferanten wie folgt Briefumschläge:

- 300 gelbe Umschläge
- 1.750 weiße Umschläge
- 1.450 rote Umschläge

Berechnen Sie die jeweiligen Prozentsätze der gelben, weißen und roten Briefumschläge an der Gesamtmenge.

Antwort 3.29

Die nachfolgenden Berechnungen können entweder unter Anwendung des Dreisatzes oder der Prozentrechnung erfolgen. Hier wird mit den Prozentformeln gerechnet.

Gehen Sie wie folgt vor:

1. Wieviel Briefumschläge wurden insgesamt gekauft? Wir benötigen erst einmal die Gesamtmenge.

300 Stück + 1.750 Stück + 1.450 Stück

= 3.500 Stück Gesamtmenge

(Die Gesamtmenge ist das Ganze, die Grundgesamtheit, also die 100%)

2. Wie lautet die Prozentformel, in die Sie einsetzen müssen? Gesucht wird der jeweilige **Prozentsatz**. Das steht bereits in der Aufgabenstellung. *Der Prozentsatz ist die Zahl, die vor dem Prozentzeichen steht.* Formel:

$$\frac{\text{Prozentwert} \cdot 100}{\text{Grundwert}}$$

Die Stückzahl von 300 gelben Umschlägen stellt den „**Prozentwert**" *(den Teil des „Ganzen")* dar, der mit der Gesamtmenge als **Grundwert** verglichen wird. Eingesetzt:

$$\frac{300 \text{ Stück} \cdot 100}{3.500 \text{ Stück}}$$

Das Ergebnis – also der Prozentsatz – lautet 8,57%.

Fortsetzung: Frage 3.29

Warenwirtschaft und Kalkulation

Lernfeld 3

Da der Bürowaren-Händler Ober-Schlau der festen Überzeugung ist, dass sich anno 2016 dieses neumodische Internet- und E-Mail- „Zeugs" nicht durchsetzen werde, bestellt er bei seinem Lieferanten wie folgt Briefumschläge:

- 300 gelbe Umschläge
- 1.750 weiße Umschläge
- 1.450 rote Umschläge

Berechnen Sie die jeweiligen Prozentsätze der gelben, weißen und roten Briefumschläge an der Gesamtmenge.

Fortsetzung: Antwort 3.29 (ab weißen Umschlägen)

Die Stückzahl von 1.750 weißen Umschlägen stellt den „Prozentwert" *(den Teil des „Ganzen")* dar, der mit der Gesamtmenge als Grundwert verglichen wird. Eingesetzt:

$$\frac{1.750 \text{ Stück} \cdot 100}{3.500 \text{ Stück}}$$

Das Ergebnis – also der Prozentsatz – lautet 50,00%.

Die Stückzahl von 1.450 roten Umschlägen stellt den „Prozentwert" *(den Teil des „Ganzen")* dar, der mit der Gesamtmenge als Grundwert verglichen wird. Eingesetzt:

$$\frac{1.450 \text{ Stück} \cdot 100}{3.500 \text{ Stück}}$$

Das Ergebnis – also der Prozentsatz – lautet 41,43%.

3) **Probe:** Wenn Sie überprüfen wollen, ob Sie richtig gerechnet haben.

Ihre ausgerechneten Prozentsätze müssen ja in Summe wieder 100% ergeben. Schauen wir doch mal…

Prozentsatz Umschläge, gelb: 8,57%

Prozentsatz Umschläge, weiß: 50,00%

Prozentsatz Umschläge, rot: 41,43%

8,57% + 50,00% + 41,43% = 100,00%

Perfekt!

Kleiner Tipp: Die 3 Prozentformeln sollten Sie in Ihrer Prüfung auswendig können!

Frage 3.30

Warenwirtschaft und Kalkulation

Lernfeld 3

Bitte sehen Sie sich einmal das folgende Schaubild an, das Sie für Ihren Chef auswerten sollen.

Ihr Schuhfachgeschäft, die „Tolle Treter GmbH", hat im Geschäftsjahr 2015 einen Jahres-Umsatz von 750.000,00 Euro gemacht.

Die Kunden haben mit den folgenden Zahlungsarten bezahlt:

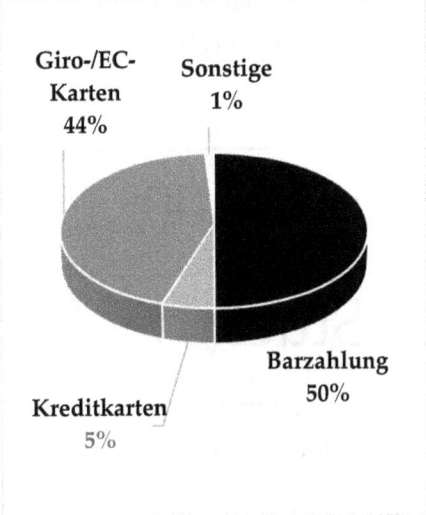

Berechnen Sie, wie viel Euro jeweils auf die einzelnen Zahlungsarten entfielen.

Sie sollen also 4 Zahlen ermitteln.

Antwort 3.30

Solche Aufgaben müssen! Sie lösen können, da immer mal wieder Diagramme in den Prüfungen auftauchen.

Die gesuchten Zahlen würde ich unter Anwendung der Prozentrechnung berechnen.

1. Was ist der Grundwert, das Ganze, die Grundgesamtheit, also die 100%? Das ist der Jahresumsatz von

750.000,00 Euro

2. Wie lautet die Prozentformel, in die Sie einsetzen müssen?

Gegeben ist der **Prozentsatz**. Der Prozentsatz ist die Zahl, die vor dem Prozentzeichen steht. Also sind in dieser Aufgabe **Grundwert** und **Prozentsatz** bekannt. Wir suchen also den **Prozentwert**, also einen Eurobetrag. Formel: **Prozentwert =**

$$\frac{\text{Grundwert} \cdot \text{Prozentsatz}}{100}$$

Für die **Kreditkarten** eingesetzt:

$$\frac{750.000{,}00 \cdot 5}{100}$$

Das Ergebnis – also der Prozentwert – lautet für die **Kreditkarten** 37.500,00 Euro.

Die anderen 3 Zahlungsarten können Sie nun selbst in die Formel einsetzen. Sie erhalten dann für die **Barzahlung** 375.000,00 Euro, für die **Giro-/EC-Karten** 330.000,00 Euro und für die **sonstigen Zahlungsarten** 7.500,00 Euro.

Zur Probe: Alle 4 errechneten Beträge zusammenzählen... Es muss wieder 750.000,00 Euro rauskommen!

Frage 3.31

Verkauf & Werbemaßnahmen

Lernfeld 3

In einem Team-Meeting wird die folgende Werbeaktion vorgeschlagen:

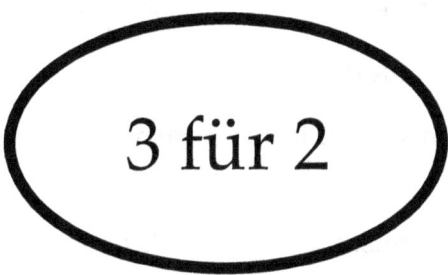

Beim Kauf von 3 Artikeln eines bestimmten T-Shirts soll der Kunde nur 2 Artikel bezahlen müssen.

a) Wieviel Prozent spart der Kunde bei diesem Angebot gegenüber dem Normalpreis?

Nach etlichen Diskussionen entscheidet sich Ihr Team gegen die o.g. Aktion und plant nun die folgende Aktion.

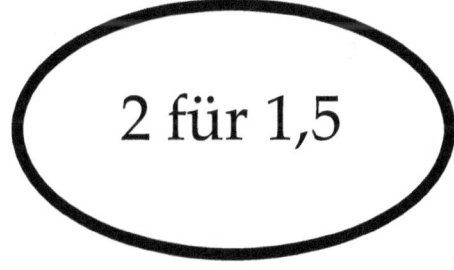

b) Wieviel Prozent spart der Kunde bei diesem zweiten Angebot *(Beim Kauf von 2 T-Shirts kostet das zweite Shirt nur die Hälfte)* gegenüber dem Normalpreis?

Antwort 3.31

Solche Aufgaben müssen! Sie lösen können, da sie in ähnlicher Form immer wieder in Prüfungen auftauchen.

Die nachfolgenden Berechnungen können entweder unter Anwendung des Dreisatzes oder der Prozentrechnung erfolgen.

Gehen Sie doch einfach wie folgt vor:

a) Wieviel T-Shirts bekommt der Kunde geschenkt?

3 Shirts - 2 Shirts = 1 Shirt

Was war die Ausgangsmenge an Shirts, also der Grundwert (das Ganze, die Grundgesamtheit, also die 100%), die als Ausgangsmenge zu bezahlen war?

3 Shirts

Wie lautet die Prozentformel, in die Sie einsetzen müssen?

Gesucht wird der **Prozentsatz.** *Der Prozentsatz ist die Zahl, die vor dem Prozentzeichen steht.* Formel:

$$\frac{\text{Prozentwert} \cdot 100}{\text{Grundwert}}$$

Das 1 T-Shirt, das es nun für „lau" gibt, stellt den **„Prozentwert"** *(den Teil des „Ganzen")* dar, der mit der „Ausgangsmenge" als **Grundwert** verglichen wird. Eingesetzt:

$$\frac{1\ \text{Shirt} \cdot 100}{3\ \text{Shirts}}$$

Das Ergebnis – also der Prozentsatz – lautet 33,33%.

Fortsetzung: Frage 3.31

Verkauf & Werbemaßnahmen

Lernfeld 3

In einem Team-Meeting wird die folgende Werbeaktion vorgeschlagen:

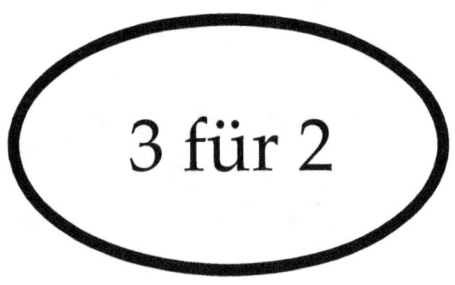

Beim Kauf von 3 Artikeln eines bestimmten T-Shirts soll der Kunde nur 2 Artikel bezahlen müssen.

a) Wieviel Prozent spart der Kunde bei diesem Angebot gegenüber dem Normalpreis?

Nach etlichen Diskussionen entscheidet sich Ihr Team gegen die o.g. Aktion und plant nun die folgende Aktion.

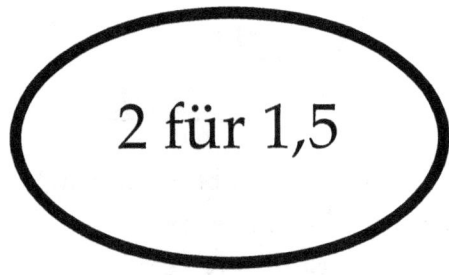

b) Wieviel Prozent spart der Kunde bei diesem zweiten Angebot (Beim Kauf von 2 T-Shirts kostet das zweite Shirt nur die Hälfte) gegenüber dem Normalpreis?

Fortsetzung: Antwort 3.31 (Teil b)

b) Wieviel T-Shirts bekommt der Kunde geschenkt?

2 Shirts – 1,5 Shirts = 0,5 Shirts

Was war die Ausgangsmenge an Shirts, also der Grundwert (das Ganze, die Grundgesamtheit, also die 100%), die als Ausgangsmenge zu bezahlen war?

2 Shirts

Wie lautet die Prozentformel, in die Sie einsetzen müssen?

Gesucht wird der **Prozentsatz**. *Der Prozentsatz ist die Zahl, die vor dem Prozentzeichen steht.* Formel:

$$\frac{\text{Prozentwert} \cdot 100}{\text{Grundwert}}$$

Das halbe T-Shirt, das es nun für „lau" gibt, stellt den **„Prozentwert"** *(den Teil des „Ganzen")* dar, der mit der „Ausgangsmenge" als **Grundwert** verglichen wird. Eingesetzt:

$$\frac{0{,}5 \text{ Shirt} \cdot 100}{2 \text{ Shirts}}$$

Das Ergebnis – also der Prozentsatz – lautet 25%.

Merke: In den Aufgaben steht oft „Wieviel Prozent?". Gemeint ist dann immer der Prozentsatz, der in % angegeben wird.

Frage 3.32

Verkauf & Werbemaßnahmen

Lernfeld 3

Der Chef Ihres Warenhauses möchte sog. Kundenkarten einführen.

a) Welche Vorteile ergeben sich dadurch für Ihr Warenhaus?

b) Welche Vorteile ergeben sich für Ihre Kunden?

c) Da die Kundenkarte von den Kunden Ihres Warenhauses anfangs nicht besonders gut „angenommen" wird, sollen Sie Ihrem Chef Vorschläge unterbreiten, wie das Warenhaus die Kunden stärker auf die Kundenkarte aufmerksam machen kann.

Antwort 3.32

a) Vorteile für das Warenhaus:

- Erhöhung der Kundenbindung an das Warenhaus
- Kundenpflege
- Das Warenhaus erhält Adressen und Kontaktdaten der Kunden
- Das Warenhaus kann zielgruppengerechte Werbung machen (also gezieltere Werbemaßnahmen einsetzen)
- Umsatzsteigerung pro Kunde
- Bargeldlose Bezahlung (falls die Kundenkarte mit einer Bezahlfunktion ausgestattet ist)

b) Vorteile für den Kunden:

- Kunde erhält spezielle Angebote
- Kunde erhält auf seine Interessen bzw. bisherigen Käufe abgestimmte Angebote
- Kunden kann mit der Karte bargeldlos bezahlen (falls die Kundenkarte mit einer Bezahlfunktion ausgestattet ist)
- Kunden erhält bei Bezahlung mit der Karte einen Kreditspielraum (falls die Kundenkarte mit einer Bezahlfunktion ausgestattet ist)
- Günstigere Einkaufspreise (z.B. durch Rabatte oder Boni bzw. Rabatt- oder Bonuspunkte)
- Zusatzleistungen (z.B. Umtausch- oder Rücknahmegarantie)

c) Vorschläge

- Durch direkte Ansprache (z.B. an der Kasse)
- Durch Infostände im Warenhaus
- Durch Gewinnspiele und Preisausschreiben
- Durch Werbeaktionen
- Durch Prospekte und Flyer

Frage 3.33

Verkauf & Werbemaßnahmen

Lernfeld 3

a) Zählen Sie kurz alle Pflichtbestandteile auf, die eine ordnungsgemäße Rechnung in Deutschland haben muss.

b) Davon abweichend gibt es die sogenannte Kleinbetrags-Rechnung. Worin liegt hier die wesentliche Vereinfachung?

Antwort 3.33

a) Gemäß §14 Absatz 4 Umsatzsteuergesetz sind Unternehmer grundsätzlich verpflichtet, Rechnungen auszustellen und auf ihren Rechnungen folgende Angaben zu machen:

- Name und Anschrift des liefernden oder leistenden Unternehmers,
- Name und Anschrift des Abnehmers der Lieferung oder Leistung,
- Menge und handelsübliche Bezeichnung der gelieferten Gegenstände bzw. Art und Umfang der Leistung,
- Tag der Lieferung oder sonstigen Leistung oder Leistungszeitraum,
- Entgelt für die Lieferung oder sonstige Leistung,
- Steuerbetrag, der auf das Entgelt entfällt,
- anzuwendender Steuersatz bzw. Hinweis auf die Steuerbefreiung,
- erteilte Steuernummer oder die Umsatzsteuer- Identifikationsnummer,
- Ausstellungsdatum der Rechnung,
- fortlaufende Nummer mit einer oder mehreren Zahlenreihen,
- bei Zahlung vor Erbringung der Leistung der Zeitpunkt der Vorauszahlung,
- jede im Voraus vereinbarte Minderung des Entgelts, sofern sie nicht bereits im Entgelt berücksichtigt ist (z. B. Bonus-Vereinbarungen).

Fortsetzung: Frage 3.33

Verkauf & Werbemaßnahmen

Lernfeld 3

a) Zählen Sie kurz alle Pflichtbestandteile auf, die eine ordnungsgemäße Rechnung in Deutschland haben muss.

b) Davon abweichend gibt es die sogenannte Kleinbetrags-Rechnung. Worin liegt hier die wesentliche Vereinfachung?

Fortsetzung: Antwort 3.33 (ab Lösung b)

b) Für Rechnungen, deren Bruttobetrag seit 2017 250 Euro (bis einschl. 2016: 150 Euro) nicht übersteigt, reichen – abweichend von den oben aufgezählten Merkmalen – die folgenden Angaben:

- Name und Anschrift des liefernden oder leistenden Unternehmers,
- Menge und handelsübliche Bezeichnung der gelieferten Gegenstände bzw. Art und Umfang der Leistung,
- Entgelt und der Steuerbetrag für die Lieferung oder sonstigen Leistungen in einer Summe. Ein gesonderter Steuerausweis muss somit nicht erfolgen,
- anzuwendender Steuersatz bzw. Hinweis auf die Steuerbefreiung,
- Ausstellungsdatum der Rechnung.

Die wesentliche Vereinfachung besteht also darin, dass nur der **Prozentsatz der Umsatzsteuer** genannt zu werden braucht. Bei höheren Rechnungen müssen **Prozentsatz der Umsatzsteuer und Umsatzsteuer- Betrag** ausgewiesen werden.

Frage 3.34

Warenwirtschaft und Kalkulation

Lernfeld 3

Quick-Check: Bitte nennen Sie das jeweilige Lösungswort!

1. Nicht angekündigte Kassenkontrolle mit Zählung des tatsächlich vorhandenen Kassenbestandes zu einem bestimmten Zeitpunkt außerhalb der normalen Kassenabrechnung

2. Haftung der Kassiererin für Fehlbeträge

3. Schriftliche Anweisung für die Arbeit an der Kasse

4. Kunden wird bei Vorlage eines Coupons an der Kasse ein Preisnachlass gewährt

5. Summe der Bareinnahmen für Warenverkäufe eines Tages

6. Überprüfung der Kassenabrechnung

7. Einem Kunden wurde zu wenig Wechselgeld zurückgegeben. Folge?

8. Beleg über die Einnahmen aus Barverkäufen

9. Kassen-Istbestand ungleich Kassen-Sollbestand

Antwort 3.34

1. Kassensturz
2. Mankohaftung
3. Kassieranweisung
4. Couponing
5. Tageslosung
6. Kassenkontrolle
7. Kassenüberschuss
8. Kassenbericht
9. Kassendifferenz

Frage 3.35

Warenwirtschaft und Kalkulation

Lernfeld 3

Der Händler Kleinlich hatte bei Geschäftsbeginn 200,00 Euro und bei Geschäftsschluss 1.345,29 Euro in seiner Ladenkasse.

Im Laufe des Tages hatte er für gelieferte Waren 100,00 Euro bar bezahlt.

Wie hoch ist seine Tageslosung?

Antwort 3.35

Formel:

Kassenendbestand bei Geschäftsschluss

+ Auszahlungen im Laufe des Tages

    + *Wareneinkäufe*

    + *Geschäftsausstattung*

    + *Privatentnahmen*

    + *Sonstiges*

− Anfangsbestand

− Sonstige Einzahlungen

= Tageslosung

    (Bareinnahmen der Warenverkäufe des Tages)

---

hier:

Kassenendbestand bei Geschäftsschluss:	1.345,29
+ Auszahlungen im Laufe des Tages	
+ *Wareneinkäufe*:	100,00
− Anfangsbestand:	200,00
= Tageslosung:	1.245,29

(Bareinnahmen der Warenverkäufe des Tages)

Probe:

Bargeld bei Geschäftsbeginn:	200,00
+ Tageslosung:	1.245,29
− Ausgaben	100,00
= Bargeld bei Geschäftsschluss:	1.345,29

Frage 3.36

Geschäftsprozesse im Einzelhandel

Lernfeld 3

a) Was ist eine sog. Kassennachschau?

b) Welche Pflichten haben die Verantwortlichen eines Einzelhandelsgeschäftes im Rahmen der Kassennachschau?

c) Was darf der Prüfer nicht von Ihnen verlangen?

d) Wie sollte sich Ihr Unternehmen grundsätzlich auf die Kassennachschau vorbereiten.

Antwort 3.36

a) Die Kassennachschau ermöglicht es dem Finanzamt seit dem 1. Januar 2018, neben den bereits bekannten Betriebsprüfungen eine unangekündigte Prüfung vorzunehmen. Ein Finanzbeamter darf während der üblichen Geschäfts-/Arbeitszeiten die Geschäftsräume des Einzelhändlers zu betreten. Alle Arten von Kassen (sowohl elektronische als auch offene Ladenkassen) können geprüft werden.

b) Betreten der Geschäftsräume durch den Prüfer dulden. Dem Prüfer ist Zugang zum Kassensystem zu gewähren und die Auswertung der Daten zu ermöglichen.

Bei einem elektronischen Kassensystem mit Aufzeichnungen in digitaler Form darf der Prüfer diese einsehen, eine Übermittlung in digitaler Form anfordern oder die Daten auf einem maschinell auswertbaren Datenträger verlangen. Bei einer offenen Ladenkasse kann der Prüfer einen Kassensturz verlangen und sich die Aufzeichnungen der Vortage vorlegen lassen.

c) Wohnräume des Einzelhändlers dürfen ohne die Zustimmung des Steuerpflichtigen nur dann betreten werden, wenn eine dringende Gefahr für die öffentliche Sicherheit und Ordnung besteht.

Die Kassennachschau berechtigt nicht zu einer umfassenden Durchsuchung der Geschäftsräume (kein Öffnen von Schränken etc.).

d) Die im Rahmen der Nachschau vorzulegenden Unterlagen (Bedienungsanleitungen und Programmierdokumentationen für die Kasse) sollten immer griffbereit in Kassennähe liegen. Daneben empfiehlt es sich, den Export der elektronischen Kassendaten zu testen, weil die Prüfer dies oft verlangen werden.

Lernfeld 4, Frage 4.1
Verkauf & Werbemaßnahmen

Ihr Chef bittet Sie, das nachfolgend abgebildete Regal mit Ware zu befüllen.

| über 160 cm |
| 120 bis 160 cm |
| 80 bis 120 cm |
| unter 80 cm |

Geben Sie die jeweiligen Namen der 4 Zonen an.

Bringen Sie die Zonen – bezogen auf die Wertigkeit – in eine Reihenfolge. Beginnen Sie bei 1 für die wichtigste Zone.

Welche Artikel sollten in welcher Zone platziert werden? Nennen Sie auch Beispiele.

Antwort 4.1

Name und Wertigkeit:

| *Reckzone - Wertigkeit: 3* |
| *Sichtzone - Wertigkeit: 1* |
| *Greifzone - Wertigkeit: 2* |
| *Bückzone - Wertigkeit: 4* |

Platzierung bzw. Beispiele:

| *Suchartikel, leichte Ware* |
| *Artikel mit hoher Gewinnspanne* |
| *Impulsartikel, Zusatzartikel* |
| *Suchartikel, schwere Ware* |

Artikel mit einer hohen Gewinnspanne sowie Waren, deren Verkauf besonders gefördert werden soll, werden in den verkaufsstarken Regalzonen platziert. Die größte Verkaufsstärke hat die Sichtzone. Es folgt die Greifzone als verkaufsstarke Zone. Diese beiden Zonen entsprechen der Blick- und Griffhöhe der Kunden.

Weniger verkaufsstark sind die Reck- und Bückzone. Es empfiehlt sich daher, schwere Waren und Waren mit einer niedrigen Gewinnspanne in der Bückzone und leichte Waren mit hohen Preisen in der Reckzone zu platzieren.

Frage 4.2

Verkauf & Werbemaßnahmen

Lernfeld 4

a) Erklären Sie die beiden Begriffe

- Verbundplatzierung
- Zweitplatzierung

Geben Sie jeweils 2 Beispiele.

b) Nennen Sie 4 Vorteile, die die Verbundplatzierung für den Einzelhandelsbetrieb haben kann.

Antwort 4.2

a) Von **Verbundplatzierung** spricht man, wenn Artikel, die zusammengehören oder sich ergänzen, gemeinsam/ nebeneinander/ in unmittelbarer Nähe platziert werden, d.h. unterschiedliche Waren, die in enger Verbrauchsbeziehung zueinander stehen werden bspw. im Regal nebeneinander angeordnet.

Bsp.: Brotaufstrich neben Brot, Zahnpasta neben Zahnbürsten, Krawatten neben Herren-Oberhemden.

Von **Zweitplatzierung** spricht man, wenn eine Ware im Geschäft an zwei verschiedenen Standorten platziert wird. In diesem Fall wird der zweite Standort „Zweitplatzierung" genannt.

Das Ziel ist es, Impulskäufe zu generieren und dadurch höhere Umsätze zu erzielen.

Konkret bedeutet das, dass ein Produkt zusätzlich zu der regulären Regalfläche eine zweite Fläche zur Präsentation erhält. Dort wird das Produkt aber meist nicht in normalen Regalen präsentiert, sondern auf „Displays", „Bodenaufstellern" etc.

Bsp.: Zweitplatzierung im Kassenbereich, in stark frequentierten Zonen oder als „Cross-Selling-Produkt" im Regal mit anderen zusammenhängenden Produkten.

b) Ideen:

- Der Kunde findet rasch Ergänzungsartikel
- Umsatzsteigerung
- Impulskäufe werden ausgelöst
- Kunde erwartet (laut Studien), dass sich ergänzende Artikel in unmittelbarer Nähe platziert werden (= Kundenzufriedenheit)

Frage 4.3

Verkauf & Werbemaßnahmen

Lernfeld 4

Sie sind Azubi zum Verkäufer. Eines Tages spricht Sie Ihr Chef (ein Herr älteren Semesters) an, er habe von diesem neumodischen „Visual Merchandising" gehört und könne sich darunter nichts vorstellen.

Bitte erklären Sie ihm, was unter „Visual Merchandising" zu verstehen ist.

Geben Sie ihm dann 2 Beispiele, wie die Warenpräsentation nach den Grundsätzen von „Visual Merchandising" umgesetzt werden könnte.

Antwort 4.3

„Visuell" bedeutet „bildlich", „optisch" bzw. „sichtbar". „Merchandising" bedeutet wiederum „Absatzförderung", „Verkaufsförderung".

„Visual Merchandising" ist also die optische Verkaufsförderung. Produkte und Unternehmen (Außenfassade, Schaufenster, Verkaufsraum) sollen durch gestalterische Elemente für das Auge verkaufsfördernd inszeniert werden.

Die Produkte werden so angeboten, dass der Kunde sich wohlfühlt und eine „Erlebnisatmosphäre" entsteht, die ihn von der Gefühlsseite her zum Kauf anregt – ohne Verkäufer.

Ziel: Die Verweildauer des Kunden im Geschäft zu erhöhen und ihn zu Spontan- und Impulskäufen anzuregen.

Bsp.: Ein Möbelhaus präsentiert die Betten nicht in einer bestimmten Abteilung, sondern hat stattdessen exemplarisch ein komplettes Schlafzimmer eingerichtet. Sogar an tapezierte Wände, aufgehängte Gardinen, Bettwäsche, Nachttischlampen und Dekoration wurde gedacht.

Ein Baumarkt präsentiert Teak-Gartenmöbel auf grünem Kunstrasen unter einem Sonnensegel. Sogar an bepflanzte Blumenkübel, Gartenlampen und andere Gartenutensilien wurde gedacht.

Frage 4.4

Verkauf & Werbemaßnahmen

Lernfeld 4

Wann spricht man von einem „Trading Up" des Sortiments?

Geben Sie ein konkretes Beispiel an.

Antwort 4.4

Als „Trading Up" wird die bewusste Anhebung des Preis-/ Qualitätsniveaus eines Produktprogramms oder Sortiments bezeichnet.

De facto liegt eine Aufwertung des Sortiments z.B. durch Aufnahme höherwertiger Waren (vor allem Markenartikel) vor.

Bsp.: Der Discounter „Aldi", der über Jahrzehnte vorrangig auf Eigenmarken setzte, erweiterte in den letzten Jahren sein Sortiment um Markenartikel wie Coca-Cola oder Nivea.

Frage 4.5

Verkauf & Werbemaßnahmen

Lernfeld 4

Die Auswertung von Kundenlaufstudien („Welchen Weg nehmen die Kunden im Verkaufsraum?") führte im Handel dazu, dass hoch- und minderwertige Verkaufszonen ermittelt werden konnten.

Welche Verkaufszonen im Einzelhandelsunternehmen werden als „hochwertige/ verkaufsintensive Verkaufszonen" bezeichnet?

Welche werden als „minderwertige/ verkaufsschwache Verkaufszonen" bezeichnet?

Durch welche Maßnahmen lassen sich minderwertige Verkaufszonen eventuell in hochwertige umwandeln?

Antwort 4.5

Hochwertige Verkaufszonen sind umsatzstarke Verkaufsbereiche!

Hochwertige/ verkaufsintensive Verkaufszonen:

- Kassenzone
- Verkaufsflächen, die rechts vom Kundenstrom liegen
- Hauptgänge des Geschäfts
- Gangkreuzungen
- Auflaufflächen, auf die der Kunde automatisch blickt
- Außengänge
- Zonen um die Beförderungseinrichtungen herum (z.B. Rolltreppen)

Minderwertige/ verkaufsschwache Zonen:

- „Sackgassen" des Verkaufsraums
- Verkaufsflächen, die links vom Kundenstrom liegen
- Nebengänge des Einzelhandelsunternehmens
- Mittelgänge
- Höhere und tiefere Etagen
- Einkaufszonen, die schnell durchschritten werden
- Ladenecken
- Räume hinter den Kassen

Potentielle Maßnahmen:

- Aufbau von Aktionsständen
- Zusätzlicher Einsatz von Farb-, Licht-, Duft- und Akustikeffekten
- Stark nachgefragte Waren bzw. Suchartikel in ehemals minderwertigen Verkaufszonen platzieren
- Nutzung ansprechender Warenträger

Frage 4.6

Verkauf & Werbemaßnahmen

Lernfeld 4

In etlichen Branchen wird immer öfter das sog. Shop-in-the-Shop-Konzept umgesetzt.

Was ist mit dem Begriff „Shop-in-Shop" gemeint?

Antwort 4.6

Es handelt sich um die Aufteilung eines großflächigen Verkaufsraums in mehrere optisch voneinander abgegrenzte Bereiche.

In diesen räumlich abgegrenzten Bereichen werden dann zusammengehörige Waren in der jeweils passenden Atmosphäre besonders hervorgehoben.

„Shop-in-Shop"-Konzepte dienen der Auflockerung großer Verkaufsflächen in Warenhäusern und Selbstbedienungswarenhäusern.

Wie die Übersetzung „Geschäft im Geschäft" bereits andeutet, werden die abgegrenzten Bereiche – neben dem eigenen Unternehmen – auch oft von fremden Unternehmen oder selbständigen Unternehmern genutzt.

Betreiber sind häufig Hersteller exklusiver Artikel wie z.B. Textilien oder Lederwaren.

Frage 4.7

Verkauf & Werbemaßnahmen

Lernfeld 4

Das Schaufenster ist „Eye-Catcher" und Visitenkarte eines Einzelhandelsgeschäftes.

a) Welche Aufgaben sollen Schaufenster für das Einzelhandelsunternehmen erfüllen?

b) Nennen Sie mindestens 3 Regeln, die bei der Schaufenstergestaltung zu beachten sind.

c) Welche Gestaltungsmittel können zum Einsatz kommen, damit Schaufenster „ins Auge fallen"?

Antwort 4.7

1. **Aufgaben:**
   - Passanten auf das Einzelhandelsgeschäft aufmerksam machen (*soll Passanten stoppen und zum Betrachten einladen*)
   - Neugierde wecken
   - als Orientierung für den Kunden dienen (*ob er im Geschäft das Gewünschte finden kann*)
   - Einblick bzw. Übersicht in bzw. über das Sortiment des Einzelhandelsunternehmens geben
   - über Eigenschaften und Preise der Waren informieren
   - den Betrachter in eine positive Kaufstimmung versetzen
   - Besitzwünsche wecken
   - auch außerhalb der Öffnungszeiten Werbeträger für das Geschäft sein

2. **Regeln:**
   - Qualität: Die ausgestellten Waren müssen in einem 1A-Zustand sein
   - Abwechslung: Das Schaufenster ist regelmäßig neu zu dekorieren
   - Übersichtlichkeit: Dem Passanten sollten nicht zu viele Artikel präsentiert werden
   - Corporate Identity: Das Schaufenster muss dem Erscheinungsbild des Unternehmens entsprechen

3. **Gestaltungsmittel:**
   - Licht-(Effekte)
   - Farben
   - Deko-Material
   - Schrift

Frage 4.8

Verkauf & Werbemaßnahmen

Lernfeld 4

a) Was versteht man unter offenen oder geschlossenen Schaufenstern?

b) Welche unterschiedlichen Typen bzw. Arten von Schaufenstern sind Ihnen bekannt? Bitte zählen Sie 6 Typen bzw. Arten auf.

Antwort 4.8

a) **Offene Schaufenster** erlauben es dem Passanten, frei in das Innere des Ladenraums blicken zu können. Offene Schaufenster zeigen also nicht nur die ausgestellte Ware, sondern erlauben es, auch die Warenpräsentation im Geschäft selbst und die Verkaufsatmosphäre zu demonstrieren.

Geschlossene Schaufenster konzentrieren sich als Mittelpunkt auf die ausgestellten Waren. Der Passant hat keine Einsicht in die Geschäftsräume.

b) **Typen bzw. Arten von Schaufenstern:**

- Stapelfenster
- Plakatfenster
- Stimmungsfenster
- Übersichtsfenster
- Phantasiefenster
- Aktions-, Sonder-, Showfenster

Frage 4.9

Verkauf & Werbemaßnahmen

Lernfeld 4

Bitte erklären Sie kurz die Begriffe

- Stapelfenster,
- Übersichtsfenster,
- Phantasiefenster,
- Aktions-, Sonder-, Showfenster.

Nennen Sie Vor- und Nachteile dieser Schaufensterarten.

Geben Sie bitte abschließend jeweils ein Beispiel an.

Antwort 4.9

Stapelfenster

Erklärung

Zeigt Vielzahl von stapelfähigen Waren oft einer Warengruppe, z.B. Dosen. *Durch die Anordnung der gezeigten Artikel in Stapeln, Blöcken oder Reihen soll ein preisgünstiges Massenangebot zum Ausdruck kommen.*

Vorteile

- Eindruck entsteht, dass die Auswahl in diesem Geschäft groß sein muss
- Warenfülle suggeriert, dass die Waren im Preis günstig zu erwerben sind (Warendruck)

Nachteil

- Unübersichtlichkeit

Beispiel

Oft im Fotofachhandel oder in Uhrenläden anzutreffen

Übersichtsfenster

Erklärung

Dem Kunden wird eine Übersicht über das Sortiment (Breite und Tiefe!) gegeben, indem Waren unterschiedlicher Warengruppen präsentiert werden.

Vorteil

- Betrachter wird gezeigt, wie breit gefächert das Sortiment des Einzelhandelsgeschäftes ist

Nachteil

- Häufig unattraktiv, da kaum Platz für Deko und Ausschmückung *(Waren sollen ja im Vordergrund stehen)*

Beispiel

Oft in Gemischtwarenläden oder Kiosken anzutreffen

Fortsetzung: Frage 4.9

Verkauf & Werbemaßnahmen

Lernfeld 4

Bitte erklären Sie kurz die Begriffe

- Stapelfenster,
- Übersichtsfenster,
- Phantasiefenster,
- Aktions-, Sonder-, Showfenster.

Nennen Sie Vor- und Nachteile dieser Schaufensterarten.

Geben Sie bitte abschließend jeweils ein Beispiel an.

Fortsetzung: Antwort 4.9 (ab Phantasiefenster)

Phantasiefenster

Erklärung

Stehen unter einem Leitgedanken, der Wünsche, Träume, Phantasie und Vorstellungsvermögen des Kunden anregt. Oft ideenreich, phantasievoll, künstlerisch, kreativ gestaltet. Kauflust soll geweckt werden.

Vorteile

- oftmals „echte Hingucker"
- Betrachter freuen sich beim Anblick und übertragen die Freude auf das Einzelhandelsgeschäft

Nachteil

- materieller, finanzieller und personeller Aufwand (oft durch Fachkräfte) zur Gestaltung

Beispiel

Oft bei Boutiquen, Warenhäusern, Fachgeschäften anzutreffen. Themen sind z.B. Urlaub.

Fortsetzung: Frage 4.9

Verkauf & Werbemaßnahmen

Lernfeld 4

Bitte erklären Sie kurz die Begriffe

- Stapelfenster,
- Übersichtsfenster,
- Phantasiefenster,
- Aktions-, Sonder-, Showfenster.

Nennen Sie Vor- und Nachteile dieser Schaufensterarten.

Geben Sie bitte abschließend jeweils ein Beispiel an.

Fortsetzung: Antwort 4.9 (ab Aktions-, Sonder-, Showfenster)

Aktions-, Sonder-, Showfenster

Erklärung

Stimmen oftmals auf bevorstehende Ereignisse oder Events ein. Weisen dabei darauf hin, dass noch Waren zur Vorbereitung des Ereignisses gekauft werden müssten.

Vorteil

- Aktualität (*Aufgreifen von aktuellen Anlässen wird vom Betrachter mit Interesse aufgenommen*)

Nachteile

- Ausgestaltung der Themen
- Beschaffung passenden Deko-Materials

Beispiel

Oft in Süßwarengeschäften, Fachgeschäften für Unterhaltungselektronik etc. anzutreffen. Ereignisse können z.B. sportlicher Natur (Fußball-Weltmeisterschaft), Premieren von Filmen usw. sein.

Frage 4.10

Verkauf & Werbemaßnahmen

Lernfeld 4

Um dem Kunden eine Wohlfühlatmosphäre für sein Kauferlebnis zu schaffen, sollten Einzelhandelsunternehmen ihre Verkaufsräume ansprechend gestalten.

Nennen und beschreiben Sie mindestens 5 Gestaltungselemente, damit der Kunde sich im Verkaufsraum wohlfühlt.

Antwort 4.10

- Platzierung von **Deko-Elementen**, z.B. Stoffe oder Wandfotos
- Schaffung einer **Klangwelt** durch Musik *(Achtung: Sollte der Zielgruppe entsprechen)*
- Schaffung **angenehmer Klimaverhältnisse**, z.B. durch Belüftung oder einer angenehmen, nicht zu kalten Raumtemperatur
- Nutzung **ansprechender Warenträger**, deren Oberflächen z.B. mit speziellen Materialien beschichtet sind
- Berücksichtigung einer angenehmen **Farbgestaltung**
- Einsatz einer **gezielten Beleuchtung** (z.B. warmes, freundliches Licht und/oder gezielte Beleuchtung von Warenträgern)
- Überlegte **Anordnung der Waren**, z.B. nach Farben oder Formen sortieren *(damit der Kunde die Ware, die er sucht, auch findet.)*
- Einplanung von „**Duftinseln**", so dass bspw. kaum wahrnehmbare Düfte im Verkaufsraum wirken
- Einrichtung von **Erlebniszonen** im Verkaufsraum (z.B. einer Kaffeebar)

**Lernfeld 5, Frage 5.1
Geschäftsprozesse im Einzelhandel**

Bitte nennen Sie die 4 Elemente bzw. Hauptbestandteile des sog. Marketing-Mix.

Antwort 5.1

Frage 5.2

Verkauf & Werbemaßnahmen

Lernfeld 5

a) Was versteht man unter Kommunikationspolitik eines Einzelhandelsunternehmens?

b) Nennen Sie 6 Kommunikationsinstrumente bzw. Kommunikationsmittel, die im Einzelhandel zum Einsatz kommen.

Antwort 5.2

a) Die Kommunikationspolitik eines Einzelhandelsunternehmens versucht gezielt, das Verhalten der Kunden mithilfe besonderer Kommunikationsmittel bzw. Kommunikationsinstrumente zu beeinflussen, um die Unternehmensziele zu erreichen.

b) Instrumente bzw. Mittel der Kommunikationspolitik:

- Werbung
- Direktwerbung
- Sponsoring
- Verkaufsförderung
- Event-Marketing
- Public Relations

Frage 5.3

Geschäftsprozesse im Einzelhandel

Lernfeld 5

Das Einzelhandelsunternehmen legt in einem sog. Werbeplan die Details für die Durchführung seiner Werbung fest.

Für ein Vorhaben soll ein Werbeplan erstellt werden.

Welche Inhalte sollte ein vollständiger Werbeplan aufweisen?

Geben Sie zu jedem Inhalt auch eine kurze Erklärung in Frageform.

Antwort 5.3

Inhalt	Erklärung
Werbeinhalt (Werbebotschaft, Werbeaussage)	Was sagt die Werbung aus? Welche Werbebotschaft soll transportiert werden? Welchen Nutzen, welchen Vorteil hat das Produkt für den Umworbenen?
Werbeobjekt	Für welche Sachen wird geworben?
Werbeziel	Welche Wirkung soll bei den Umworbenen erreicht werden?
Zielgruppen bzw. Streukreis	Wer wird umworben?
Streugebiet	Wo, in welchem geografischen Gebiet, wird geworben?
Reichweitenbestimmung	Wie hoch ist die Anzahl der Umworbenen?
Streuzeit	Wann und wie lange wird geworben?
Streuweg	Wie – mit welchen Werbemitteln und Werbeträgern – wird geworben?
Werbeetat bzw. Werbebudget	Wie viel Geld wird für die Werbung ausgegeben?

Frage 5.4

Geschäftsprozesse im Einzelhandel

Lernfeld 5

Erklären Sie kurz die Begriffe

- Werbeträger
- Werbemittel

und nennen Sie jeweils 5 Beispiele.

Sie sind Verkäufer eines kleinen Bekleidungshauses mit 25 Mitarbeitern in Stadthagen. Es handelt sich um keinen Filialbetrieb. Ihr Kollege schlägt vor, am Wochenende einen TV-Spot im überregionalen Fernsehen zu schalten. Wie finden Sie diesen Vorschlag?

Antwort 5.4

Werbemittel: In welcher Form soll geworben werden?

Ein Werbemittel ist ein Ausdrucksmittel, das die Werbebotschaft bündelt, darstellt und kommuniziert.

Werbeträger: Welche Medien sollen genutzt werden?

Als Werbeträger bezeichnet man das Transportmedium zur Übertragung der Werbebotschaft.

Wenn die Werbemittel entworfen und angefertigt wurden, können sie auf ausgewählten Werbeträgern platziert oder abgespielt werden.

Werbeträger	Werbemittel
z.B.	z.B.
Zeitung	Anzeige, Beilage
Zeitschrift	Anzeige, Beilage
Internet	Banner
Hörfunk	Radio-Spot
Litfaßsäule	Werbeplakat
Kino	Kinospot, Werbefilm
Fernsehen	TV-Spot
Einkaufstüte	Werbeslogan, Logo

Ein TV-Spot im überregionalen Fernsehen macht für ein örtliches Bekleidungshaus keinen Sinn, da der **Streuverlust** zu groß ist. Der TV-Spot wäre auch viel zu teuer. Meiner Meinung nach könnte es sinnvoller sein, im örtlichen Kino in Stadthagen einen Kinospot oder – falls der in der Herstellung zu teuer ist – bspw. computerbasierte Kino-Dias zu schalten.

Als ähnliche Fragen können auftauchen: Anzeigenschaltung eines lokalen Händlers in einer überregionalen Zeitung.

Frage 5.5

Verkauf & Werbemaßnahmen

Lernfeld 5

Eine gelungene Kommunikation lebt davon, dass sich die beiden Kommunikationspartner regelmäßig ein offenes und ehrliches Feedback geben.

a) Was versteht man unter dem Begriff „Feedback"?

Beim Geben und Nehmen von Feedback sind Regeln zu beachten.

b) Wie kann der Feedbackgeber das Gespräch vorbereiten?

c) Bitte nennen Sie einige Regeln, die der Feedbackgeber beachten sollte.

d) Geben Sie nun noch einige Regeln an, die der Feedbacknehmer beachten sollte.

Antwort 5.5

a) **„Feedback geben"** bedeutet, einem Gesprächspartner eine Rückmeldung bspw. über sein Verhalten *(und wie dieses von anderen wahrgenommen wird)* zu geben. So erhält er die Chance, Positives zu verstärken und Negatives zu überdenken. Insgesamt wird die Zusammenarbeit effektiver gestaltet.

b) **Vorbereitung:**

- Sorgen Sie als Feedbackgeber für eine ruhige und angenehme Gesprächsatmosphäre.
- Planen Sie genügend Zeit ein und führen Sie keine ad hoc Gespräche (& unter 4 Augen!)
- Fragen Sie Ihr Gegenüber, ob er an einem Feedback durch Ihre Person interessiert ist.
- Vermeiden Sie Feedback dort, wo es nicht gewünscht ist, denn dadurch schaffen Sie mehr Irritation als Nutzen.
- Verschaffen Sie sich Klarheit über das Ziel.

c) Regeln, die der **Feedbackgeber** beachten sollte:

- Zeitnah durchführen *(damit die Erinnerung nicht bereits verblasst ist)*. Der beste Zeitpunkt für ein Feedback ist dabei unmittelbar nach einer zu reflektierenden Situation.
- Vergewissern Sie sich, dass der Empfänger bereit für Ihr Feedback ist
- Mit Positivem beginnen
- Fair und vorwurfsfrei
- Konkret eigene Beobachtungen beschreiben, keine Verallgemeinerungen
- Sachliche, konstruktive Kritik ohne persönliche Vorwürfe *(Die Sache steht im Vordergrund, nicht die Person)*
- Selbstwertgefühl des Empfängers darf nicht verletzt werden
- Ehrlichkeit und Nachprüfbarkeit

Fortsetzung: Frage 5.5

Verkauf & Werbemaßnahmen

Lernfeld 5

Eine gelungene Kommunikation lebt davon, dass sich die beiden Kommunikationspartner regelmäßig ein offenes und ehrliches Feedback geben.

a) Was versteht man unter dem Begriff „Feedback"?

Beim Geben und Nehmen von Feedback sind Regeln zu beachten. beachten.

b) Wie kann der Feedbackgeber das Gespräch vorbereiten?

c) Bitte nennen Sie einige Regeln, die der Feedbackgeber beachten sollte.

d) Geben Sie nun noch einige Regeln an, die der Feedbacknehmer beachten sollte.

Fortsetzung: Antwort 5.5 (Regeln Feedbackgeber)

- Motivierend *(Das Gespräch soll anspornen!)*

d) Regeln, die der **Feedbackempfänger** beachten sollte:

- Innere Bereitschaft zum Feedback vorhanden
- Aufmerksam zuhören, nicht unterbrechen
- Keine Rechtfertigungen bzw. Verteidigungen
- Nachfragen, wenn etwas nicht verstanden wurde
- Evtl. Notizen machen (falls umfangreich)
- Sachlich Stellung beziehen
- Rückmeldungen annehmen und positiv beurteilen
- Für das Feedback danken

Frage 5.6

Verkauf & Werbemaßnahmen

auch: Geschäftsprozesse im Einzelhandel

Lernfeld 1

1. Erläutern Sie kurz die wichtigsten Merkmale der „Teamarbeit".

2. Nennen Sie Regeln für eine erfolgreiche Teamarbeit.

3. und 4. Geben Sie abschließend Vorteile bzw. Chancen und Nachteile bzw. Risiken der Teamarbeit an.

5. Wie sollte sich der Teamleiter bei einem Konflikt verhalten?

Antwort 5.6

Ähnliche Fragen sind bereits mehrmals in der Abschlussprüfung aufgetaucht.

Bei der Teamarbeit arbeitet eine Gruppe von Personen (zumeist 5 bis maximal 10) zeitlich befristet für ein gemeinsames Ziel zusammen.

Die gestellten Aufgaben sind meist komplex. Die Arbeitsleistung eines Teams ist mehr als die Summe der Einzelleistungen, da Synergieeffekte die Arbeitsleistung noch erhöhen.

1. Merkmale
- Geschäftsleitung gibt dem Team messbare Ziele, Fristen bzw. Termine vor
- Die Teams sind für die Erfüllung ihrer Aufgaben selbst verantwortlich
- Eine Person übernimmt die Rolle eines Teamleiters
- Teammitglieder sind für Aufgabenverteilung im Team selbst verantwortlich
- Verantwortung für das gemeinsame Ziel lastet gemeinsam auf allen Teammitgliedern
- Bewertung der Teamleistung kann intern und extern erfolgen (z.B. durch Geschäftsleitung)

2. Regeln
- Team muss gemeinsame Verantwortung für die Aufgabe haben
- Aufgaben werden gerecht und transparent im Team verteilt
- Sachlich vorgetragene Kritik ist erwünscht
- Jedes Teammitglied ist teamfähig (innere Bereitschaft!)
- Jedes Teammitglied arbeitet offen und konstruktiv mit
- Jedes Teammitglied hält getroffene Absprachen ein
- Informationen müssen zeitnah, aktuell und vollständig sein und weitergegeben werden

Fortsetzung: Frage 5.6

Verkauf & Werbemaßnahmen

auch: Geschäftsprozesse im Einzelhandel

Lernfeld 1

1. Erläutern Sie kurz die wichtigsten Merkmale der „Teamarbeit".

2. Nennen Sie Regeln für eine erfolgreiche Teamarbeit.

3. und 4. Geben Sie abschließend Vorteile bzw. Chancen und Nachteile bzw. Risiken der Teamarbeit an.

5. Wie sollte sich der Teamleiter bei einem Konflikt verhalten?

Fortsetzung: Antwort 5.6, Teilaufgabe 3.) bis 5.)

3. **Vorteile bzw. Chancen**
- Höhere Arbeitsleistung durch Nutzung von Synergieeffekten
- Kreativität wird gefördert
- Informations- und Kommunikationsfluss wird verbessert
- Gegenseitige Unterstützung steigt: „Wir-Gefühl"
- Gegenseitiges Problemverständnis steigt, da die Hintergründe bekannt sind
- Zufriedenheit und Arbeitsmoral steigen (z.B. durch Gleichberechtigung). Dadurch besseres Betriebsklima
- Vorhandenes „Know-how" wird besser ausgetauscht

4. **Nachteile bzw. Probleme**
- Dominanz von „Schwätzern" und „Besserwissern"
- Gefahr von „schlechten" Kompromissen durch Mehrheitsmeinung
- Kompetenzstreitigkeiten bei z.B. schlechter Teamleitung
- Höherer Zeitaufwand durch Notwendigkeit umfangreicher Maßnahmen zur Konfliktbewältigung
- Gruppendruck verschlechtert das Arbeitsklima
- Motivationsverlust bei Teammitgliedern, die kein Gehör finden

5. **Verhalten Teamleiter im Konfliktfall**
- Teamleiter soll sich neutral verhalten
- Unparteiisch, keine Partei ergreifen
- Beruhigend auf „Streithähne" einwirken
- Negative und abwertende Kommentare unterbinden
- <u>Lösungsorientiertes Vorgehen:</u>
    - Verschiedene Standpunkte anhören, nachfragen, danach zusammenfassen
    - Nach „Anhörung" eine Lösung suchen, auf einen Kompromiss hinarbeiten

**Lernfeld 6, Frage 6.1
Warenwirtschaft und Kalkulation**

Bei der „Toller Schuppen"-Handels GmbH wird für die Bereiche Beschaffung, Lager und Absatz ein EDV-basiertes Warenwirtschaftssystem (WWS) eingesetzt.

Prüfen Sie, welche Vorteile die „Toller Schuppen"- Handels GmbH dadurch erlangt:

a) Das WWS stellt warenbezogene Informationen als Grundlage für Entscheidungen zur Verfügung.
b) Das WWS erlaubt es Ihnen, den Umsatz der „Toller Schuppen"- Handels GmbH mit den Umsätzen des Konkurrenten „Klasse Laden" GmbH & Co. KG zu vergleichen.
c) Das WWS steuert und kontrolliert die Kalkulation der Verkaufspreise.
d) Durch das WWS sind die in den obigen Abteilungen benötigten Datensätze jederzeit und schnell verfügbar (z.B. am Bildschirm).

Nennen Sie weitere Vorteile, die durch den Einsatz eines WWS bestehen.

Antwort 6.1

Bei dem **Warenwirtschaftssystem** handelt es sich um ein Informations- und Steuerungssystem zur Bewältigung der Warenwirtschaft eines Einzelhandelsbetriebes.

Dabei umfasst die **Warenwirtschaft** alle Tätigkeiten, die im Zusammenhang mit der Beschaffung, Lagerung und dem Absatz von Ware anfallen.

a) **Korrekte Aussage:** Das WWS stellt warenbezogene Informationen als Grundlage für Entscheidungen zur Verfügung.
b) **Falsch:** Das WWS erlaubt es Ihnen, den Umsatz der „Toller Schuppen"- Handels GmbH mit den Umsätzen des Konkurrenten „Klasse Laden" GmbH & Co. KG zu vergleichen.
c) **Falsch:** Das WWS steuert und kontrolliert die Kalkulation der Verkaufspreise.
d) **Korrekte Aussage:** Durch das WWS sind die in den obigen Abteilungen benötigten Datensätze jederzeit und schnell verfügbar (z.B. am Bildschirm).

Nachfolgend weitere Vorteile eines Warenwirtschaftssystems *(sollten Sie eine abgewandelte Frage erhalten):*

- Daten werden nur einmal erfasst (am Ort ihrer Entstehung)
- Geschäftsführung hat jederzeit alle notwendigen Informationen für Entscheidungen zur Verfügung
- Daten werden zeitnah bzw. rationell erfasst (z.B. über Scanner)
- Datenbestände können in Form von Grafiken oder Tabellen aufbereitet und dargestellt werden
- Sortiment kann in gut und weniger gut verkäufliche Artikel aufgeschlüsselt werden („Renner"- und „Penner"-Listen)
- Daten werden artikelgenau erfasst und Auswertungen können artikelgenau vorgenommen werden

Frage 6.2

Warenwirtschaft und Kalkulation

Lernfeld 6

Das _____ liefert durch Einsatz einer Datenverarbeitungsanlage Informationen für die Planung, Steuerung und Kontrolle der _____ in einem Einzelhandelsbetrieb.

Es wird im Einzelhandelsbetrieb angewendet für:

- _____,
- _____,
- _____,
- _____,
- _____,
- _____,
- _____,
- _____.

Durch das Warenwirtschaftssystem sollen die folgenden Ziele erreicht werden:

- _____,
- _____,
- _____,
- _____.

Werden bspw. Kunden, Lieferanten, Banken mittels Vernetzung, z.B. via Internet, in die Warenwirtschaft eines Handelsbetriebes eingebunden, so spricht man von einem _____.

Antwort 6.2

Das *Warenwirtschaftssystem* liefert durch Einsatz einer Datenverarbeitungsanlage Informationen für die Planung, Steuerung und Kontrolle der *Warenwirtschaft* in einem Einzelhandelsbetrieb.

Es wird im Einzelhandelsbetrieb angewendet für:

- *Warenbeschaffung,*
- *Wareneingang,*
- *Warenlagerung,*
- *Warenausgang,*
- *Servicebereich Kasse,*
- *Bestandskontrolle,*
- *Kalkulation,*
- *Buchführung.*

Durch das Warenwirtschaftssystem sollen die folgenden Ziele erreicht werden:

- *Optimierung des Sortiments,*
- *Überwachung der Bestände,*
- *Minimierung von Beschaffungs- und Lagerkosten,*
- *Sicherung der Lieferbereitschaft.*

Werden bspw. Kunden, Lieferanten, Banken mittels Vernetzung, z.B. via Internet, in die Warenwirtschaft eines Handelsbetriebes eingebunden, so spricht man von einem *integrierten Warenwirtschaftssystem.*

Frage 6.3

Warenwirtschaft und Kalkulation

Lernfeld 6

Warenwirtschaftssysteme erfüllen in den Bereichen

- Einkauf,
- Lager,
- Vertrieb

des Einzelhandelsbetriebes bestimmte Aufgaben. Bitte nennen Sie jeweils zwei Aufgaben.

Antwort 6.3

Frage 6.4

Warenwirtschaft und Kalkulation

Lernfeld 6

Bitte erklären Sie die Begriffe „Draufgabe" und „Dreingabe".

Zu welcher Rabattart gehören „Drauf"- und „Drein"-Gaben?

Geben Sie auch jeweils ein Beispiel.

Antwort 6.4

Wenn der Verkäufer zur bestellten Warenmenge noch zusätzlich Ware kostenlos hinzugibt, spricht man von **„Draufgabe"**.

Bsp.: Der Kunde bestellt und zahlt 10 Flaschen Ouzo, erhält aber 11 Flaschen geliefert.

Wenn der Verkäufer dem Kunden nicht die ganze Lieferung berechnet, spricht man von **„Dreingabe"**. Der Käufer bezahlt folglich nur einen Teil der von ihm erworbenen Güter. Der restliche Teil der Güter ist kostenlos.

Bsp.: Von zwanzig Packungen Schokolade sind zwei Packungen Schokolade Naturalrabatt. Wenn man also zwanzig Packungen Schokolade bestellt, dann werden zwanzig Packungen geliefert, jedoch nur achtzehn berechnet.

Da der Lieferant jeweils einen Preisnachlass in Form von Waren gewährt, liegt ein **Naturalrabatt** vor.

Frage 6.5

Wirtschafts- und Sozialkunde

Lernfeld 6

a) Was ist unter dem Begriff Kooperation im Einzelhandel zu verstehen?

b) In welchen Bereichen gibt es in der Praxis Kooperationen?

c) Welche Ziele bzw. Vorteile versprechen sich die Einzelhandelsbetriebe davon?

Antwort 6.5

a) Unter Kooperation ist die Zusammenarbeit rechtlich und wirtschaftlich selbständiger Einzelhandelsunternehmen zu verstehen.

b) Einkauf: *Verbesserung der Konditionen durch gemeinsamen Einkauf (dadurch höhere Rabatte etc.)*

Verkauf: *Senkung von Kosten (durch gemeinsame Werbung, Zusammenarbeit bei Online-Auftritten etc.)*

Lager: *Reduzierung von Lagerkosten (durch gemeinsame Nutzung von Lagerkapazitäten) oder Warenverschiebungen.*

Finanzierung: *Niedrigere Zinsen (wenn mehrere Partner für Kredite einstehen).*

Betriebsführung: *Austausch von Daten senkt das Risiko, betriebliche Fehlentscheidungen zu treffen.*

c) Das grundsätzliche Ziel besteht darin, die Wettbewerbsfähigkeit zu stärken und die eigene Marktposition zu festigen oder auszubauen.

Die Einzelhandelsbetriebe erhoffen sich zum Teil sehr unterschiedliche Vorteile, beispielsweise:

- Kostensenkung durch Rationalisierung *(z.B. gemeinsamer Einkauf)*
- Stärkere Stellung gegenüber Herstellern oder Konkurrenten
- Risikoverringerung durch Verteilung des Geschäftsrisikos auf mehrere Partner

Frage 6.6

Wirtschafts- und Sozialkunde

Lernfeld 6

Erklären Sie kurz die beiden Begriffe horizontale und vertikale Kooperation und geben Sie jeweils 3 Beispiele an.

Antwort 6.6

Horizontale Kooperation

Hier arbeiten verschiedene Einzelhandelsunternehmen zusammen, die auf einer Stufe stehen.

| Händler 1 | Händler 2 | Händler 3 |

Bsp.: Einkaufsverbände, Einkaufsgenossenschaften, Absatzkooperationen

Vertikale Kooperation

Hier arbeiten Einzelhandelsunternehmen mit Unternehmen vorgelagerter Wirtschaftsstufen (z.B. Hersteller, Großhändler) zusammen.

- Hersteller
- Großhändler
- Händler

Bsp.: Franchising, Rack-Jobber, freiwillige Kette

Frage 6.7

Wirtschafts- und Sozialkunde

Lernfeld 6

Erklären Sie kurz die folgenden Begriffe:

- Einkaufsverband
- Einkaufsgenossenschaft
- Absatzkooperation

Geben Sie jeweils 1 Beispiel an. Welcher Kooperationsform sind die hier genannten Begriffe zuzuordnen?

Antwort 6.7

Einkaufsverband (oft auch Einkaufsgemeinschaft genannt):

Vertraglich festgelegte Zusammenarbeit von Einzelhandelsbetrieben mit dem Ziel, gemeinsam einzukaufen (dadurch sollen vor allem Preisvorteile bzw. Mengenrabatte herausgeholt werden).

Bsp.: Intersport

Einkaufsgenossenschaft

Zusammenschluss von in der Regel kleinen bzw. mittelständischen Einzelhandelsbetrieben zur gemeinsamen Warenbeschaffung und oft darüber hinaus bei z.B. Werbung, Organisation. Die Einzelhandelsbetriebe bleiben dabei rechtlich selbständig. Mit Einkaufsverbänden vergleichbar, jedoch in Rechtsform einer Genossenschaft.

Bsp.: EDEKA

Absatzkooperation

Hier erfolgt eine standortbezogene Zusammenarbeit, um den Standort attraktiv(er) zu machen.

Die genannten Formen sind der **horizontalen Kooperation** zuzuordnen.

Bsp.: Shop-in-Shop-Konzept, Einkaufspassagen

Frage 6.8

Verkauf & Werbemaßnahmen

Lernfeld 6

Erklären Sie kurz die folgenden Begriffe:

- Rack-Jobber
- freiwillige Kette
- Verkauf auf Kommission

Antwort 6.8

Rack-Jobber

Ein Rack-Jobber ist ein Hersteller oder Großhändler, dem in Einzelhandelsbetrieben Regalflächen zur Verfügung gestellt werden. Er mietet diese Regalflächen an. Dort bietet der Rack-Jobber auf eigene Rechnung seine Waren an. Er ist für die Bewirtschaftung und Verfügbarkeit seiner Waren selbst verantwortlich. Der Einzelhandelsbetrieb übernimmt oftmals nur das Kassieren. Bsp.: Tchibo

Der Einzelhandelsbetrieb erhält eine Verkaufsprovision bzw. Miete für die vermietete Regalfläche. Außerdem trägt er kein Waren- bzw. Verkaufsrisiko. Nachteilig ist für den Einzelhandelsbetrieb jedoch, dass die Verkaufsprovision niedriger ausfällt als beim Verkauf auf eigene Rechnung. Rack-Jobber werden auch „Regalhändler" genannt.

Freiwillige Kette

Hier schließen sich rechtlich selbständige Unternehmen unterschiedlicher Wirtschaftsstufen zusammen, um Vorteile beim Einkauf und Verkauf zu erlangen. Im Handel: Zusammenschluss von Groß- und Einzelhandelsbetrieben der gleichen Branche, um wichtige unternehmerische Aufgaben gemeinsam durchzuführen.

Verkauf auf Kommission

Hier verkauft der Einzelhändler Ware (sog. Kommissionsware). Da der Lieferant Eigentümer der Ware bleibt und der Einzelhändler „nur" Besitzer wird, kann der Händler die übrig gebliebene und nicht verkaufte Ware einfach an den Lieferanten zurückgeben. Die Ware wird also im Namen des Händlers auf Rechnung des Lieferanten verkauft. Der Lieferant wird hier auch Kommittent genannt, der Einzelhändler heißt „Kommissionär". Ein Beispiel aus der Getränkeindustrie: Oft können Veranstalter Getränke in Kommission nehmen und die Restbestände nach der Veranstaltung an den Getränkehersteller, etwa eine Brauerei, zurückgeben.

Frage 6.9

Verkauf & Werbemaßnahmen

Lernfeld 6

a) Worum handelt es sich beim Franchising?

b) Worin bestehen die Vor- und Nachteile für den Franchise-Geber?

c) Worin bestehen die Vor- und Nachteile für den Franchise-Nehmer?

d) Welcher Kooperationsform ist das Franchising zuzuordnen?

Antwort 6.9

a) Franchising ist eine besondere Form der Kooperation. Beim Franchising räumt der Franchise-Geber (Systemgeber, oft ein Hersteller) dem Franchise-Nehmer das Recht ein, Waren oder Dienstleistungen unter Verwendung seines Markennamens und evtl. eines vorhandenen Beschaffungs-, Vertriebs- und/oder Organisationskonzeptes anzubieten, d.h. unter seinem Markennamen „Geschäfte zu machen".

Der Franchise-Geber macht dabei Vorgaben für z.B. Ladengestaltung, Sortiment, Werbung usw.

Der Franchise-Nehmer bleibt rechtlich selbständig.

Die Zusammenarbeit wird in einem – oft langfristigen – Franchise-Vertrag festgehalten. Dort werden konkret die Leistungen des Franchise-Gebers und die Höhe des Entgelts, das der Franchise-Nehmer an den Franchise-Geber zu zahlen hat, festgelegt.

Beispiele für Franchising: McDonald's, Nordsee, OBI, Apollo-Optik

b) **Vor- und Nachteile für den Franchise-Geber**

Vorteile	Nachteile
Vereinfachung der Markterschließung durch neue Partner	Hoher Kontrollaufwand, um die Einheit und Identität des Konzeptes sicherzustellen.
Vertriebskosten und Absatzrisiko trägt der Franchise-Nehmer	Verlust des direkten Kundenkontaktes
Geringere Investitionskosten als bei eigenem Aufbau	Verpflichtung zu permanenter Effizienzverbesserung und deren Weitergabe
Einfluss auf Franchise-Nehmer ähnlich hoch wie beim Filialsystem	Evtl. Rekrutierung geeigneter Franchise-Nehmer schwierig

Fortsetzung: Frage 6.9

Verkauf & Werbemaßnahmen

Lernfeld 6

a) Worum handelt es sich beim Franchising?

b) Worin bestehen die Vor- und Nachteile für den Franchise-Geber?

c) Worin bestehen die Vor- und Nachteile für den Franchise-Nehmer?

d) Welcher Kooperationsform ist das Franchising zuzuordnen?

Fortsetzung: Antwort 6.9 (ab c: Vor- und Nachteile für den Franchise-Nehmer)

c) Vor- und Nachteile für den Franchise-Nehmer

Vorteile	Nachteile
Recht auf Nutzung eines Waren- bzw. Markenzeichens	Sehr enge und oft langfristige Bindung an Franchise-Geber
Nutzung eines Beschaffungs-, Absatz-, Organisationskonzeptes	Laufende Zahlung einer Umsatzprovision (Franchising-Entgelt)
Rechtlich selbständig	Einschränkung bei individueller Präsentation des eigenen Unternehmens
Bei Gründung ggf. Unterstützung (Erprobtes Konzept, günstige Finanzierung)	Evtl. hohe „Einmalkosten" beim Eintritt
Absatzförderung durch einheitlicher Werbung, Verkaufsraumgestaltung, Sortiment	Keine selbständigen sortimentspolitischen Entscheidungen
Dienstleistungen des Franchise-Gebers wie z.B. zentrale Schulungen	Übernahme der Vertriebskosten und des Absatzrisikos

d) Franchising ist eine Form der Zusammenarbeit von Unternehmen verschiedener Wirtschaftsstufen, also: Vertikale Kooperation.

Frage 6.10

Geschäftsprozesse im Einzelhandel

Lernfeld 6

Zählen Sie 6 Arbeitsprozesse bzw. -abläufe auf, die dem „Einkauf" zugeordnet werden.

Antwort 6.10

- Bedarf ermitteln
- Bedarf melden
- Einkauf planen
- Bezugsquellen ermitteln
- Angebote einholen und vergleichen
- Termine überwachen

Frage 6.11

Warenwirtschaft und Kalkulation

Lernfeld 6

a) Worum handelt es sich beim sogenannten elektronischen Datenaustausch (kurz: „EDI")?

b) Welche wesentlichen Vorteile hat „EDI"?

c) Was ist ein sogenannter „Barcode"?

d) Worin besteht der Unterschied zwischen einer GTIN und einer EAN?

e) Wie ist die EAN aufgebaut?

Antwort 6.11

a) Unternehmen tauschen auf elektronischem Wege untereinander standardisierte Daten aus. Dieser Prozess wird als Electronic Data Interchange (kurz: „EDI") bezeichnet. „EDI" ermöglicht es den Einzelhandelsbetrieben, bspw. Geschäftsdaten aus den eigenen Systemen in standardisierte Daten umzuwandeln und elektronisch zu versenden.

b) Die Verringerung der Lagerbestände und der damit verbundenen Lagerkosten. Des Weiteren die schnelle Abwicklung von Bestellungen.

c) Bei einem „Barcode" handelt es sich um einen Balken- bzw. Strichcode, der durch spezielle Lesegeräte ausgelesen werden kann.

d) Die europaweit gültige EAN („European Article Number") wurde im Jahr 2009 in den weltweit gültigen Begriff GTIN („Global Trade Item Number") umbenannt. Es gibt jedoch keinen wesentlichen Unterschied zwischen EAN und GTIN. Letztendlich handelt es sich um einen Balken- bzw. Strichcode, der im Handel zur international unverwechselbaren Kennzeichnung von Artikeln eingesetzt wird und der die Grundlage eines Warenwirtschaftssystems bildet. Im Sprachgebrauch hat sich die Bezeichnung EAN gehalten.

e) Die Standard-EAN hat 13 Ziffern und setzt sich aus den folgenden Bestandteilen zusammen:

Zahlen 1 bis 3	Ländercode mit dem Präfix 400 bis 440 für Deutschland
Zahlen 4 bis 9	Durch einen Dienstleister vergebene Unternehmensnummer
Zahlen 8 bis 12	Durch ein Unternehmen zu vergebene Artikelnummer
Zahl 13	Prüfziffer zur Überprüfung der formalen Richtigkeit der EAN

Frage 6.12

Warenwirtschaft und Kalkulation

Lernfeld 6

a) Worum handelt es sich bei einem Betriebssystem?

b) Was versteht man unter dem Begriff „Hardware"?

c) Nennen Sie 5 Hardware-Bestandteile eines Warenwirtschaftssystems.

d) Um mit einem Warenwirtschaftssystem arbeiten zu können, müssen Daten effizient erfasst werden. Bitte erklären Sie kurz die folgenden Erfassungsgeräte:

- Tastatur
- Mobile Scanner
- Stationäre Scanner
- Datenwaagen
- Datenkassen

Antwort 6.12

a) Betriebssystem ist ein Sammelbegriff für System-Software, die den Betrieb bzw. die Verwendung eines Computers erst möglich machen – auch als Operating System (OS) bezeichnet.

b) Unter Hardware versteht man die physischen Bestandteile einer Computeranlage. Einfacher: „All das, was man anfassen kann."

c) Computer, Tastatur, Datenkassen, Datenwaagen, Bildschirme, Kassendrucker usw.

d)

Tastatur	Bspw. für manuelle Eingaben an der Kasse
Mobile Scanner	Zur optischen Erfassung von Strichcodes an/auf der Ware *(Lesepistole, Lesestift)*
Stationäre Scanner	Meist in die Kassentische integriert bzw. verbaut
Datenwaagen	Häufig Einsatz beim Verkauf von gewichtsabhängigen Waren
Datenkassen	Erfassen auch den Warenabgang artikelgenau, da mit dem Warenwirtschaftssystem vernetzt. Konkret erfasst der Scanner den EAN-Code. Die weiteren Artikeldaten sind dann im Warenwirtschaftssystem hinterlegt, *sogenanntes Price-look-Up-Verfahren.*

Frage 6.13

Warenwirtschaft und Kalkulation

Lernfeld 6

Das _____ regelt die Erhebung, Verarbeitung und Nutzung von _____ Daten. Der betriebliche _____ umfasst alle Maßnahmen zum Schutz personenbezogener Daten vor Missbrauch bei Zugriff, Übertragung und Weitergabe. Datenschutz im _____ bedeutet, dass

- _____ nicht missbräuchlich verwendet werden dürfen,
- über pe_____ und betr_____ Daten Stillschweigen zu wahren ist.

Die Einhaltung des Bundesdatenschutzgesetzes überwacht der _____.

_____ umfasst alle Maßnahmen, die gegen den Verlust und die Verfälschung von Daten durch technische Ursachen, menschliches Versagen und unberechtigte Eingriffe ergriffen werden.

Maßnahmen zur Datensicherung im Warenwirtschaftssystem sind bspw.:

- _____
- _____
- _____

Antwort 6.13

Das *Bundesdatenschutzgesetz* regelt die Erhebung, Verarbeitung und Nutzung von *personenbezogenen* Daten. Der betriebliche *Datenschutz* umfasst alle Maßnahmen zum Schutz personenbezogener Daten vor Missbrauch bei Zugriff, Übertragung und Weitergabe. Datenschutz im *Warenwirtschaftssystem* bedeutet, dass

- *Kundendaten* nicht missbräuchlich verwendet werden dürfen,
- über *personenbezogene* und *betriebsinterne* Daten Stillschweigen zu wahren ist.

Die Einhaltung des Bundesdatenschutzgesetzes überwacht der *Datenschutzbeauftragte.*

Datensicherung umfasst alle Maßnahmen, die gegen den Verlust und die Verfälschung von Daten durch technische Ursachen, menschliches Versagen und unberechtigte Eingriffe ergriffen werden.

Maßnahmen zur Datensicherung im Warenwirtschaftssystem sind bspw.:

- *Prüfung von Zugangsberechtigungen,*
- *Regelmäßige Sicherungskopien anlegen,*
- *Festlegung von (unterschiedlich umfangreichen) Benutzerrechten.*

Achtung: Sie müssen unbedingt die beiden Begriffe *Datenschutz* und *Datensicherung* unterscheiden können. Dazu gab es bereits mehrmals Fragen in Prüfungsaufgaben.

Frage 6.14

Geschäftsprozesse im Einzelhandel

Lernfeld 6

a) Nennen Sie 5 externe Informationsmöglichkeiten, um an neue Lieferanten zu kommen.

b) Im Rahmen des sog. Angebotsvergleiches bei der Lieferantenauswahl gibt es – neben quantitativen Kriterien – auch qualitative Kriterien.

Bitte zählen Sie mindestens 5 qualitative Kriterien auf.

c) Worin besteht der wesentliche Unterschied zwischen einer Anfrage und einem Angebot?

d) Sie erhalten zwei Angebote, auf denen die Vermerke „freibleibend" bzw. „unverbindlich" stehen. Was bedeuten diese Vermerke?

e) Wie lange ist ein schriftliches Angebot gültig, wenn keine Frist genannt wurde? Wie lange ein telefonisches?

f) Bitte erklären Sie kurz den Begriff „Erfüllungsort".

g) Wo ist der Erfüllungsort für Kaufleute, wenn dazu keine Angaben gemacht wurden?

Antwort 6.14

a) Externe Informationsmöglichkeiten:
- Messen
- Fachzeitschriften
- Kataloge und/oder Prospekte
- Online-Recherche im Internet
- „Wer liefert was?"

b) Qualitative Kriterien:
- Qualität der angebotenen Ware
- Zuverlässigkeit des Lieferanten
- Verhalten bei Reklamationen
- Möglicher Liefertermin
- Mindestabnahmemenge
- Mögliche Liefermengen

c) Eine Anfrage dient lediglich der Anbahnung eines Geschäftes. Sie ist unverbindlich. Ein Angebot ist rechtlich bindend.

d) Grundsätzlich gilt: Wer ein Angebot abgibt, ist rechtlich daran gebunden. Bei den beiden hier vorliegenden Angeboten wird die Bindungswirkung jedoch durch die sog. Freizeichnungsklauseln „freibleibend" bzw. „unverbindlich" ausgehebelt. Das bedeutet, dass die Lieferanten ihr Angebot jederzeit zurückziehen und neue Konditionen anbieten können.

e) Ein Angebot gilt so lange, wie unter normalen Umständen eine Antwort erwartet werden kann (§ 147 BGB). Ein schriftliches Angebot dürfte rund 3-5 Tage Gültigkeitsdauer haben. Telefonieren die beiden Vertragspartner oder sitzen sie sich in einem Gespräch gegenüber, muss das Angebot sofort angenommen werden.

f) Erfüllungsort ist der Ort, an dem der Schuldner seine Leistung erbringt.

g) Der gesetzliche Erfüllungsort für die Ware ist der Ort des Verkäufers (Warenschulden = Holschulden).

Frage 6.15

Geschäftsprozesse im Einzelhandel

Lernfeld 6

a) Bitte erläutern Sie den Begriff „Optimaler Bestellzeitpunkt". Welche Bedeutung hat er für den Einkauf?

b) Erklären Sie die beiden Methoden zur Ermittlung des optimalen Bestellzeitpunktes.

c) Nennen Sie 5 weitere Einflussfaktoren zur Bestimmung des Bestellzeitpunktes.

d) Geben Sie 2 Vor- und 2 Nachteile einer höheren Bestellmenge an.

e) Bitte definieren Sie den Begriff „Just-In-Time".

Antwort 6.15

a) Das Ziel der Planung besteht darin, die Ware zum optimalen Zeitpunkt zu beschaffen. Einerseits darf es nicht zu Verkaufsengpässen kommen, andererseits dürfen die Waren nicht zu lange auf Lager liegen und Lagerkosten verursachen.

Der Bestellzeitpunkt hat also eine große Bedeutung für das Einzelhandelsunternehmen.

b) Methoden:

Bestellrhythmus-verfahren	Bestellpunkt-verfahren
Bestellung erfolgt in regelmäßigen Zeitabständen (bei Waren mit gleichem Absatz)	Ware wird immer dann nachbestellt, wenn der Meldebestand erreicht ist

c) Weitere Einflussfaktoren:
- Preisveränderungen
- Sonderangebote
- Lagermöglichkeiten
- Haltbarkeit der Ware
- Lieferzeiten
- Liquiditätssituation

d) Vor- und Nachteile:

Vorteile	Nachteile
Mengenrabatte	Höhere Lagerkosten
Transportkosten werden eingespart, da weniger Lieferungen	Lagerrisiko (z.B. Verderb bei Lebensmitteln)

e) Die Lieferung erfolgt genau zu dem Zeitpunkt, an dem die Ware benötigt wird (dadurch kaum Lagerkosten).

Lernfeld 7, Frage 7.1
Verkauf & Werbemaßnahmen

Ein Kunde hat vor 2 Tagen ein original verpacktes Smartphone der Marke „MobileTecStarUniverse S16" bei Ihnen (Einzelhandelsgeschäft für Mobiltelefone) gekauft. Das Handy war eingeschweißt. Als der Kunde es zu Hause ausgepackt hat, stellt er fest, dass das Display zerkratzt ist.

a) Welche Art von Mangel liegt vor?

b) Welche 2 vorrangigen Rechte hat der Kunde in diesem Fall?

c) Welche nachrangigen Rechte hätte der Kunde in diesem Fall, wenn keine vorrangigen Rechte in Anspruch genommen werden sollen?

Antwort 7.1

a) In diesem Fall spricht man von einer **mangelhaften Lieferung (Schlechtleistung)**, da das Smartphone einen <u>Sachmangel</u> aufweist. Es liegt ein **Mangel <u>in der Qualität bzw. Beschaffenheit</u>** vor, da ein beschädigtes Gerät geliefert wurde.

Trotz einer gewissenhaften Prüfung des Kunden war der Mangel bei Übergabe nicht erkennbar. Deshalb liegt ein sog. <u>**versteckter Mangel**</u> vor.

b) Die beiden vorrangigen Rechte des Kunden sind wahlweise die

- Beseitigung des Mangels (**Nachbesserung:** Maximal 2x)

- **Ersatzlieferung/Nachlieferung** (Lieferung gleichartiger Ware)

Der Oberbegriff für diese beiden vorrangigen Rechte ist „**Nacherfüllung**".

c) Nachrangige Rechte sind (wenn eine angemessene Nachfrist zur Nacherfüllung erfolglos abgelaufen ist):

- **Rücktritt vom Vertrag**

- **Minderung des Kaufpreises** (= *Preisnachlass*)

- **Schadenersatz statt der Leistung** *in Verbindung mit dem Rücktritt vom Vertrag*

- **Ersatz vergeblicher Aufwendungen statt Schadenersatz**

Frage 7.2

Geschäftsprozesse im Einzelhandel

Lernfeld 7

Geben Sie die Prüfpflichten und Rügefristen beim

- zweiseitigen
- einseitigen

Handelskauf an.

Wie nennt man die Mitteilung des Käufers an den Verkäufer über die mangelhaft gelieferte Ware?

Antwort 7.2

	Zweiseitiger Handelskauf	Einseitiger Handelskauf
Prüfpflicht	Unverzüglich	Keine unverzügliche Prüfpflicht
Rügepflicht		
• *Offene Mängel*	Unverzüglich	Innerhalb von 2 Jahren
• *Versteckte Mängel*	Unverzüglich nach Entdecken (innerhalb von 2 Jahren)	Innerhalb von 2 Jahren
• *Arglistig verschwiegene Mängel*	Unverzüglich nach Entdecken (innerhalb von 3 Jahren)	Innerhalb von 3 Jahren

Übrigens: **„Unverzüglich"** bedeutet **„ohne schuldhaftes Zögern"**.

Die Mitteilung wird **Reklamation** bzw. **Mängelrüge** genannt.

Frage 7.3

Warenwirtschaft und Kalkulation

Lernfeld 7

Erklären Sie verbal die folgenden Begriffe:

- Mindestbestand
- Meldebestand
- Höchstbestand

Wie wird der Mindestbestand im Handel auch oft genannt?

Antwort 7.3

Der **Mindestbestand** ist die Vorratsmenge, die nur bei außerordentlichen Lieferschwierigkeiten (z.B. Streik, Naturkatastrophen) angetastet werden darf. Es ist also eine „eiserne Reserve", die im normalen Geschäftsablauf nicht angegriffen werden soll.

Der **Mindestbestand** wird deshalb gelegentlich auch als **„Eiserner Bestand"** oder **„Sicherheitsbestand"** bezeichnet.

Der **Meldebestand** ist die Vorratsmenge, bei der die Lagerverwaltung der Einkaufsabteilung mitteilt, dass Ware nachbestellt werden muss. Dieser Wert muss so hoch bemessen sein, dass beim Eingang der neuen Ware gerade der Mindestbestand erreicht wird. Trifft die nachbestellte Ware pünktlich ein, wird das Lager wieder rechtzeitig aufgefüllt.

Der **Höchstbestand** ist die Vorratsmenge, die maximal eingelagert werden kann. Dieser „Maximalbestand" ist von den Lagerkapazitäten bzw. Verderb abhängig. Dadurch soll ein überhöhter Lagervorrat (und die damit verbundenen Lagerkosten) vermieden werden.

Frage 7.4

Warenwirtschaft und Kalkulation

Lernfeld 7

Nach welcher Formel wird der Meldebestand berechnet?

Antwort 7.4

Formel zur Berechnung des **Meldebestandes**:

(Tagesbedarf · Lieferzeit) + Mindestbestand

Hinweis: In manchen Lehrbüchern wird anstelle des „**Tagesbedarfs**" der „**durchschnittliche Tagesabsatz**" genannt. Nicht verwirren lassen: Der Rest der Formel bleibt gleich. Die Formel wäre dann:

(Tagesabsatz · Lieferzeit) + Mindestbestand

Frage 7.5

Warenwirtschaft und Kalkulation

Lernfeld 7

Sie sind als Verkäufer bei einem Elektrohandelsgeschäft tätig. Ihr Lieferant für mobile Elektro-Heizkörper teilt Ihnen Anfang November mit, dass sich die Lieferzeit für diese Heizkörper in den Wintermonaten um rund zwei Wochen verlängern wird.

Welche Maßnahme müssen Sie jetzt ergreifen?

1. Mindestbestand für die Heizkörper senken
2. Meldebestand für die Heizkörper senken
3. Meldebestand für Heizkörper erhöhen
4. Ihr Chef soll sich kümmern. Ist schließlich sein Laden…

Antwort 7.5

Die korrekte Lösung lautet „Meldebestand erhöhen" (also 3.).

Aber warum? Die Begründung liegt in der Formel zur Berechnung des **Meldebestandes**:

$$(\text{Tagesbedarf} \cdot \text{Lieferzeit}) + \text{Mindestbestand}$$

Laut Aufgabenstellung vergrößert sich die **Lieferzeit** durch die Lieferprobleme! Die Lieferzeit ist Teil der obigen Formel. Mathematische Herleitung: Wenn alle anderen Zahlen der Formel gleich bleiben und sich nur die **Lieferzeit** vergrößert, so wird auch das Ergebnis – der **Meldebestand** – mehr. Nicht verstanden? Schauen Sie sich bitte einmal das folgende Beispiel an:

Tagesbedarf = 10 Stück, Mindestvorrat = 20 Stück
Lieferzeit: 7 Tage

$$90 = (10 \text{ Stück} \cdot 7 \text{ Tage}) + 20 \text{ Stück}$$

Erhöhung der Lieferzeit von 7 Tagen um 14 Tage auf 21 Tage
$$230 = (10 \text{ Stück} \cdot 21 \text{ Tage}) + 20 \text{ Stück}$$

Sie sehen, alle Zahlen bis auf die Verlängerung der Lieferzeit um 14 auf 21 Tage bleiben gleich. Ergebnis: Der Meldebestand steigt!

Frage 7.6

Warenwirtschaft und Kalkulation

Lernfeld 7

Ihr WWS schickt Ihnen eine systemgenerierte E-Mail, in der es Ihnen einen automatisch ausgelösten Bestellvorgang meldet. Sie schauen sich den Sachverhalt genau an:

*Täglicher Verkauf: 12 Stück, Mindestvorrat: 11 Stück, Lieferzeit: 19 Tage, **Meldebestand ?***

Antwort 7.6

Formel zur Berechnung des **Meldebestandes**:

$$(\text{Tagesbedarf} \cdot \text{Lieferzeit}) + \text{Mindestbestand} \text{ \textit{oder}}$$
$$(\text{Tagesabsatz} \cdot \text{Lieferzeit}) + \text{Mindestbestand}$$

Eingesetzt:

$$(12 \cdot 19) + 11 = 239$$

Der Meldebestand beträgt hier also 239 Stück.

Gelegentlich tauchen ähnliche Fragen in der Prüfung auf, in denen dann das Wort „Meldebestand" nicht genannt wird, sondern stattdessen gefragt wird: „Ab welcher Stückzahl müssen Sie nachbestellen?"

Frage 7.7

Warenwirtschaft und Kalkulation

Lernfeld 7

In Ihrem Schuhfachgeschäft „Gehschnell-Laufleicht" haben Sie den voll im Trend liegenden Schuh „WalkAirMax3" in Ihr Sortiment aufgenommen. Ihnen liegen die folgenden Daten zu diesem Artikel vor:

> *Durchschnittlicher Verkauf täglich: 12 Stück, der Sicherheitsbestand soll laut Geschäftsführung für 5 Tage ausreichen, Lieferzeit: 8 Tage*

Bitte errechnen Sie Mindest- und Meldebestand!

Antwort 7.7

Der **Mindestbestand** errechnet sich durch Multiplikation des <u>täglichen Absatzes mit der Anzahl der Tage</u>, also:

Tagesabsatz 12 Stück · 5 Tage Sicherheit = 60 Stück

Der **Mindestbestand** beträgt hier also 60 Stück.

Formel zur Berechnung des **Meldebestandes**:

(Tagesbedarf · Lieferzeit) + Mindestbestand *oder*
(Tagesabsatz · Lieferzeit) + Mindestbestand

Eingesetzt:

$$(12 \cdot 8) + 60 = 156$$

Der **Meldebestand** beträgt 156 Stück.

Frage 7.8

Warenwirtschaft und Kalkulation

Lernfeld 7

Bitte nennen und erklären Sie 3 Lagerarten, die im Einzelhandel vorkommen können.

Antwort 7.8

Lagerart	Erklärung
Verkaufslager	• Ware, die zum Verkauf an die Kunden bereitgehalten wird • Das ist quasi der Verkaufsraum eines Einzelhandelsgeschäftes • *Wichtig: Ware verkaufswirksam anordnen, präsentieren*
Reservelager	• Ware, die zur schnellen Ergänzung der Bestände des Verkaufslagers dient • meist in der Nähe der Verkaufsräume • Waren, die oft erst ausgepackt, geprüft, ausgezeichnet werden muss
Versandlager	• Ware, die zum Versand bereitgehalten wird

Frage 7.9

Warenwirtschaft und Kalkulation

Lernfeld 7

Die Lagerhaltung birgt für den Einzelhändler bestimmte Risiken.

Welchen Lagerrisiken können Lagerbestände ausgesetzt sein?

Antwort 7.9

Die Lagerrisiken des Einzelhändlers liegen vor allem in zu hohen Lagerbeständen.

Lagerrisiken bei zu hohen Lagerbeständen:

- Schwund infolge von Verderb, Ablauf des Verfallsdatums der Ware
- Beschädigung der Ware
- Diebstahl
- Ware läuft Gefahr, durch technischen Fortschritt zu veralten *(z.B. bei PCs)*
- Wertverlust der Warenbestände durch Änderungen im Absatzbereich *(z.B. Änderung des Kundengeschmacks oder Modewandel)*
- Preisschwankungen beim Wareneinkauf
- Brand, Diebstahl, Wasserschäden *(versicherbar)*

Oft vergessen, aber auch nicht zu verleugnen: Auch zu niedrige Lagerbestände stellen für den Einzelhändler ein Lagerrisiko dar.

Lagerrisiken bei zu niedrigen Lagerbeständen:

- Eigene Lieferfähigkeit ist gefährdet
- Nachfrage der Kunden kann evtl. nicht befriedigt werden *(dadurch Umsatz- und ggf. Kundenverluste)*

Frage 7.10

Warenwirtschaft und Kalkulation

Lernfeld 7

Die Lagerung von Waren verursacht Kosten für den Einzelhändler.

Nennen Sie 5 Kosten, die im Rahmen der Lagerhaltung anfallen können.

Antwort 7.10

- Miete für die Lagerräume
- Strom, Heizung der Lagerräume
- Zinsverluste für das in den Lagerbeständen gebundene Kapital. *Warum? Die Ware, die eingekauft und auf Lager genommen wurde, musste gekauft und bezahlt werden. Wäre diese Ware nicht gekauft worden, hätte der Einzelhändler das Geld stattdessen auf seinem Bankkonto zur Verfügung und würde von seiner Bank Zinsen bekommen.*
- Löhne und Gehälter der Lagermitarbeiter
- Versicherungsprämien für die Versicherung der Lagerbestände
- Ausstattung der Lagerräume (z.B. EDV-Ausstattung)

Frage 7.11

Warenwirtschaft und Kalkulation

Lernfeld 7

In Ihrer schriftlichen Prüfung werden Ihnen verschiedene Schilder gezeigt.

Es gibt ja diverse Warnzeichen.

a) Woran erkennen Sie ganz allgemein relativ schnell ein Warnzeichen?

b) Wie sieht das sog. „Allgemeine Warnzeichen" aus?

c) Wozu dienen Warnzeichen?

Antwort 7.11

a) **Bitte unbedingt merken:** Die meisten Warnzeichen sind <u>dreieckig, gelb und mit schwarzem Rand</u>, so dass Sie sie in einer Prüfungsaufgabe recht einfach erkennen können. Die Symbole in der Mitte sind dann unterschiedlich.

b)

c) Warnzeichen dienen der Kennzeichnung von Hindernissen und Gefahrstellen, an denen eine Gefährdung besteht. Es gibt verschiedene Zeichen, z.B. für Anstoß-, Quetsch-, Sturz-, Stolpergefahren oder aber die Gefahr des Herabfallens von Lasten.

Frage 7.12

Warenwirtschaft und Kalkulation

Lernfeld 7

In Ihrer schriftlichen Prüfung werden Ihnen verschiedene Schilder gezeigt.

Es gibt ja diverse Verbotszeichen.

a) Woran erkennen Sie ganz allgemein relativ schnell ein Verbotszeichen?

b) Wie sieht das sog. „Allgemeine Verbotszeichen" aus?

c) Wozu dienen Verbotszeichen?

Antwort 7.12

a) **Bitte unbedingt merken:** Die meisten Verbotszeichen sind rund, weiß, mit rotem Querbalken und rotem Rand, so dass Sie sie in einer Prüfungsaufgabe recht einfach erkennen können. Die Symbole in der Mitte sind dann unterschiedlich.

b)

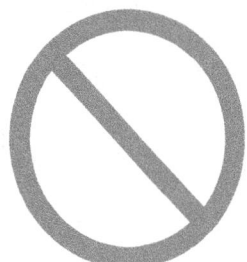

c) Verbotszeichen weisen auf ein Verbot hin. Sie gehören zu den Sicherheitskennzeichen und werden verwendet, um ein Verhalten zu verhindern, das eine Gefahr auslösen könnte (z.B. Rauchen verboten) oder um auf rechtliche Verbote hinzuweisen. Es gibt verschiedene Zeichen, die durch unterschiedliche schwarze Symbole in der Mitte variieren.

Frage 7.13

Warenwirtschaft und Kalkulation

Lernfeld 7

In Ihrer schriftlichen Prüfung werden Ihnen verschiedene Schilder gezeigt.

Es gibt ja diverse Rettungszeichen.

a) Woran erkennen Sie ganz allgemein ein Rettungszeichen?

b) Wie sieht das sog. Rettungszeichen für „Erste Hilfe" aus?

Antwort 7.13

a) **Bitte unbedingt merken:** Diese Symbole sind normalerweise weiß und befinden sich auf einem rechteckigen Schild mit grünem Hintergrund und weißem Rand.

b)

Frage 7.14

Warenwirtschaft und Kalkulation

Lernfeld 7

In Ihrer schriftlichen Prüfung werden Ihnen verschiedene Schilder gezeigt.

Es gibt ja diverse Gebotszeichen.

a) Woran erkennen Sie ganz allgemein ein Gebotszeichen?

b) Wie sieht das sog. „Allgemeine Gebotszeichen" aus?

Antwort 7.14

a) **Bitte unbedingt merken:** Diese Symbole sind normalerweise weiß und befinden sich auf einem runden Schild mit blauem Hintergrund und weißem Rand.

b)

Frage 7.15

Warenwirtschaft und Kalkulation

Lernfeld 7

Sie üben in einem Baumarkt Ihren Traumjob als Verkäufer aus. Eines Tages bemerken Sie, dass Ihr Lieferant eine Palette mit Blumenerde vor einer Tür abstellt. Diese Tür ist als Fluchtweg gekennzeichnet.

Was müssen Sie sofort veranlassen? Begründen Sie kurz Ihre Antwort.

Antwort 7.15

Sie müssen die Palette mit der Blumenerde sofort entfernen.

Begründung: Ihr Lieferant hat einen Fluchtweg zugestellt. Es ist nicht nur die Aufgabe des Sicherheitsbeauftragten, sondern die Aufgabe aller Mitarbeiter/-innen, darauf zu achten, dass Fluchtwege und Fluchttüren unverstellt bleiben, da sie im Brandfall Leben retten können.

Frage 7.16

Warenwirtschaft und Kalkulation

Lernfeld 7

Was ist Voraussetzung für die richtige und angemessene Behandlung von Waren?

Bitte nennen Sie auch 3 geeignete Maßnahmen zur Warenpflege.

Antwort 7.16

Gute Warenkenntnisse sind die unabdingbare Voraussetzung für den richtigen Umgang mit Waren.

Die Maßnahmen zur Warenpflege hängen von der Art der Waren ab. Beispielsweise müssen

- verdorbene Waren aussortiert werden,
- empfindliche Waren regelmäßig kontrolliert werden,
- Pflanzen regelmäßig gegossen und evtl. besprüht werden.

Frage 7.17

Warenwirtschaft und Kalkulation

Lernfeld 7

Worauf müssen Sie beim Einräumen neuer Ware in das Regal unbedingt achten?

Was bedeuten in diesem Zusammenhang die Ausdrücke „Warenwälzung" und „FIFO"?

Antwort 7.17

Die neue Ware wird hinter der bereits vorhandenen Ware eingeräumt.

„Warenwälzung" bedeutet, dass die Ware mit einem früheren Ablaufdatum in den Regalen vor frischere Produkte vorgezogen wird, damit sie früher verkauft werden kann.

Beim „FIFO"-Verfahren handelt es sich um ein Verbrauchsfolgeverfahren. Getreu dem Motto „First In First Out" wird angenommen, dass immer die ältesten Bestände zuerst veräußert werden. *Dieser Begriff ist dem Bereich Buchhaltung bzw. Bilanzierung/Bewertung zuzuordnen.*

Frage 7.18

Warenwirtschaft und Kalkulation

Lernfeld 7

Nennen Sie 4 Aufgaben, die die Lagerhaltung *(insbesondere für Handelsunternehmen)* erfüllt.

Antwort 7.18

- Sicherung der Verkaufsbereitschaft auch bei bspw. Lieferstörungen
- Ausnutzung von Preis- und Kostenvorteilen
- Umformung (bedarfsgerechte Verkaufsmengen bzw. -verpackungen)
- Veredlung (Reifezeit bei Lebensmitteln, z.B. Alkohol)

Frage 7.19

Warenwirtschaft und Kalkulation

Lernfeld 7

Erklären Sie kurz den Unterschied zwischen „zentraler Lagerung" und „dezentraler Lagerung".

Nennen Sie jeweils 4 Vorteile der zentralen und dezentralen Lagerung.

Antwort 7.19

Zentrale Lagerung	Dezentrale Lagerung
Alle Waren werden an einem betriebszentral gelegenen Ort untergebracht	*Der gesamte Warenbestand wird auf mehrere Lager verteilt, z.B. aufgrund unterschiedlicher Beschaffenheit von Waren*
Kontrolle und Verwaltung über den gesamten Lagerbestand ist einfacher als bei dezentraler Lagerung	Kürzere Transportwege bei Warenein- und -auslagerung
Geringere Lagermengen, da Mindestbestand nur einmal vorhanden ist	Ggf. größere räumliche Nähe zu den Verkaufsstellen
Ggf. geringere Raumkosten durch bessere Nutzung des Lagerraums	Einsatz von besonders ausgebildetem Fachpersonal je Materialart
Gute Übersicht über alle Lagergüter	Ggf. schnellere Warenausgabe

Frage 7.20

Warenwirtschaft und Kalkulation

auch: Geschäftsprozesse im Einzelhandel

Lernfeld 7

In Ihrem Schuhfachgeschäft „Gehschnell-Laufleicht" liegen die folgenden Inventurwerte vor:

Anfangsbestand: 60.000,00 Euro, Wareneinsatz bzw. Warenverbrauch: 198.000,00 Euro, Summe der zwölf Monatsendbestände: 200.000,00 Euro.

a) Bitte ermitteln Sie den durchschnittlichen Lagerbestand.

b) Was gibt der durchschnittliche Lagerbestand an? Nennen Sie auch kurz die beiden Formeln zum Berechnen des durchschnittlichen Lagerbestandes.

c) Bitte ermitteln Sie die Umschlagshäufigkeit.

d) Was besagt die Umschlagshäufigkeit?

e) Bitte ermitteln Sie die durchschnittliche Lagerdauer.

f) Was versteht man unter der durchschnittlichen Lagerdauer?

Antwort 7.20

a) Der **durchschnittliche Lagerbestand** wird in diesem Fall durch die folgende Formel ermittelt:

$$\frac{\text{Jahresanfangsbestand} + \text{zwölf Monatsendbestände}}{13}$$

Wir setzen in die obige Formel ein:

$$\frac{60.000{,}00 + 200.000{,}00}{13}$$

Das Ergebnis beträgt 20.000,00 Euro.

b) Der **durchschnittliche Lagerbestand** gibt an, wie hoch der Bestand an Vorräten durchschnittlich im Laufe eines Geschäftsjahres war.

Er kann über die folgenden beiden Formeln errechnet werden, die Sie in Ihrer Prüfung auswendig können sollten:

$$\frac{\text{Jahresanfangsbestand} + \text{zwölf Monatsendbestände}}{13}$$

oder *(je nach Angaben in der Aufgabenstellung)*

$$\frac{\text{Jahresanfangsbestand} + \text{Jahresendbestand}}{2}$$

Fortsetzung: Frage 7.20

Warenwirtschaft und Kalkulation

auch: **Geschäftsprozesse im Einzelhandel**

Lernfeld 7

In Ihrem Schuhfachgeschäft „Gehschnell-Laufleicht" liegen die folgenden Inventurwerte vor:

Anfangsbestand: 60.000,00 Euro, Wareneinsatz bzw. Warenverbrauch: 198.000,00 Euro, Summe der zwölf Monatsendbestände: 200.000,00 Euro.

a) Bitte ermitteln Sie den durchschnittlichen Lagerbestand.

b) Was gibt der durchschnittliche Lagerbestand an? Nennen Sie auch kurz die beiden Formeln zum Berechnen des durchschnittlichen Lagerbestandes.

c) Bitte ermitteln Sie die Umschlagshäufigkeit.

d) Was besagt die Umschlagshäufigkeit?

e) Bitte ermitteln Sie die durchschnittliche Lagerdauer.

f) Was versteht man unter der durchschnittlichen Lagerdauer?

Fortsetzung: Antwort 7.20 (ab c)

c) Die **Umschlagshäufigkeit** wird in diesem Fall durch die folgende Formel ermittelt:

$$\frac{\text{Jahreswareneinsatz (zu Einstandspreisen)}}{\text{Durchschnittlicher Lagerbestand}}$$

Wir setzen in die obige Formel ein:

$$\frac{198.000,00}{20.000,00}$$

Das Ergebnis beträgt 9,9.

d) Die **Umschlagshäufigkeit** gibt an, wie oft in einem Jahr der durchschnittliche Lagerbestand verkauft wurde.

Jedes Handelsunternehmen ist bemüht, eine hohe Lagerumschlagshäufigkeit und somit eine möglichst geringe durchschnittliche Lagerdauer zu erreichen.

Sie kann über die folgenden beiden Formeln errechnet werden, die Sie in Ihrer Prüfung auswendig können sollten:

$$\frac{\text{Jahreswareneinsatz (zu Einstandspreisen)}}{\text{Durchschnittlicher Lagerbestand}}$$

oder *(je nach Angaben in der Aufgabenstellung)*

$$\frac{\text{Jahresabsatz (Stück, kg, m)}}{\text{Durchschnittlicher Lagerbestand}}$$

Fortsetzung: Frage 7.20

Warenwirtschaft und Kalkulation

auch: Geschäftsprozesse im Einzelhandel

Lernfeld 7

In Ihrem Schuhfachgeschäft „Gehschnell-Laufleicht" liegen die folgenden Inventurwerte vor:

Anfangsbestand: 60.000,00 Euro, Wareneinsatz bzw. Warenverbrauch: 198.000,00 Euro, Summe der zwölf Monatsendbestände: 200.000,00 Euro.

a) Bitte ermitteln Sie den durchschnittlichen Lagerbestand.

b) Was gibt der durchschnittliche Lagerbestand an? Nennen Sie auch kurz die beiden Formeln zur Berechnung.

c) Bitte ermitteln Sie die Umschlagshäufigkeit.

d) Was besagt die Umschlagshäufigkeit?

e) Bitte ermitteln Sie die durchschnittliche Lagerdauer.

f) Was versteht man unter der durchschnittlichen Lagerdauer?

Fortsetzung: Antwort 7.20 (ab e)

e) Die **durchschnittliche Lagerdauer** wird in diesem Fall durch die folgende Formel ermittelt:

$$\frac{360 \text{ Tage}}{\text{Umschlagshäufigkeit}}$$

Wir setzen in die obige Formel ein:

$$\frac{360 \text{ Tage}}{9,9}$$

Das Ergebnis beträgt 36,36 Tage.

f) Die **durchschnittliche Lagerdauer** gibt an, wie viele Tage eine Ware im Durchschnitt gelagert wird, bis sie verkauft wird.

Frage 7.21

Warenwirtschaft und Kalkulation

auch: **Geschäftsprozesse im Einzelhandel**

Lernfeld 7

Bitte erklären Sie kurz die Begriffe Umsatz, Absatz und Wareneinsatz.

Antwort 7.21

Umsatz *(oder Umsatzerlöse)* ist der Wert der verkauften Waren zum Verkaufspreis (ohne Umsatzsteuer).

Absatz ist die Anzahl bzw. Menge der verkauften Waren.

Wareneinsatz ist der Wert der verkauften Waren zum Einstandspreis bzw. Bezugspreis.

Frage 7.22

Geschäftsprozesse im Einzelhandel

Lernfeld 7

Ihnen liegen die folgenden Lagerkennzahlen vor, die Sie auswerten sollen:

	Produkt A	Produkt B
Umsatz	1.000 Stück	?
Umschlagshäufigkeit	25	20
Jahresanfangsbestand	113	125
Jahresendbestand	?	75

a) Wie hoch sind die jeweiligen durchschnittlichen Lagebestände?

b) Wie hoch ist die durchschnittliche Lagerdauer von Produkt A?

Antwort 7.22

a) Formel zur Berechnung des durchschnittlichen Lagerbestandes bei Produkt A:

$$\frac{\text{Umsatz}}{\text{Umschlagshäufigkeit}}$$

$$\frac{1.000}{25}$$

= 40 Stück

Formel bei Produkt B:

$$\frac{\text{Jahresanfangsbestand} + \text{Jahresendbestand}}{2}$$

$$\frac{125 + 75}{20}$$

= 10 Stück

b) Formel zur Berechnung der durchschnittlichen Lagerdauer bei Produkt A:

$$\frac{360}{\text{Lagerumschlagshäufigkeit}}$$

$$\frac{360}{40}$$

= 9 Tage

Lernfeld 8, Frage 8.1

Geschäftsprozesse im Einzelhandel

auch: Warenwirtschaft und Kalkulation

auch Lernfeld 7

a) Erklären Sie kurz die Begriffe „Inventur" und „Inventar".

b) Erläutern Sie die beiden Inventurverfahren.

c) Nennen und erklären Sie 3 Inventurarten.

Antwort 8.1

a) Bei der **Inventur** handelt es sich um die art-, mengen- und wertmäßige Bestandsaufnahme aller Vermögensgegenstände und Schulden eines Unternehmens zu einem bestimmten Stichtag **(zum Ende des Geschäftsjahres)**.

Die Inventur ist im **Handelsgesetzbuch (HGB)** geregelt.

Die Inventur ist also eine **Tätigkeit**.

Das Ergebnis der Inventur ist eine Aufstellung bzw. Liste, **Inventar** genannt. Es handelt sich um ein **Bestandsverzeichnis** in Staffelform, das alle Vermögensteile und Schulden nach Art, Menge und Wert aufführt.

b) Die **körperliche Inventur ist die mengenmäßige Bestandsaufnahme** aller körperlichen Gegenstände. Sie erfolgt durch Messen, Wiegen, Zählen und ggf. Schätzen **mit anschließender Bewertung**.

Neben die körperliche Inventur tritt die **Buchinventur** für die Vermögenswerte und Schulden, die nicht gezählt werden können, z.B. Bankguthaben, Verbindlichkeiten bei Lieferanten etc. Es handelt sich um eine **wertmäßige Bestandsaufnahme** aufgrund von Belegen und Aufzeichnungen. Diese Werte sind bereits in den Büchern zu finden und werden bspw. anhand von Kontoauszügen, Saldenbestätigungen etc. abgestimmt.

Fortsetzung: Frage 8.1

Geschäftsprozesse im Einzelhandel

Warenwirtschaft und Kalkulation

Lernfeld 8, *auch Lernfeld 7*

a) Erklären Sie kurz die Begriffe „Inventur" und „Inventar".

b) Erläutern Sie die beiden Inventurverfahren.

c) Nennen und erklären Sie 3 Inventurarten.

Fortsetzung: Antwort 8.1 c)

c) Die **Stichtagsinventur** kann innerhalb von 10 Tagen vor oder nach dem Abschlussstichtag durchgeführt werden. Bestandsveränderungen zwischen dem Tag der Bestandserfassung und dem Bilanzstichtag werden fortgeschrieben bzw. zurückgerechnet.

Die **zeitlich verlegte Inventur** kann innerhalb der letzten 3 Monate vor oder innerhalb der ersten 2 Monate nach dem Abschlussstichtag durchgeführt werden. In diesem Fall sind die Bestände wertmäßig auf den Stichtag zu fortzuschreiben bzw. zurückzurechnen.

Die **permanente Inventur** erfolgt fortlaufend durch Eintragung in Bestandsdateien, Lagerbuchführung bzw. Lager- sowie Anlagekarteien. Voraussetzung ist, dass alle Zu- und Abgänge erfasst werden. Hier ist einmal jährlich eine körperliche Bestandsaufnahme durchzuführen, bei der die Istbestände mit den Sollbeständen verglichen werden.

Frage 8.2

Warenwirtschaft und Kalkulation

auch: Geschäftsprozesse im Einzelhandel

Lernfeld 8

Das Geschäftsjahr des Modehauses „Molly Moden GmbH" endet am 31.12.

Innerhalb welcher Zeiträume kann der Geschäftsführer, Herr Martin Mollig, die körperliche Bestandsaufnahme (Inventur) durchführen, wenn

- eine Stichtagsinventur
- eine zeitlich verlegte Inventur
- eine permanente Inventur

stattfinden soll?

Antwort 8.2

Das Modehaus muss durchführen:

- Die Stichtagsinventur 10 Tage vor oder 10 Tage nach dem 31.12.
- Falls stattdessen eine zeitlich verlegte Inventur durchgeführt werden soll: 3 Monate vor oder 2 Monate nach dem 31.12.
- Wird eine permanente Inventur durchgeführt: Einmal im Laufe des Wirtschaftsjahres eine körperliche Bestandsaufnahme.

Frage 8.3

Warenwirtschaft und Kalkulation

Lernfeld 8

Ihnen liegt die folgende Bilanz zum 31.12.2015 vor, die irgendwie durcheinandergeraten ist (alle Angaben in Euro):

- Darlehen 19.000
- Bankguthaben 7.000
- Warenbestand 15.000
- Anlagevermögen ?
- Eigenkapital 60.000
- Gebäude 50.000
- Verbindlichkeiten a.LL. 5.000
- Umlaufvermögen ?
- Fremdkapital ?
- Fuhrpark 12.000
- Summe Aktiva ?
- Summe Passiva ?

a) Erstellen Sie aus dem obigen Durcheinander eine ordnungsgemäße Bilanz in Form eines „T-Kontos".
b) Wieviel Prozent beträgt der Anteil des Umlaufvermögens an der Bilanzsumme?
c) Wieviel Prozent beträgt der Anteil des Eigenkapitals am Gesamtkapital?
d) Wieviel Prozent beträgt der Anteil des Warenbestandes am Umlaufvermögen?

Die Ergebnisse zu b) bis d) sind auf 2 Stellen nach dem Komma zu runden.

Antwort 8.3

a) Die Bilanz könnte wie folgt aussehen:

Aktiva	Bilanz zum 31.12.2015		Passiva
I. Anlagevermögen		**I. Eigenkapital**	60.000
1. Gebäude	50.000		
2. Fuhrpark	12.000		
	62.000		
II. Umlaufvermögen		**II. Fremdkapital**	
1. Waren	15.000	1. Darlehen	19.000
2. Bank	7.000	2. Verb. a.LL.	5.000
	22.000		**24.000**
Summe Aktiva	**84.000**	**Summe Passiva**	**84.000**

Die Summe des Anlagevermögens beträgt somit 62.000 Euro, die Summe des Umlaufvermögens beträgt 22.000 Euro. Das Fremdkapital beträgt 24.000 Euro. Die Bilanzsumme ist 84.000 Euro.

b) Die nachfolgenden Berechnungen können entweder unter Anwendung des Dreisatzes oder der Prozentrechnung erfolgen. Ich führe die Berechnungen anhand der Prozentformel vor, was aber kein „Muss" ist. Gesucht wird der **Prozentsatz**. *Der Prozentsatz ist die Zahl, die vor dem Prozentzeichen steht.* Ich errechne ihn über die folgende Formel:

$$\frac{\text{Prozentwert} \cdot 100}{\text{Grundwert}}$$

Fortsetzung: Frage 8.3

Warenwirtschaft und Kalkulation

Lernfeld 8

Ihnen liegt die folgende Bilanz zum 31.12.2015 vor, die irgendwie durcheinandergeraten ist (alle Angaben in Euro):

- Darlehen 19.000
- Bankguthaben 7.000
- Warenbestand 15.000
- Anlagevermögen ?
- Eigenkapital 60.000
- Gebäude 50.000
- Verbindlichkeiten a.LL. 5.000
- Umlaufvermögen ?
- Fremdkapital ?
- Fuhrpark 12.000
- Summe Aktiva ?
- Summe Passiva ?

a) Erstellen Sie aus dem obigen Durcheinander eine ordnungsgemäße Bilanz in Form eines „T-Kontos".
b) Wieviel Prozent beträgt der Anteil des Umlaufvermögens an der Bilanzsumme?
c) Wieviel Prozent beträgt der Anteil des Eigenkapitals am Gesamtkapital?
d) Wieviel Prozent beträgt der Anteil des Warenbestandes am Umlaufvermögen?

Die Ergebnisse zu b) bis d) sind auf 2 Stellen nach dem Komma zu runden.

Fortsetzung: Antwort 8.3 b)

Das Umlaufvermögen stellt hier den „**Prozentwert**" *(den Teil des „Ganzen")* dar, der mit der „Bilanzsumme" als **Grundwert** *(also der Grundgesamtheit, dem „Ganzen")* verglichen wird. Wir setzen in die obige Formel ein:

$$\frac{22.000,00 \cdot 100}{84.000,00}$$

Das Ergebnis – also der Prozentsatz – lautet 26,19%!

c) Hier ist zunächst zu überlegen, was eigentlich das Gesamtkapital ist. Es gilt:

Gesamtkapital = Eigenkapital + Fremdkapital

Das Gesamtkapital beträgt also 84.000 Euro. Gesucht wird nun der **Prozentsatz**, den ich über die folgende Formel errechne: Das Eigenkapital stellt hier den „Prozentwert" dar, der mit dem Grundwert „Gesamtkapital" verglichen wird. Wir setzen erneut in die obige Formel ein:

$$\frac{60.000,00 \cdot 100}{84.000,00}$$

Der Prozentsatz lautet 71,43%!

d) Auch hier wird die obige Formel verwendet, die dann zum Ergebnis von 68,18% führt...

$$\frac{15.000,00 \cdot 100}{22.000,00}$$

Frage 8.4

Warenwirtschaft und Kalkulation

Lernfeld 8

Bitte sehen Sie sich einmal das folgende Schaubild an, das Sie für Ihren Chef auswerten sollen.

Ihr Schuhfachgeschäft, die „Tolle Treter GmbH", hat im Geschäftsjahr 2015 die folgenden Aufwendungen verzeichnet (Auszug aus der Gewinn- und Verlustrechnung, auch „GuV").

Alle Aufwendungen in TEUR, d.h. 700 bedeutet 700.000,00 Euro.

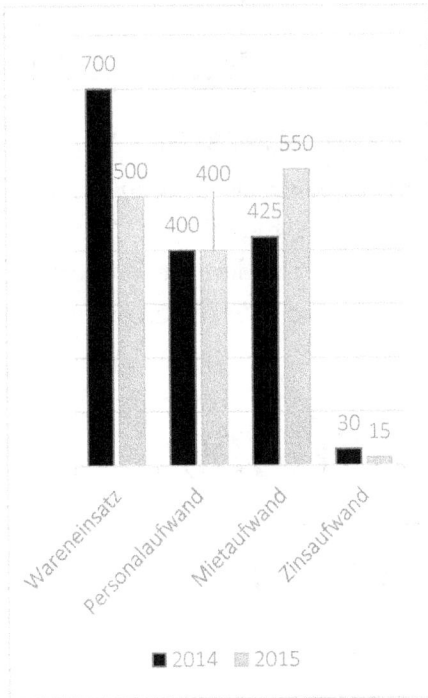

a) Wie hoch war der Gesamtaufwand 2015?

b) Wie viel Prozent macht der Mietaufwand am Gesamtaufwand 2015 aus?

c) Welche Aufwandspositionen sind im Vergleich zum Geschäftsjahr 2014 gestiegen?

Antwort 8.4

Solche Aufgaben müssen! Sie lösen können, da Diagramme in den Prüfungen auftauchen.

a) Der Gesamtaufwand 2015 errechnet sich durch Addition („Zusammenzählen") der hellen Balken:

500 + 400 + 550 + 15 = 1.465 TEUR oder 1.465.000,00 Euro (da ja alle Aufwendungen in TEUR angegeben waren).

b) Gesucht wird der **Prozentsatz**. *Der Prozentsatz ist die Zahl, die vor dem Prozentzeichen steht.* Formel: Prozentsatz =

$$\frac{\text{Prozentwert} \cdot 100}{\text{Grundwert}}$$

Der Mietaufwand stellt den **„Prozentwert"** *(den Teil des „Ganzen")* dar, der mit dem *„ganzen"* **Aufwand**, also den 1.465 TEUR als **Grundwert** verglichen wird. Eingesetzt:

$$\frac{550 \cdot 100}{1.465}$$

Das Ergebnis (der Prozentsatz) lautet 37,54%.

c) Die hellen Balken stehen für das Jahr 2015, die dunklen für das Jahr 2014. Sie vergleichen also für jede der 4 Positionen, welcher helle Balken höher als der entsprechende dunkle Balken ist.

Beim Wareneinsatz ist der Balken niedriger, beim Personalaufwand gleich hoch und beim Zinsaufwand niedriger. **Nur der Mietaufwand ist mit 550 TEUR 2015 höher als im Jahr 2014 (425 TEUR). Lösung: Mietaufwand ist gestiegen!**

Frage 8.5

Warenwirtschaft und Kalkulation

Lernfeld 8

Bitte erklären Sie kurz den Unterschied zwischen Fremdbelegen und Eigenbelegen.

Geben Sie jeweils 3 Beispiele.

Antwort 8.5

Nach der Herkunft unterscheidet man zwischen Fremdbelegen und Eigenbelegen.

Fremdbelege werden von Außerhalb in das Unternehmen getragen.

Bsp.: Rechnungen eines Lieferanten, Kontoauszüge der Bank, Steuerbescheide

Eigenbelege werden vom Unternehmen selbst erstellt.

Bsp.: Durchschläge von Ausgangsrechnungen, Kopien von Quittungen, Entnahmebelege in der Materialwirtschaft, Lohn- und Gehaltslisten

Frage 8.6

Geschäftsprozesse im Einzelhandel

Lernfeld 8

a) Bitte erklären Sie kurz den Begriff „GWG". Welche Voraussetzungen müssen vorliegen, damit ein GWG vorliegt?

b) Nennen Sie 3 Beispiele für GWG im Handel.

c) Welche gravierende Gesetzesänderung trat zum 1. Januar 2018 bezüglich der GWG ein?

Antwort 8.6

a) Ein „Geringwertiges Wirtschaftsgut" („GWG") ist im Einkommensteuerrecht gemäß § 6 Abs. 2 EStG ein <u>selbständig nutzbarer</u>, <u>beweglicher</u> und <u>abnutzbarer Gegenstand des Anlagevermögens</u>, der bestimmte Anschaffungskosten nicht überschreitet. *Nicht zu den GWG zählen Gegenstände, die nur mit anderen Wirtschaftsgütern zusammen genutzt werden können. Darunter fällt z. B. ein Monitor, der ohne Computer nicht selbstständig nutzbar ist.*

b) Schreibtischlampe Ihres Chefs, Bürocontainer, Frankiermaschine, Stehtisch

c) Die Betragsgrenzen wurden zum 1. Januar 2018 erhöht: GWG mit Netto-Anschaffungskosten über 250 Euro bis 800 Euro netto dürfen im Jahr ihrer Anschaffung in voller Höhe abgeschrieben werden (Sofortabschreibung).

<u>Alternative:</u> GWG mit Netto-Anschaffungskosten über 250 Euro bis 1.000 Euro dürfen im Jahr ihrer Anschaffung zu einem GWG-Sammelposten (Pool) zusammengefasst werden.

Frage 8.7

Geschäftsprozesse im Einzelhandel

Lernfeld 8

a) Erstellen Sie eine Bilanz mit den folgenden Angaben:

Fremdkapital, Vorräte an Waren, Verbindlichkeiten aLL, Eigenkapital, Büroeinrichtung, Umlaufvermögen, Anlagevermögen, Gebäude, Darlehen, Bank, Forderungen aLL

b) Nach welchem Kriterium wird die Aktiv-Seite der Bilanz sortiert, nach welchem Kriterium die Passiv-Seite?

c) Was zeigt die Aktiv-Seite der Bilanz dem fachkundigen Leser, was zeigt die Passiv-Seite?

d) Was fällt unter das Anlagevermögen, was unter das Umlaufvermögen?

Antwort 8.7

a) Die Bilanz sieht wie folgt aus:

Aktiva	Bilanz zum 31.12.20XX	Passiva
I. Anlagevermögen		**I. Eigenkapital**
1. Gebäude		
2. Büroeinrichtung		
II. Umlaufvermögen		**II. Fremdkapital**
1. Vorräte an Waren		1. Darlehen
2. Forderungen aLL		2. Verb. aLL
3. Bank		
Summe Aktiva		**Summe Passiva**

b) Die <u>Sortierung</u> *(bzw. fachlicher:)* <u>Gliederung der Aktivseite</u> der Bilanz erfolgt nach der **Liquidierbarkeit** der Vermögensgegenstände, also wie schnell etwas wieder zu Geld gemacht werden kann. Dabei stehen die Gebäude ganz oben, da es am längsten dauern dürfte, sie zu „Cash" zu machen. Die <u>Gliederung der Passivseite</u> erfolgt nach **Fälligkeit** des zur Verfügung gestellten Kapitals. Da davon ausgegangen wird, dass das Eigenkapital erst bei Auflösung des Unternehmens fällig ist, wird es ganz oben aufgeführt. Verbindlichkeiten aus Lieferungen und Leistungen stehen in unserem Beispiel ganz unten, da sie am schnellsten zu bezahlen sind.

c) Die Aktiv-Seite zeigt, wie das Geld angelegt ist *(Mittelverwendung)*, die Passiv-Seite, woher das Geld kommt *(Mittelherkunft)*.

d) Zum **Anlagevermögen** gehören alle Wirtschaftsgüter, die längerfristig im Unternehmen bleiben, bspw. die Geschäftsausstattung.

Zum **Umlaufvermögen** zählen die Wirtschaftsgüter, die nur kurz im Unternehmen bleiben, z.B. Waren, die ja schnell verkauft werden sollen.

Frage 8.8

Geschäftsprozesse im Einzelhandel

Lernfeld 8

Bitte buchen Sie die folgenden Geschäftsvorfälle.

Hinweis: Bei dieser Aufgabe buchen Sie bitte ohne Vorsteuer und Umsatzsteuer. Wir wollen „Verzweifelten" hier nur die Buchungssystematik beibringen.

a) Unser Einzelhändler kauft bei der Firma Buchdruck GmbH ein Multifunktionsgerät und erhält eine Rechnung über 2.000,00 Euro. Er bezahlt gleich bar.

b) Unser Einzelhändler kauft sich ein neues Firmenfahrzeug. Er erhält eine Rechnung vom Autohaus über 25.000,00 Euro.

c) Unser Einzelhändler nimmt 5.000,00 Euro aus der Ladenkasse, schleppt sie zur Bank und tilgt damit eines seiner Darlehen.

Antwort 8.8

Sie haben keine Ahnung, wie diese Buchungssätze zustande kommen und morgen ist bereits Prüfung? Dann merken Sie sich bitte unbedingt die folgenden „Eselsbrücken" – vielleicht ist es die letzte Rettung…

Nachfolgend eine kleine Denkhilfe für Sie:

Aktiva	Bilanz zum 31.12.20XX	Passiva
I. Anlagevermögen		**I. Eigenkapital**
1. Büroeinrichtung		
2. PKW		
II. Umlaufvermögen		**II. Fremdkapital**
1. Bank		1. Darlehen
2. Kasse		2. Verb. aLL
Summe Aktiva		**Summe Passiva**

a) Bei a) benötigen Sie die beiden Aktivkonten „Büroeinrichtung" und „Kasse". Aktivkonten wachsen auf der linken Seite und werden auf der rechten Seite weniger. Auswendig lernen!

Aktiva	Bilanz zum 31.12.20XX	Passiva

Aktivkonto Büroeinrichtung

+	−

Aktivkonto Kasse

+	−

Fortsetzung: Frage 8.8

Geschäftsprozesse im Einzelhandel

Lernfeld 8

Bitte buchen Sie die folgenden Geschäftsvorfälle.

Hinweis: Bei dieser Aufgabe buchen Sie bitte ohne Vorsteuer und Umsatzsteuer. Wir wollen „Verzweifelten" hier nur die Buchungssystematik beibringen.

a) Unser Einzelhändler kauft bei der Firma Buchdruck GmbH ein Multifunktionsgerät und erhält eine Rechnung über 2.000,00 Euro. Er bezahlt gleich bar.

b) Unser Einzelhändler kauft sich ein neues Firmenfahrzeug. Er erhält eine Rechnung vom Autohaus über 25.000,00 Euro.

c) Unser Einzelhändler nimmt 5.000,00 Euro aus der Ladenkasse, schleppt sie zur Bank und tilgt damit eines seiner Darlehen.

Fortsetzung: Antwort 8.8 a)

a) Bei a) kommt ein Multifunktionsgerät dazu, die Büroeinrichtung wird also mehr. Da unser Händler sie in „Cash" bezahlen muss, wird seine Kasse weniger.

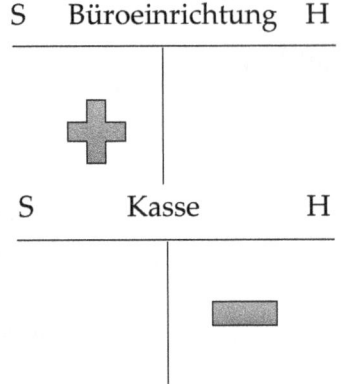

Der Buchungssatz lautet ja immer (das ist ein „Gesetz"):

Sollseite   an   Habenseite

Also:

Büroeinrichtung 2.000   an   Kasse 2.000

b) *Bei b) benötigen Sie das Aktivkonto „PKW" und das Passivkonto „Verbindlichkeiten aLL". Aktivkonten wachsen auf der linken Seite und werden auf der rechten Seite weniger. Passivkonten wachsen auf der rechten Seite und werden auf der linken weniger. Auswendig lernen!*

Fortsetzung: Frage 8.8

Geschäftsprozesse im Einzelhandel

Lernfeld 8

Bitte buchen Sie die folgenden Geschäftsvorfälle.

Hinweis: Bei dieser Aufgabe buchen Sie bitte ohne Vorsteuer und Umsatzsteuer. Wir wollen „Verzweifelten" hier nur die Buchungssystematik beibringen.

a) Unser Einzelhändler kauft bei der Firma Buchdruck GmbH ein Multifunktionsgerät und erhält eine Rechnung über 2.000,00 Euro. Er bezahlt gleich bar.

b) Unser Einzelhändler kauft sich ein neues Firmenfahrzeug. Er erhält eine Rechnung vom Autohaus über 25.000,00 Euro.

c) Unser Einzelhändler nimmt 5.000,00 Euro aus der Ladenkasse, schleppt sie zur Bank und tilgt damit eines seiner Darlehen.

Fortsetzung: Antwort 8.8 b)

Bei b) kommt ein Auto dazu, das Konto PKW wird also mehr. Da unser Händler das Auto auf Rechnung kauft, erhöhen sich auch die Verbindlichkeiten aus Lieferungen und Leistungen. Die Vbdlk. aLL werden auf der rechten Seite mehr.

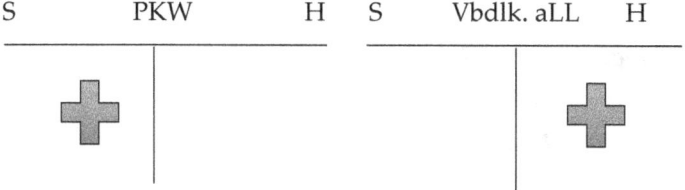

Der Buchungssatz lautet ja immer (das ist ein „Gesetz"):

Sollseite an Habenseite

Also:

PKW 25.000 an Vbdlk. aLL 25.000

c) Bei c) benötigen Sie das Aktivkonto „Kasse" und das Passivkonto „Darlehn". *Aktivkonten wachsen auf der linken Seite und werden auf der rechten Seite weniger. Passivkonten wachsen auf der rechten Seite und werden auf der linken weniger. Auswendig lernen!*

Aktiva   Bilanz zum 31.12.20XX   **Passiva**

Aktivkonto Kasse   Passivkonto Darlehen

Fortsetzung: Frage 8.8

Geschäftsprozesse im Einzelhandel

Lernfeld 8

Bitte buchen Sie die folgenden Geschäftsvorfälle.

Hinweis: Bei dieser Aufgabe buchen Sie bitte ohne Vorsteuer und Umsatzsteuer. Wir wollen „Verzweifelten" hier nur die Buchungssystematik beibringen.

a) Unser Einzelhändler kauft bei der Firma Buchdruck GmbH ein Multifunktionsgerät und erhält eine Rechnung über 2.000,00 Euro. Er bezahlt gleich bar.

b) Unser Einzelhändler kauft sich ein neues Firmenfahrzeug. Er erhält eine Rechnung vom Autohaus über 25.000,00 Euro.

c) Unser Einzelhändler nimmt 5.000,00 Euro aus der Ladenkasse, schleppt sie zur Bank und tilgt damit eines seiner Darlehen.

Fortsetzung: Antwort 8.8 c)

Bei c) wird Geld aus der Kasse genommen, die Kasse wird also weniger. Ein Darlehn wird mit der Kohle zurückgeführt. Also wird auch das Passivkonto weniger.

Der Buchungssatz lautet ja immer (das ist ein „Gesetz"):

Sollseite   an   Habenseite

Also:

Darlehn 5.000   an   Kasse 5.000

Tipp: Merken Sie sich das folgende Schaubild, damit können Sie die meisten Aufgaben lösen:

Die Konten wachsen immer außen und werden immer innen weniger!

Sie benötigen jetzt nur noch unser „Gesetz":

Sollseite   an   Habenseite

Damit können Sie viele Buchungssätze „knacken"!

**Lernfeld 9, Frage 9.1
Warenwirtschaft und Kalkulation**

Stellen Sie das Kalkulationsschema des Einzelhändlers vom Listeneinkaufspreis bis zum Listenverkaufspreis (brutto) auf.

Hinweis: Dieses Schema müssen Sie in den Prüfungsaufgaben abrufen können. Es wird entweder komplett oder in Teilen abgefragt. Also: Auswendig lernen!

Antwort 9.1

	Listeneinkaufspreis
−	Lieferer-Rabatt
=	**Zieleinkaufspreis**
−	Lieferer-Skonto
=	**Bareinkaufspreis**
+	Bezugskosten
=	**Bezugspreis** *(auch Einstandspreis genannt)*
+	Handlungskosten
=	**Selbstkostenpreis**
+	Gewinn
=	**Barverkaufspreis**
+	Kunden-Skonto
=	**Zielverkaufspreis**
+	Kunden-Rabatt
=	**Listenverkaufspreis, netto**
+	Umsatzsteuer
=	**Listenverkaufspreis, brutto**

Frage 9.2

Warenwirtschaft und Kalkulation

Lernfeld 9

Sie können sich das Kalkulationsschema des Einzelhändlers vom Listeneinkaufspreis bis zum Listenverkaufspreis nicht merken?

Schauen Sie sich bitte einmal den Tipp rechts an, mit dem sich eine Schülerin von mir das Schema eingeprägt hat.

Einen ganz lieben Gruß an Daniela M. aus Bad Nenndorf.

Antwort 9.2

Bitte zuerst die Anfangsbuchstaben markieren:

Listeneinkaufspreis

- **L**ieferer-Rabatt

= **Z**ieleinkaufspreis

- **L**ieferer-Skonto

= **B**areinkaufspreis

+ **B**ezugskosten

= **B**ezugspreis *(auch Einstandspreis genannt)*

+ **H**andlungskosten

= **S**elbstkostenpreis

+ **G**ewinn

= **B**arverkaufspreis

+ **K**unden-Skonto

= **Z**ielverkaufspreis

+ **K**unden-Rabatt

= **L**istenverkaufspreis, netto

+ **U**msatzsteuer

= **L**istenverkaufspreis, brutto

Fortsetzung: Frage 9.2

Warenwirtschaft und Kalkulation

Lernfeld 9

Sie können sich das Kalkulationsschema des Einzelhändlers vom Listeneinkaufspreis bis zum Listenverkaufspreis nicht merken?

Schauen Sie sich bitte einmal den Tipp rechts an, mit dem sich eine Schülerin von mir das Schema eingeprägt hat.

Einen ganz lieben Gruß an Daniela M. aus Bad Nenndorf.

Fortsetzung: Antwort 9.2 (Merkhilfe, 2.Schritt)

Die im ersten Schritt markierten Anfangsbuchstaben untereinanderschreiben:

L
L
Z
L
B
B
B
H
S
G
B
K
Z
K
L
U
L

Fortsetzung: Frage 9.2

Warenwirtschaft und Kalkulation

Lernfeld 9

Sie können sich das Kalkulationsschema des Einzelhändlers vom Listeneinkaufspreis bis zum Listenverkaufspreis nicht merken?

Schauen Sie sich bitte einmal den Tipp rechts an, mit dem sich eine Schülerin von mir das Schema eingeprägt hat.

Einen ganz lieben Gruß an Daniela M. aus Bad Nenndorf.

Fortsetzung: Antwort 9.2 (Merkhilfe, 3.Schritt)

Die im zweiten Schritt untereinandergeschriebenen Anfangsbuchstaben durch die folgenden Striche in kleine Blöcke aufteilen und anschließend die kleinen Blöcke „portionsweise" auswendig lernen.

L
L
Z
L

B
B
B
H

S
G
B

K
Z
K

L
U
L

Wenn Sie die Buchstaben in der richtigen Reihenfolge können, müssen Sie im allerletzten Schritt noch die entsprechenden Begriffe „draufhaben", die hinter den Buchstaben stehen. Und die stehen ja ganz oben im Schema. Das war's!

Übrigens: Teile des Schemas werden in fast jeder Prüfung durchgerechnet...

Frage 9.3

Warenwirtschaft und Kalkulation

Lernfeld 9

Ihre Chefin – Inhaberin der Modeboutique „Edeltraut Moden" – erhält zwei Angebote über Shirts.

Angebot A: Shirt „Alexander", Listenpreis: 9,90 Euro, Rabatt: 25%, Skonto: 3%, Bezugspreis: ?

Angebot B: Shirt „Hercules", Listenpreis: 8,49 Euro, Rabatt: 10%, Skonto: 2%, Bezugskosten 1,00 Euro, Bezugspreis: ?

Ermitteln Sie die beiden Bezugspreise.

Antwort 9.3

Hier benötigen Sie Teile des Kalkulationsschemas im Einzelhandel und zwar die sogenannte **Bezugskalkulation**.

Hinweis: Dieses Schema müssen Sie in den Prüfungsaufgaben abrufen können!

	Listeneinkaufspreis
-	Lieferer-Rabatt
=	**Zieleinkaufspreis**
-	Lieferer-Skonto
=	**Bareinkaufspreis**
+	Bezugskosten
=	**Bezugspreis** (auch Einstandspreis genannt)

	Listeneinkaufspreis „Alexander"	9,90
-	Lieferer-Rabatt 25%	2,48
=	**Zieleinkaufspreis**	**7,42**
-	Lieferer-Skonto 3%	0,22
=	**Bareinkaufspreis**	**7,20**
+	Bezugskosten	0,00
=	**Bezugspreis**	**7,20**

	Listeneinkaufspreis „Hercules"	8,49
-	Lieferer-Rabatt 10%	0,85
=	**Zieleinkaufspreis**	**7,64**
-	Lieferer-Skonto 2%	0,15
=	**Bareinkaufspreis**	**7,49**
+	Bezugskosten	1,00
=	**Bezugspreis**	**8,49**

Frage 9.4

Warenwirtschaft und Kalkulation

Lernfeld 9

Ihre Chefin – Inhaberin der Modeboutique „Edeltraut Moden" – hat eine Unterhose der Marke „Down Under" zu einem Bezugspreis von 29,00 Euro eingekauft.

Handlungskosten sind in Höhe von 39% zu berücksichtigen. Der Gewinn beträgt 11%.

Bitte errechnen Sie den Selbstkostenpreis sowie den Bruttoverkaufspreis.

Nennen Sie abschließend 2 Beispiele für Handlungskosten.

Antwort 9.4

Hier benötigen Sie Teile des Kalkulationsschemas und zwar die sogenannte **Absatzkalkulation**.

=	**Bezugspreis** (*auch Einstandspreis genannt*)	
+	Handlungskosten	
=	**Selbstkostenpreis**	
+	Gewinn	
=	**Barverkaufspreis**	
+	Kunden-Skonto	
=	**Zielverkaufspreis**	
+	Kunden-Rabatt	
=	**Listenverkaufspreis, netto**	
+	Umsatzsteuer	
=	**Listenverkaufspreis, brutto**	
=	**Bezugspreis**	29,00
+	Handlungskosten 39%	11,31
=	**Selbstkostenpreis**	40,31
+	Gewinn 11%	4,43
=	**Barverkaufspreis**	44,74
+	Kunden-Skonto	0,00
=	**Zielverkaufspreis**	44,74
+	Kunden-Rabatt	0,00
=	**Listenverkaufspreis, netto**	44,74
+	Umsatzsteuer 19% *Regelsteuersatz*	8,50
=	**Listenverkaufspreis, brutto**	53,24

Beispiele für Handlungskosten:

- Löhne und Gehälter des Personals
- Mietaufwand

Frage 9.5

Warenwirtschaft und Kalkulation

Lernfeld 9 (auch Lernfeld 3)

Für den Monat Januar 2016 liegen Ihnen die folgenden Warenumsätze vor:

> Umsatzerlöse Hartwaren:
>
> 109.000 Euro netto, Umsatzsteuer: 19%
>
> Umsatzerlöse Bücher:
>
> 23.000 Euro netto, Umsatzsteuer: 7%

a) Bitte erklären Sie kurz den Begriff „Umsatzerlöse".

b) Bitte berechnen Sie die Umsatzsteuer-Beträge – jeweils nach Steuersätzen getrennt – sowie die jeweiligen Brutto-Umsätze und den gesamten Umsatzsteuer-Betrag in Euro.

Antwort 9.5

a) Bei einem Handelsunternehmen sind die Umsatzerlöse die Erlöse aus dem Verkauf der Waren des Sortiments zu den jeweiligen Nettoverkaufspreisen. Genauer: In der Buchführung sind die Umsatzerlöse ein Ertragskonto bzw. Ertragsposten der Gewinn- und Verlustrechnung (GuV).

b) Sie können diese Aufgabe mit Dreisatz oder Prozentrechnung lösen. Ich habe meinen Schülern allerdings diese „Formeln" an die Hand gegeben:

Formel zur Berechnung der Umsatzsteuer bei 19%:

Formel zur Berechnung der Umsatzsteuer bei 7%:

Fortsetzung: Frage 9.5

Warenwirtschaft und Kalkulation

Lernfeld 9 (auch Lernfeld 3)

Für den Monat Januar 2016 liegen Ihnen die folgenden Warenumsätze vor:

Umsatzerlöse Hartwaren:

109.000 Euro netto, Umsatzsteuer: 19%

Umsatzerlöse Bücher:

23.000 Euro netto, Umsatzsteuer: 7%

a) Bitte erklären Sie kurz den Begriff „Umsatzerlöse".

b) Bitte berechnen Sie die Umsatzsteuer-Beträge – jeweils nach Steuersätzen getrennt – sowie die jeweiligen Brutto-Umsätze und den gesamten Umsatzsteuer-Betrag in Euro.

Fortsetzung: Antwort 9.5 b)

Hier müssen Sie nun „vom Netto zum Brutto" rechnen! Formel bei 19% also:

Ergebnis Umsatzsteuer 19% = 20.710,00 Euro.
Ergebnis Brutto-Umsätze:
109.000,00 + 20.710,00 = 129.710,00 Euro.

Formel zur Berechnung der Umsatzsteuer bei 7%

Ergebnis Umsatzsteuer 7% = 1.610,00 Euro.
Ergebnis Brutto-Umsätze:
23.000,00 + 1.610,00 = 24.610,00

Gesamter Umsatzsteuer-Betrag:
20.710,00 + 1.610,00 = 22.320,00 Euro

Frage 9.6

Warenwirtschaft und Kalkulation

Lernfeld 9

Sie sind bei dem Einzelhändler „Elite Kids Fashion" beschäftigt. Ihre Chefin bittet Sie, den Kalkulationsfaktor für ein hochwertiges Shirt (Bestellgröße 116) zu berechnen, das zu 179,99 Euro (Bruttopreis) verkauft wird. Ihr Lieferant bietet es zu einem Bezugspreis von 99,00 Euro an.

Antwort 9.6

Der Kalkulationsfaktor dient der Vereinfachung der Kalkulation.

Formel zur Berechnung des **Kalkulationsfaktors**:

$$\frac{\text{Bruttoverkaufspreis}}{\text{Bezugspreis (auch Einstandspreis genannt)}}$$

$$\frac{179{,}99 \text{ Euro}}{99{,}00 \text{ Euro}}$$

Der Kalkulationsfaktor für das Shirt beträgt gerundet 1,82.

Weitere Tipps:

Mit dem Kalkulationsfaktor lässt sich auch ausgehend vom Bezugspreis der Bruttoverkaufspreis berechnen. In diesem Fall ist die Formel umzustellen.

Durch Umkehrung lässt sich aus dem Bruttoverkaufspreis auch der Bezugspreis berechnen.

Frage 9.7

Warenwirtschaft und Kalkulation

Lernfeld 9

Sie sind bei dem Einzelhändler „Elite Kids Fashion" beschäftigt. Ihre Chefin bittet Sie, den Kalkulationszuschlagsatz für ein hochwertiges Shirt (Bestellgröße 116) zu berechnen, das zu 179,99 Euro (Bruttopreis) verkauft wird. Ihr Lieferant bietet es zu einem Bezugspreis von 99,00 Euro an.

Antwort 9.7

Damit bei der Kalkulation der Bruttoverkaufspreise nicht jedes Mal das Kalkulationsschema angewendet muss, werden

- Handlungskostenzuschlagsatz
- Gewinnzuschlagsatz
- Kundenskonto
- Kundenrabatt
- Umsatzsteuersatz

zu einer Größe zusammengefasst, die als **Kalkulationszuschlagsatz** bezeichnet wird. Man rechnet also in einem Schritt vom Bezugspreis zum Bruttoverkaufspreis.

Der **Kalkulationszuschlagsatz** dient also der Vereinfachung bzw. Beschleunigung der Absatzpreiskalkulation. Er wird in Prozent angegeben.

Formel zur Berechnung des **Kalkulationszuschlagsatzes**:

$$\frac{(\text{Bruttoverkaufspreis} - \text{Bezugspreis}) \cdot 100}{\text{Bezugspreis (auch Einstandspreis genannt)}}$$

$$\frac{(179{,}99 \text{ Euro} - 99{,}00 \text{ Euro}) \cdot 100}{99{,}00 \text{ Euro}}$$

Der Kalkulationszuschlagsatz für das Shirt beträgt gerundet 81,81%.

Weitere Tipps:

Mit dem Kalkulationszuschlagsatz lässt sich auch ausgehend vom Bezugspreis der Bruttoverkaufspreis berechnen. In diesem Fall ist die Formel umzustellen.

Durch Umkehrung lässt sich aus dem Bruttoverkaufspreis auch der Bezugspreis berechnen.

Frage 9.8

Warenwirtschaft und Kalkulation

Lernfeld 9

Sie sind bei dem Einzelhändler „Elite Kids Fashion" beschäftigt. Ihre Chefin bittet Sie, die Handelsspanne für ein hochwertiges Shirt (Bestellgröße 116) zu berechnen, das zum Nettopreis von 151,25 Euro verkauft wird. Ihr Lieferant bietet es zu einem Bezugspreis von 99,00 Euro an.

Antwort 9.8

Die **Handelsspanne** ist der prozentuale Unterschied zwischen dem Verkaufspreis, vermindert um die Umsatzsteuer, und dem Bezugspreis.

Mit der **Handelsspanne** rechnet man also in einem Schritt vom Nettoverkaufspreis zum Bezugspreis <u>zurück.</u>

Die Handelsspanne wird in Prozent angegeben.

Formel zur Berechnung der **Handelsspanne**:

$$\frac{(\text{Nettoverkaufspreis} - \text{Bezugspreis}) \cdot 100}{\text{Nettoverkaufspreis}}$$

$$\frac{(151{,}25 \text{ Euro} - 99{,}00 \text{ Euro}) \cdot 100}{151{,}25 \text{ Euro}}$$

Die Handelsspanne für das Shirt beträgt gerundet 34,55%.

Weitere Tipps:

Die Handelsspanne wird dann benötigt, wenn der Listenverkaufspreis quasi durch den Markt – also durch die Preise von Konkurrenten – vorgegeben ist.

„Elite Kids Fashion" muss z.B. das Shirt zu einem ähnlichen Preis wie der Wettbewerber „Fashion4Kids" in derselben Straße anbieten. Wäre „Elite Kids Fashion" teurer, so würden die Kunden zum Konkurrenten gehen und das Shirt dort kaufen.

Für „Elite Kids Fashion" bedeutet das, dass die Chefin vom vorgegeben Netto-Verkaufspreis einen bestimmten Prozentsatz abzieht und dadurch zu einem Bezugspreis gelangt, den sie dem Lieferanten gerade noch zahlen oder eben nicht zahlen kann.

Durch Umkehrung lässt sich also aus dem obigen Prozentsatz auch der maximale erlaubte Bezugspreis berechnen, wenn die Handelsspanne dem Einzelhändler bekannt (bzw. in Ihnen in Ihren Prüfungsaufgaben angegeben) ist.

Frage 9.9

Warenwirtschaft und Kalkulation

Lernfeld 9

Sie sind bei dem Einzelhändler „Elite Kids Fashion" beschäftigt. Ihre Chefin bittet Sie, den Kalkulationsabschlag für ein hochwertiges Shirt (Bestellgröße 116) zu berechnen, das zu 179,99 Euro (Bruttopreis) verkauft wird. Ihr Lieferant bietet es zu einem Bezugspreis von 99,00 Euro an.

Antwort 9.9

Vergleichbar der Handelsspanne dient auch der **Kalkulationsabschlag** dazu, rasch zu prüfen, ob bei einem gegebenen Verkaufspreis (z.B. aufgrund Preisfestsetzung eines konkurrierenden Händlers in der gleichen Straße) ein vom Lieferanten verlangter Bezugspreis bezahlt werden kann.

Der Unterschied zwischen Handelsspanne und Kalkulationsabschlag besteht darin, dass bei der Berechnung der Handelsspanne der Netto-Listenverkaufspreis angesetzt wird und bei der Berechnung des Kalkulationsabschlages der Brutto-Listenverkaufspreis. Die Umsatzsteuer ist also beim Kalkulationsabschlag mit drin!

Formel zur Berechnung des **Kalkulationsabschlagsatzes**:

$$\frac{(\text{Bruttoverkaufspreis} - \text{Bezugspreis}) \cdot 100}{\text{Bruttoverkaufspreis}}$$

$$\frac{(179{,}99\ \text{Euro} - 99{,}00\ \text{Euro}) \cdot 100}{179{,}99\ \text{Euro}}$$

Der Bezugspreis wird in manchen Büchern auch Einstandspreis genannt.

Der Kalkulationsabschlagsatz für das Shirt beträgt gerundet 45%.

Zusammengefasst:

Mit dem Kalkulationsabschlag kann man in einem Schritt vom Bruttoverkaufspreis zum Bezugspreis rechnen.

Im Kalkulationsabschlag wird die Umsatzsteuer beim Verkaufspreis mit berücksichtigt.

Frage 9.10

Warenwirtschaft und Kalkulation

Lernfeld 9

Sie sind bei dem Einzelhändler „Elite Kids Fashion" beschäftigt. Ihre Chefin bittet Sie, den Kalkulationsabschlag für ein hochwertiges Shirt (Bestellgröße 116) zu berechnen.

Sie fragen verwundert nach Bruttoverkaufspreis und Bezugspreis, doch Ihre Chefin lächelt nur vielsagend und gibt Ihnen die folgenden Werte:

- Kalkulationszuschlagssatz: 81,81%
- Kalkulationsfaktor: 1,8181

Natürlich wissen Sie sich zu helfen und zücken Ihre Formelsammlung…

Antwort 9.10

Vergleichbar der Handelsspanne dient auch der **Kalkulationsabschlag** dazu, rasch zu prüfen, ob bei einem gegebenen Verkaufspreis (z.B. aufgrund Preisfestsetzung eines konkurrierenden Händlers in der gleichen Straße) ein vom Lieferanten verlangter Bezugspreis bezahlt werden kann.

Der Unterschied zwischen Handelsspanne und Kalkulationsabschlag besteht darin, dass bei der Berechnung der Handelsspanne der Netto-Listenverkaufspreis angesetzt wird und bei der Berechnung des Kalkulationsabschlages der Brutto-Listenverkaufspreis. Die Umsatzsteuer ist also beim Kalkulationsabschlag mit drin!

Die „normale" Formel zur Berechnung des **Kalkulationsabschlagsatzes** können Sie hier nicht verwenden, da Ihnen die folgenden Angaben fehlen.

$$\frac{(\text{Bruttoverkaufspreis} - \text{Bezugspreis}) \cdot 100}{\text{Bruttoverkaufspreis}}$$

Es gibt jedoch noch eine Variante:

$$\frac{\text{Kalkulationszuschlagsatz in \%}}{\text{Kalkulationsfaktor}}$$

$$\frac{81{,}81\%}{1{,}8181}$$

Der Kalkulationsabschlagsatz für das Shirt beträgt gerundet 45%.

Frage 9.11

Warenwirtschaft und Kalkulation

Lernfeld 9

a) Nennen Sie 5 gesetzlich vorgeschriebene Angaben, die laut Preisangabenverordnung (PAngV) in der Regel auf das Preisschild gehören.

b) Was sagt die PAngV zu Waren die in Schaufenstern bzw. Schaukästen ausgestellt sind?

c) Welche Behörde überwacht Verstöße gegen die Preisangabenverordnung?

Antwort 9.11

a) Da Einzelhandelsbetriebe Letztverbrauchern gewerbsmäßig Waren anbieten gilt für sie die Preisangabenverordnung.

Da die Fragen in Ihren Prüfungen normalerweise nicht sehr in die Tiefe gehen, dürfte es ausreichen, wenn Sie die folgenden Angaben aufzuschreiben. Sie sollten allerdings im Hinterkopf behalten, dass es zum Teil weitere Voraussetzungen für die nachfolgenden Angaben gibt:

- **Bruttoverkaufspreis**, d.h. Endpreis, bei dem auch die Umsatzsteuer schon mit drin sein muss (also: Preis einschließlich Umsatzsteuer)

- **Mengeneinheit** (Menge der Ware in üblichen Mengeneinheiten)

- **Grundpreis je Mengeneinheit** (bei Fertigpackungen)

- **Endpreis für die gesamte Verpackungseinheit**

- **Handelsübliche Gütebezeichnung**

b) Waren, die in Schaufenstern oder Schaukästen innerhalb oder außerhalb des Verkaufsraumes ausgestellt werden, sind durch Preisschilder oder eine Beschriftung der Ware auszuzeichnen.

c) Verstöße gegen die PAngV überwacht das **Gewerbeaufsichtsamt**.

Frage 9.12

Verkauf & Werbemaßnahmen

Lernfeld 9

Sie sind bei dem Einzelhändler „Elite Kids Fashion" beschäftigt. Ihre Chefin möchte gerne für einen neuen Artikel während der Einführungsphase mit einem „Einführungsrabatt" zu werben.

Nennen Sie 4 Vorteile, die ein solcher Rabatt während der Einführungsphase haben kann.

Antwort 9.12

- Bekanntmachung des neuen Artikels
- Erhöhung von Impulskäufen
- Absatz- und Umsatzsteigerung
- Kundengewinnung

Frage 9.13

Geschäftsprozesse im Einzelhandel

Lernfeld 9

Sie sind bei dem Einzelhändler „Elite Kids Fashion" beschäftigt. Ihre Chefin bittet Sie, die Handelsspanne für ein hochwertiges Hemd zu berechnen, das im Laden mit einem Verkaufspreis von 238,00 Euro hängt. Ihr Lieferant bietet es zu einem Bezugspreis von 105,00 Euro an.

Antwort 9.13

Die **Handelsspanne** ist der prozentuale Unterschied zwischen dem Verkaufspreis, vermindert um die Umsatzsteuer, und dem Bezugspreis.

Die Differenz von Nettoverkaufspreis minus Bezugspreis wird auch als **Rohgewinn** bezeichnet.

Mit der **Handelsspanne** rechnet man also in einem Schritt vom Nettoverkaufspreis zum Bezugspreis **zurück.**

Die Handelsspanne wird in Prozent angegeben.

In unserem Fall ist allerdings der ausgezeichnete Preis – also der Bruttopreis – angegeben. Sie müssen zunächst die Umsatzsteuer herausrechnen, um zum Nettopreis zu gelangen.

Sie erinnern sich bestimmt: Vom Brutto zum Netto bedeutet 238,00 • 19/119…

Formel zur Berechnung der **Handelsspanne**:

$$\frac{(\text{Nettoverkaufspreis} - \text{Bezugspreis}) \cdot 100}{\text{Nettoverkaufspreis}}$$

$$\frac{(200,00 \text{ Euro} - 105,00 \text{ Euro}) \cdot 100}{200,00 \text{ Euro}}$$

Die Handelsspanne für das Shirt beträgt 47,50%.

Lernfeld 10, Frage 10.1
Verkauf & Werbemaßnahmen

Erklären Sie kurz mit eigenen Worten den Unterschied zwischen

- Gewährleistung
- Garantie
- Kulanz

Geben Sie jeweils ein Beispiel.

Antwort 10.1

Gewährleistung ist eine **gesetzliche** Vorschrift, nach der der Verkäufer dem Käufer gegenüber dafür haftet, dass die verkaufte Ware mangelfrei, d.h. nicht mit Fehlern, behaftet ist. Sie ist im Bürgerlichen Gesetzbuch (BGB) geregelt. Die gesetzlichen Gewährleistungsfristen (Verjährungsfristen) betragen für neue Waren zwei Jahre, für gebrauchte Waren ein Jahr und bei arglistig verschwiegenen Mängeln drei Jahre.

Im Rahmen des Kaufes von Verbrauchsgütern darf der Einzelhändler keine Verkürzung der gesetzlichen Gewährleistungsfristen vereinbaren, was dem Schutz des Verbrauchers dienen soll.

Bsp.: Herr Schlau hat einen Neuwagen beim Autohaus Cars4You gekauft. Nach 3 Monaten weist das Fahrzeug einen Motorschaden auf. Cars4You ist in der gesetzlichen Gewährleistungspflicht.

Garantie ist eine **freiwillig** übernommene **vertragliche** Verpflichtung des Händlers oder Herstellers, einen Mangel innerhalb einer bestimmten Frist zu beseitigen.

Bsp.: Der Hersteller des Fahrzeugs bietet vertraglich eine 6-jährige Garantie gegen Durchrosten an.

Bei **Kulanz** handelt es sich um ein **freiwilliges** Entgegenkommen des Verkäufers gegenüber dem Kunden, um den Kunden zu binden. Hier besteht weder eine gesetzliche noch eine vertragliche Verpflichtung des Verkäufers.

Bsp.: Herr Schlau hat einen Neuwagen beim Autohaus Cars4You gekauft. Nach 2 1/2 Jahren weist das Fahrzeug einen Motorschaden auf. Die gesetzliche Gewährleistungsfrist ist abgelaufen. Die Garantie gegen Durchrosten greift nicht bei Motorschäden. Da Herr Schlau seine Inspektionen immer bei Cars4You gemacht hat, übernimmt das Autohaus einen Teil der Reparaturkosten. Ziel: Herr Schlau soll auch seinen nächsten Neuwagen bei Cars4You kaufen (Kundenbindung).

Frage 10.2

Verkauf & Werbemaßnahmen

Lernfeld 10

Kürzlich entdeckte ich in einem Werbeprospekt den folgenden Text:

Umtauschzeit verlängert

Extra-Time

28

Tage Umtausch

Da sind Sie auf der sicheren Seite. Sie haben jetzt volle 28 Tage Zeit für einen Umtausch.

Bestehende gesetzliche Rechte (Widerrufsrecht, Gewährleistung) werden hierdurch nicht berührt.

---

a) Bitte erklären Sie kurz den Begriff Umtausch.

b) Von welchem Begriff ist dieser Begriff zu unterscheiden?

c) Warum bietet der Händler seinen Kunden eine solch lange Umtauschfrist von 28 Tagen?

d) Was ist mit dem Zusatz „Bestehende gesetzliche Rechte…" in der obigen Anzeige gemeint?

Antwort 10.2

a) **Umtausch** von Ware ohne Fehler (also einwandfreier Ware) ist eine freiwillige Leistung eines Einzelhandelsbetriebes (Kulanz). Gründe für einen Umtausch können bspw. sein, dass die Ware nicht passt oder nicht mehr gefällt.

Der Kunde hat keinen rechtlichen Anspruch auf einen Umtausch, es sei denn das Umtauschrecht wurde bspw. vertraglich vereinbart.

b) Von einer **Reklamation** spricht man, wenn der Kunde einen gekauften Artikel bestandet, der Mängel hat. Der Kunde hat dann einen rechtlichen Anspruch auf unverzügliche Bearbeitung.

Bitte merken Sie sich diese Unterscheidung von Umtausch und Reklamation.

c) Insbesondere wenn der Kunde unsicher ist oder Einwände bzgl. Eigenschaften oder Qualität der Ware anführt, kann eine solch lange Umtauschfrist von 28 Tagen ihn vielleicht überzeugen, den Artikel zu kaufen. Er kann ihn ja in Ruhe zuhause ausprobieren und geht kein Risiko ein.

Des Weiteren:

- Kunden tätigen mehr Impulskäufe, weil sie kein Risiko eingehen.

- Einzelhandelsunternehmen verschafft sich hier evtl. einen Vorteil gegenüber der Konkurrenz, die vielleicht keine so lange Umtauschfrist anbietet.

- Verkaufsgespräche können schneller abgewickelt werden, weil die Kunden ihre Entscheidung nicht so sorgfältig überlegen müssen.

d) Gesetzliche Rechte werden durch die Umtauschklausel nicht ausgehebelt. Ist die Ware bspw. defekt, so stehen dem Kunden Gewährleistungsrechte (für neue Ware: 2 Jahre) zu.

Frage 10.3

Verkauf & Werbemaßnahmen

Lernfeld 10

Ein älteres Ehepaar hat Ihr Geschäft aufgesucht und stellt Ihnen ein „WLAN-Radio" auf die Service-Theke.

Der Gatte sagt zu Ihnen: „Ihr Kollege hat mir vorgestern dieses Radio verkauft. Die Einrichtung dieses Gerätes ist uns aber viel zu kompliziert. Diese ganzen Einstellmöglichkeiten... Wir wollen in der Küche nur Radio hören und nicht dieses ganze neumodische Zeugs. Können Sie uns helfen?"

Das original verpackte Gerät ist augenscheinlich in Ordnung.

Bitte erläutern Sie kurz die Rechtslage und die Möglichkeiten, das Problem <u>kundenorientiert</u> aus der Welt zu schaffen.

Antwort 10.3

Umtausch von Ware ohne Fehler (also einwandfreier Ware) ist eine freiwillige Leistung eines Einzelhandelsbetriebes (Kulanz).

Da vorgestern ein Kaufvertrag zustande kam, kann das Ehepaar nicht einfach einseitig zurücktreten.

Das Ehepaar hat im Ergebnis keinen rechtlichen Anspruch auf einen Umtausch, es sei denn das Umtauschrecht wurde bspw. vertraglich vereinbart.

> **Aber: In Ihren Prüfungsaufgaben sollen Sie oftmals kundenorientiert, d.h. kundenfreundlich, agieren! Dies hilft übrigens auch im Leben weiter...**

Ich würde dem Ehepaar deshalb

- ein einfacheres Radio anbieten und die Differenz auszahlen,
- das WLAN-Radio zurücknehmen und eine Gutschrift ausstellen,
- einen Umtausch aus Kulanz vornehmen und den Kunden ihr Geld auszahlen.

In der Praxis haben Sie letztendlich Vorgaben Ihrer Geschäftsleitung, wie in einem solchen Fall zu verfahren ist.

Frage 10.4

Verkauf & Werbemaßnahmen

Lernfeld 10

Welche Paragraphen kommen rund um den Ladendiebstahl in Betracht? Erklären Sie auch kurz deren Bedeutung.

Antwort 10.4

§242 Strafgesetzbuch (StGB)

(1) Wer eine fremde bewegliche Sache einem anderen in der Absicht wegnimmt, die Sache sich oder einem Dritten rechtswidrig zuzueignen, wird mit Freiheitsstrafe bis zu fünf Jahren oder mit Geldstrafe bestraft.

(2) Der Versuch ist strafbar.

§78 Absatz 3 Nummer 5 Strafgesetzbuch (StGB)

Die Verjährungsfrist beträgt 3 Jahre.

Fortsetzung: Frage 10.4

Verkauf & Werbemaßnahmen

Lernfeld 10

Welche Paragraphen kommen rund um den Ladendiebstahl in Betracht? Erklären Sie auch kurz deren Bedeutung.

Fortsetzung Antwort 10.4:

§77b Absatz 1 Strafgesetzbuch (StGB)

Die Strafantragsfrist beträgt bis zu 3 Monate.

§127 Absatz 1 Strafprozessordnung (StPO)

Wird jemand auf frischer Tat betroffen oder verfolgt, so ist, wenn er der Flucht verdächtig ist oder seine Identität nicht sofort festgestellt werden kann, jedermann befugt, ihn auch ohne richterliche Anordnung vorläufig festzunehmen.

> **Meine Meinung: Vorsicht! Bringen Sie sich nicht selbst in Gefahr! Das ist es wirklich nicht wert.**

Frage 10.5

Verkauf & Werbemaßnahmen

Lernfeld 10

a) Bitte nennen Sie 10 gängige Methoden, die Ladendiebe häufig einsetzen.

b) Geben Sie zu jeder Methode eine kurze Erläuterung.

Antwort 10.5

Methode	Erläuterung
Versteckmethode	Verstecken bspw. in Taschen, Regenschirmen!!!, Kinderwagen *(dann auch Kinderwagenmethode)*
Ablenkungsmethode	Ein Täter lenkt den Verkäufer ab, so dass ein zweiter Täter zugreifen kann; oft auch beim Kassier-Vorgang
Einschließmethode	Täter lässt sich nach Geschäftsschluss einschließen, um den Diebstahl vollziehen zu können
Umpackmethode	Höherwertige Ware wird in Kartons preiswerterer Ware umverpackt
Preiskorrekturmethode	Etiketten bzw. Preisschilder werden ausgetauscht
Trojanisches Pferd	Diebesgut wird in Hohlkörper anderer Artikel versteckt. Nur diese werden dann bezahlt
Austauschmethode	Alte werden gegen neue Kleidungsstücke ersetzt
Zwiebelmethode	Mehrere Kleidungsstücke werden bei Anprobe übereinander angezogen
Preissicherungs-Umgehung	Entfernen von Sicherungsetiketten
Verpackungsentnahme	Ware wird aus Verpackung herausgenommen, die dann im Regal bleibt.

Frage 10.6

Verkauf & Werbemaßnahmen

Lernfeld 10

Welche Maßnahmen können Sie selbst als Verkäufer/-in oder Kassierer/-in vorbeugend ergreifen, um Diebstähle durch Kunden zu verringern?

Anmerkung: Es geht hier um Ihr eigenes Verhalten, nicht um bauliche Maßnahmen usw. Ihres Chefs.

Antwort 10.6

- **Freundliche Begrüßung** mit **Blickkontakt**, die dem Kunden zeigt, dass er **wahrgenommen** wird.

- Bemerken Sie, dass ein Kunde längere Zeit „unsicher" vor einem Verkaufsregal steht, sollten Sie den Kunden freundlich **ansprechen**. „Guten Tag, Wie kann ich Ihnen helfen?" Setzen Sie **offene Fragen** ein, die der Kunde nicht mit „Ja" oder „Nein" beantworten kann. Sie zeigen damit **Aufmerksamkeit**.

- Verneint der Kunde Ihre Frage, sagen Sie bspw.: „Wenn Sie Fragen haben, bin ich in der Nähe". Damit signalisieren Sie **Hilfsbereitschaft** und dass der Kund **nicht allein ist** und Sie ihn beachtet haben.

- Es ist erwiesen, dass Ladendiebe am liebsten „zugreifen", wenn **Waren unübersichtlich platziert** sind. Es sollte verstärkt darauf geachtet werden, dass auch in den Verkaufsregalen eine **Ordnung** ist. Dies gilt übrigens auch für die **übersichtliche Warenvorlage**.

- **Auffüllen der Regale nicht in den Zeiten der größten Kundenfrequenz** vornehmen.

- **Nebenräume** immer **verschließen**.

- Gelegentlich werden Preisauszeichnungsgeräte von Mitarbeitern in den Verkaufsräumen „vergessen". Hier besteht die Gefahr, dass unehrliche Kunden sich einen niedrigen Preis drucken. Deshalb: **Preisauszeichnungsgeräte** immer **aus dem Verkaufsraum entfernen**.

- Der Regenschirm bietet für den Dieb den Vorteil, dass er nicht geöffnet werden muss und sich gut zum Verstecken von Kleinartikeln eignet. Verkäuferverhalten: Den **Kunden mit dem Schirm genau beobachten**.

Fortsetzung: Frage 10.6

Verkauf & Werbemaßnahmen

Lernfeld 10

Welche Maßnahmen können Sie selbst als Verkäufer/-in oder Kassierer/-in vorbeugend ergreifen, um Diebstähle durch Kunden zu verringern?

Anmerkung: Es geht hier um Ihr eigenes Verhalten, nicht um bauliche Maßnahmen usw. Ihres Chefs.

Fortsetzung: Antwort 10.6 *(hier: Verhalten an der Kasse)*

Verhalten an der Kasse:

- Kassierer/-in muss prüfen, ob **Etikett zur Ware passt** und die **Verpackung die richtige Ware enthält**.

- „**Einkaufswagen-Trick**": Bleiben Sie immer aufmerksam und stehen Sie evtl. vom Kassenplatz auf, um zu **kontrollieren, ob sich noch weitere Waren** – bspw. zwischen Getränkekisten oder Blumenerde – **im Einkaufswagen befinden**.

- Kassierer/-in muss **prüfen**, ob mitgebrachte **Einkaufstaschen leer** sind.

- Es ist immer darauf zu achten, dass **Durchgangssperren** an nicht besetzten Kassen **geschlossen sind**.

- Eine teure Zeitschrift wird in eine günstigere gesteckt. Stets **nachkontrollieren**!

- Der Kunde kauft bspw. 10 Grußkarten und gibt dem Kassenmitarbeiter eine Karte in die Hand, damit dieser sie abscannen kann. In Wirklichkeit sind es jedoch mehr Grußkarten. **Nachzählen!**

- Der „Kunde" bezahlt eine günstige Lampe und dreht bereits eine Glühbirne rein. Auch beliebt bei Waren mit Batterien. Verkäuferverhalten: Immer **Karton öffnen** und kontrollieren!

- Herumliegende **Kassenbons** sind zu **entfernen** (Kassenbon-Methode, bei der ein alter Bon als Zahl-Nachweis beim Einkauf neuer Ware vorgelegt wird: „Nur ein Artikel ausgetauscht – alles schon bezahlt!")

Frage 10.7

Verkauf & Werbemaßnahmen

Lernfeld 10

Der sogenannte Geschenk-Verkauf gehört zu den eher schwierigen Sonderfällen des Verkaufsgesprächs. Insbesondere wenn Kunden keine genaue Vorstellung davon haben, was sie schenken sollen, müssen Sie als Verkäufer bzw. Verkäuferin beratend tätig werden.

Dazu sollten Sie im Verlauf des Verkaufsgesprächs Informationen sammeln, um sinnvolle Vorschläge unterbreiten zu können.

a) Welche Informationen sollten Sie „herausbekommen", damit Sie wirklich weiterhelfen können?

b) Welche beiden Möglichkeiten können Sie abschließend anbieten, wenn der Kunde sich bei der Geschenkwahl nicht sicher ist?

Antwort 10.7

a)

b) Hinweis auf Umtauschmöglichkeit des Geschenkes, alternativ: Geschenkgutscheine anbieten

Frage 10.8

Verkauf & Werbemaßnahmen

Lernfeld 10

Im Rahmen einer firmeninternen Schulung werden besondere Verkaufssituationen besprochen. Eine solche besondere Verkaufssituation ist der Verkauf kurz vor Ladenschluss.

a) Nennen Sie 3 Gründe, warum Kunden erst kurz vor Ladenschluss Ihr Geschäft aufsuchen.

b) Warum sind „Spätkunden" wichtige Kunden für ein Einzelhandelsunternehmen?

c) Erstellen Sie einen Leitfaden zum Umgang mit solchen „Spätkunden". Nennen Sie dazu 8 Punkte.

Antwort 10.8

a) <u>Gründe</u>
- Der späte Kunde ist selbst berufstätig und seine eigene Arbeitszeit dauert bis kurz vor Ladenschluss.
- In vielen Familien sind inzwischen beide Partner berufstätig.
- Plötzlich auftretender Bedarf.

b) <u>Spätkunden sind deshalb wichtige Kunden, da sie…</u>
- …in der kurzen, zur Verfügung stehenden Zeit, oft viel Geld ausgeben,
- …dort einkaufen, wo sie sich nicht gedrängt fühlen.

c) <u>Leitfaden</u>
- Verständnis für die Situation des Kunden zeigen, da dieser evtl. ein schlechtes Gewissen hat. Deshalb bspw. darauf hinweisen, dass man selbst oft in dieser Situation ist.
- Freundlich bedienen.
- Vermeiden, dass der Kunde sich auf die Schnelle abgefertigt fühlt.
- Schnell den Kontakt zur Ware herstellen, da der Kunde oftmals eine zügige Lösung sucht.
- Verkaufschancen nutzen, da Kunden unter Zeitdruck häufig nicht so sehr auf den Preis achten.
- Ware während der gesamten Geschäftszeit bereithalten, Regale bei Bedarf auch kurz vor Ladenschluss noch einmal auffüllen.
- Aufräumen bzw. Reinigen erst nach Ladenschluss.
- Insbesondere in Einkaufsgalerien evtl. freundlicher Hinweis auf das Ende der Öffnungszeit und Vorschlag, die Ware am nächsten Tag in Ruhe auszuwählen, um keine überstürzte Entscheidung zu treffen. Dies gilt insbesondere bei beratungsintensiver Ware.

Frage 10.9

Verkauf & Werbemaßnahmen

Lernfeld 10

Im Rahmen einer firmeninternen Schulung werden besondere Verkaufssituationen besprochen. Eine solche besondere Verkaufssituation ist der Verkauf während des Hochbetriebs.

a) Welche Arbeiten können Sie in Ruhe erledigen, <u>bevor</u> die Menschenmassen bei Ihnen einfallen?

b) Wie verhalten Sie sich <u>während</u> des großen Kundenandrangs?

Antwort 10.9

a)

Fortsetzung: Frage 10.9

Verkauf & Werbemaßnahmen

Lernfeld 10

Im Rahmen einer firmeninternen Schulung werden besondere Verkaufssituationen besprochen. Eine solche besondere Verkaufssituation ist der Verkauf während des Hochbetriebs.

a) Welche Arbeiten können Sie in Ruhe erledigen, <u>bevor</u> die Menschenmassen bei Ihnen einfallen?

b) Wie verhalten Sie sich <u>während</u> des großen Kundenandrangs?

Fortsetzung: Antwort 10.9 (ab b)

b) <u>Verhalten während des Kundenandrangs:</u>

- Sie bedienen Ihren Kunden in Ruhe weiter, da dieser Kunde Vorrang hat.

- Sie signalisieren einem neuen Kunden bspw. durch Kopfnicken, dass Sie ihn wahrgenommen haben.

- Alternative: Den neuen Kunden direkt ansprechen und um Geduld bitten. Getränke, Sitzplatz anbieten.

- Beste Variante: Neuer Kunde soll sich bereits mit der Ware beschäftigen, während er wartet.

- Nach Verkaufsabschluss zügig kassieren und Waren aushändigen, damit es weitergeht.

- Immer Problemlösung für den Kunden im Blick behalten.

- Alle Kunden werden freundlich behandelt. Das Personal beklagt sich nicht über die Stress-Situation.

- Den wartenden Kunden Dank für die Geduld aussprechen.

- Alle Kunden müssen das Gefühl haben, dass das Personal Zeit für sie hat.

Frage 10.10

Verkauf & Werbemaßnahmen

Lernfeld 10

Im Rahmen einer firmeninternen Schulung werden besondere Verkaufssituationen besprochen. Eine solch besondere Verkaufssituation stellen Kunden dar, die nicht allein, sondern in Begleitung erscheinen.

a) Um wen kann es sich bei solchen Begleitern/-innen handeln.

b) Warum ist es für Sie als Verkäufer (m/w) so wichtig herauszufinden, wer letztendlich die Kaufentscheidung trifft?

c) Wie gehen Sie grundsätzlich mit diesen Kunden um?

Antwort 10.10

a) Mögliche Begleiter/-innen:
- Kinder
- Ehepartner
- Fachkundige Begleiter *(Experten)*
- Interessierte Begleiter *(nehmen aktiv am Gespräch teil, kennen Wünsche, Vorstellungen des Kunden)*
- Uninteressierte *(oft sogar gelangweilte)* Begleiter

b) Wichtigkeit:

Oftmals wird die endgültige Kaufentscheidung gar nicht gemeinsam gefällt.

Vielmehr entscheiden häufig Eltern für ihre Kinder, Frauen für ihre Männer (z.B. bei Bekleidung) und Männer für ihre Frauen (z.B. bei Technik).

Sie als Verkäufer/-in müssen diejenige Person herausfinden und argumentativ überzeugen, die letztendlich die Kaufentscheidung trifft.

c) Umgang:
- Begleiter in das Gespräch einbeziehen oder warenorientiert beschäftigen
- Desinteressierte Begleiter und Kinder anderweitig beschäftigen (z.B. Sitzgelegenheit und Getränke anbieten, Spielecke). *Hintergrund: Die Eltern sollen Ruhe, Zeit für den Einkauf haben.*
- Verkaufsargumente sollten idealerweise beide Personen überzeugen
- Bei Streit äußern Sie sich bitte ausschließlich sachlich zur Ware
- Können sich die beiden Personen nicht einigen, unterbreiten Sie ein „Ausweichangebot" als Kompromiss
- Fachkompetenz eines Begleiters sollte anerkannt und lobend im Gespräch erwähnt werden
- Beide Personen werden freundlich verabschiedet

Frage 10.11

Verkauf & Werbemaßnahmen

Lernfeld 10

Die Privatkundin Erna Ernst sucht einen Elektronikfachmarkt auf, um dort ein hochwertiges Multimedia-Notebook für 2.300,00 Euro zu kaufen. Da sie gerade ein klein wenig „klamm" ist, beabsichtigt sie, das Notebook zu finanzieren.

Was bedeutet in diesem Zusammenhang die Pflicht-Angabe des „effektiven Jahreszinssatzes" – bspw. in einer Höhe von 7,9%?

Antwort 10.11

Der effektive Jahreszins *(kurz: Effektivzins)* ist ein Zinssatz, der die jährlichen Gesamtkosten eines Kredits, bezogen auf die gesamte Kreditsumme und die vollständige Laufzeit des Darlehens, angibt.

Neben den tatsächlich zu bezahlenden Zinsen pro Jahr werden auch alle Kreditkosten – z.B. Gebühren, Spesen und Provisionen – in den effektiven Jahreszins eingerechnet.

Frau Ernst ist als Privatkundin eine sog. Verbraucherin. Verbraucher sollen durch Blick auf den effektiven Jahreszins sofort erkennen, welche jährlichen Kosten im Rahmen einer Finanzierung auf sie zukommen.

Durch Angabe des Effektivzinssatzes ist zudem eine Vergleichbarkeit unterschiedlicher Kreditangebote möglich *(Voraussetzung: Identische Laufzeiten)*.

Banken sind verpflichtet, bei Kreditangeboten die Effektivverzinsung anzugeben.

**Lernfeld 11, Frage 11.1
Geschäftsprozesse im Einzelhandel**

Im Einzelhandel haben Sie mit der sog. Umsatzsteuer zu tun.

a) Bitte nennen Sie die beiden Umsatzsteuersätze, die in Deutschland gelten.

b) Entscheiden Sie, welche Steuersätze im Verkauf der genannten Waren oder Dienstleistungen grundsätzlich anfallen:

- Buch „Prüfung Einzelhandelskaufmann/-frau? Aber hallo!"
- Bügeleisen „GlideClean 08/15 XL"
- Aktenordner „Wolke"
- Haartrocker „EasyDry"
- Sandwichtoast 750g

c) Was ist der Unterschied zwischen „Mehrwertsteuer", „Umsatzsteuer" und „Vorsteuer"?

d) Wer trägt die Umsatzsteuer wirtschaftlich (d.h. wer ist von der Steuer belastet)?

Antwort 11.1

a) Gemäß § 12 Umsatzsteuergesetz (UStG) kann es einen Steuersatz von 19% und einen ermäßigten Steuersatz von 7% geben.

b) Bücher und Zeitungen unterliegen dem ermäßigten Steuersatz von 7% Umsatzsteuer. Bügeleisen, Aktenordner und Haartrockner unterliegen dem normalen Steuersatz von 19%. Sandwichtoast unterliegt als Lebensmittel dem ermäßigten Steuersatz von 7%.

c) Mehrwertsteuer ist der umgangssprachliche Oberbegriff für Vorsteuer und Umsatzsteuer. Im Steuerrecht wird der Begriff nicht mehr verwendet, er wird aber gelegentlich noch auf Rechnungen/Quittungen verwendet und meist als MWSt abgekürzt.

Die Vorsteuer ist die Steuer, die das Unternehmen beim Einkauf von Waren und Dienstleistungen, also bei Ausgaben, mit der Rechnung bezahlt. Vorsteuerabzugsberechtigte Unternehmen erhalten die gezahlte Vorsteuer nach der Umsatzsteuervoranmeldung bzw. Umsatzsteuererklärung vom Finanzamt zurück.

Die Umsatzsteuer ist die Steuer, die für den Unternehmer auf Einnahmen fällig wird. Sie muss auf den Rechnungen separat ausgewiesen werden und wird nach der Umsatzsteuervoranmeldung an das Finanzamt abgeführt.

Vorsteuer und Umsatzsteuer sind somit unterschiedliche Sichtweisen auf dieselbe Steuer: Aus Sicht des Käufers handelt es sich um Vorsteuer, aus Sicht des Verkäufers um Umsatzsteuer. *Merkhilfe: Umsatzsteuer die uns von einem Vorlieferanten in Rechnung gestellt wird, heißt Vorsteuer.*

d) Die Umsatzsteuer wird durch den Endverbraucher (Privatkunden) getragen.

Frage 11.2

Geschäftsprozesse im Einzelhandel

Lernfeld 11

a) Bitte erläutern Sie den Begriff „Deckungsbeitrag".

b) Was ist der Unterschied zwischen „fixen" und „variablen" Kosten? Nennen Sie auch jeweils zwei Beispiele.

c) Erklären Sie nun die drei nachfolgend dargestellten Szenarien im Hinblick auf den Gesamtdeckungsbeitrag des Unternehmens:

Deckungsbeitrag = Fixkosten

Deckungsbeitrag > Fixkosten

Deckungsbeitrag < Fixkosten

Was ist in diesem Zusammenhang der sog. „Break-Even-Point"?

Antwort 11.2

a) Der Deckungsbeitrag ist in der Kosten- und Leistungsrechnung die Differenz zwischen den erzielten Umsatzerlösen und den variablen Kosten.

> **Deckungsbeitrag = Nettoumsatzerlös - variable Kosten**
>
> *oder*
>
> **Deckungsbeitrag = Nettoumsatzerlös – Bezugspreis – variable Handlungskosten**

Es handelt sich also um den Betrag, der zur Deckung der Fixkosten zur Verfügung steht.

b) Variable Kosten sind vom Umsatz abhängig. Sie steigen oder fallen also mit dem jeweiligen Umsatz. Als Beispiel könnten Verpackungsmaterial oder Umsatzprovisionen genannt werden. Fixe Kosten hängen nicht vom Umsatz ab. Typische fixe Kosten sind Mieten, Gehälter und Abschreibungen.

c) Der Deckungsbeitrag wird immer in Relation zu den fixen Kosten (Fixkosten) gesetzt. Diese fallen unverändert immer in gleicher Höhe an.

Ist der Deckungsbeitrag gleich hoch wie die Fixkosten, so spricht man vom **Break-Even-Point**. Das Unternehmen macht weder Gewinn noch Verlust. Einnahmen und Ausgaben sind ausgeglichen.

Ist der Deckungsbeitrag höher als die Fixkosten, wirtschaftet das Unternehmen profitabel. Es macht Gewinn. Die Einnahmen übersteigen die Ausgaben.

Ist der Deckungsbeitrag hingegen niedriger als die Fixkosten, macht das Unternehmen Verluste. Die Ausgaben übersteigen die Einnahmen. Das Unternehmen muss gegensteuern, indem es die variablen Kosten reduziert oder den Umsatz steigert.

Frage 11.3

Geschäftsprozesse im Einzelhandel

Lernfeld 11

a) Bitte erklären und veranschaulichen Sie kurz die folgenden Begriffe:

- Eigenkapitalquote
- Eigenkapitalrentabilität *(manchmal auch Unternehmer-Rentabilität genannt)*
- Umsatzrentabilität
- Liquidität

b) Folgende Zahlen aus der Bilanz sowie Gewinn- und Verlustrechnung der Max Mustermann Handels GmbH liegen Ihnen vor:

Eigenkapital: 250.000
Fremdkapital: 750.000
Gesamtkapital: ?
Umsatzerlöse: 900.000
Gewinn: 100.000
(alle Angaben in Euro)

Bitte berechnen Sie das Gesamtkapital, die Eigenkapitalquote, die Eigenkapitalrentabilität und die Umsatzrentabilität.

Antwort 11.3

a) Die **Eigenkapitalquote** gibt an, welchen prozentualen Anteil das Eigenkapital an dem Gesamtkapital des Unternehmens hat. Das **Gesamtkapital** errechnet sich als **Eigenkapital plus Fremdkapital**.

Aktiva	BILANZ	Passiva
		Eigenkapital
		+ Fremdkapital
		= Gesamtkapital

$$\frac{Eigenkapital \cdot 100}{(Eigenkapital + Fremdkapital)}$$

Achtung: Bei Eingabe in den Taschenrechner die Klammern mit eintippen, sonst geht's schief!

Die **Eigenkapitalrentabilität** gibt an, mit welchem Erfolg sich das im Unternehmen eingesetzte Eigenkapital verzinst.

$$\frac{Gewinn \cdot 100}{Eigenkapital}$$

Die **Umsatzrentabilität** gibt den prozentualen Anteil des Gewinns an den Umsatzerlösen an.

$$\frac{Gewinn \cdot 100}{Umsatz(erlöse)}$$

Die **Liquidität** gibt Auskunft über die Zahlungsfähigkeit des Unternehmens.

Achtung: Am besten lernen Sie die Formeln auswendig. Es kommen dazu Aufgaben in verschiedenen Varianten.

Fortsetzung: Frage 11.3

Geschäftsprozesse im Einzelhandel

Lernfeld 11

a) Bitte erklären und veranschaulichen Sie kurz die folgenden Begriffe:

- Eigenkapitalquote
- Eigenkapitalrentabilität *(manchmal auch Unternehmer-Rentabilität genannt)*
- Umsatzrentabilität
- Liquidität

b) Folgende Zahlen aus der Bilanz sowie Gewinn- und Verlustrechnung der Max Mustermann Handels GmbH liegen Ihnen vor:

Eigenkapital: 250.000
Fremdkapital: 750.000
Gesamtkapital: ?
Umsatzerlöse: 900.000
Gewinn: 100.000
(alle Angaben in Euro)

Bitte berechnen Sie die Eigenkapitalrentabilität, die Umsatzrentabilität und die Eigenkapitalquote.

Fortsetzung: Antwort 11.3

b) Gesamtkapital = Eigenkapital + Fremdkapital

$= \underline{1.000.000}$

Eigenkapitalquote:

$$\frac{\text{Eigenkapital} \cdot 100}{(\text{Eigenkapital} + \text{Fremdkapital})}$$

$$\frac{250.000 \cdot 100}{(250.000 + 750.000)}$$

$= \underline{25\%}$

Eigenkapitalrentabilität:

$$\frac{\text{Gewinn} \cdot 100}{\text{Eigenkapital}}$$

$$\frac{100.000 \cdot 100}{250.000}$$

$= \underline{40\%}$

Umsatzrentabilität:

$$\frac{\text{Gewinn} \cdot 100}{\text{Umsatz(erlöse)}}$$

$$\frac{100.000 \cdot 100}{900.000}$$

$= \underline{11{,}11\%}$

Frage 11.4

Geschäftsprozesse im Einzelhandel

Lernfeld 11

Bitte erklären und veranschaulichen Sie kurz die folgenden Begriffe:

- Unternehmungs-Rentabilität
- Flächenproduktivität

Antwort 11.4

Die **Unternehmungs-Rentabilität** gibt an, wie sich das Gesamtkapital – also Eigenkapital plus Fremdkapital – verzinst.

$$\frac{(\text{Gewinn} + \text{Fremdkapitalzinsen}) \cdot 100}{(\text{Eigenkapital} + \text{Fremdkapital})}$$

Achtung: Bei Eingabe in den Taschenrechner die Klammern mit eintippen, sonst geht´s schief!

Die **Flächenproduktivität** gibt bspw. das Verhältnis von Umsatz zur Verkaufsfläche an (somit der Umsatz je Quadratmeter Verkaufsfläche).

$$\frac{\text{Umsatz}}{\text{Verkaufsfläche}}$$

Achtung: Am besten lernen Sie die Formeln auswendig. Es kommen dazu Aufgaben in verschiedenen Varianten.

Frage 11.5

Geschäftsprozesse im Einzelhandel

Lernfeld 11

Bitte berechnen Sie den Betrag an Lagerzinsen bei einem durchschnittlichen Lagerbestand von 100.000,00 Euro und einem Lagerzinssatz von 3%.

Antwort 11.5

Der **Lagerzins** gibt an, wie viel das im durchschnittlichen Lagerbestand gebundene Kapital während der durchschnittlichen Lagerdauer kostet. Die Lagerzinsen *(und natürlich auch der Lagerzinssatz)* verringern sich, wenn sich bspw. die Lagerumschlagshäufigkeit erhöht.

$$\frac{\text{Durchschnittlicher Lagerbestand} \cdot \text{Lagerzinssatz in \%}}{100\%}$$

$$\frac{100.000,00 \cdot 3\%}{100\%}$$

$$= \underline{\underline{3.000,00 \text{ Euro}}}$$

Frage 11.6

Geschäftsprozesse im Einzelhandel

Lernfeld 11

a) Erläutern Sie kurz den Begriff „Controlling".

b) Worin besteht das Ziel eines effektiven Controllings?

c) Nennen Sie 5 Anwendungsbereiche des Controllings.

d) Worüber gibt die sogenannte „Renner-Penner-Liste" Auskunft?

Antwort 11.6

a) Controlling ist die Planung, Steuerung und Kontrolle aller Unternehmensbereiche des Unternehmens.

b) Die Unternehmensführung soll mit den notwendigen Instrumenten und Informationen versorgt werden, um die <u>Hauptzielsetzung, nämlich die vorausschauende Erfolgssteuerung des Unternehmens zu ermöglichen</u>.

c) Absatzcontrolling, Beschaffungscontrolling, Lagercontrolling, Personalcontrolling, Controlling im Finanz- und Rechnungswesen

d) Sie zeigt die tatsächlichen Verkaufszahlen in einem Zeitraum und gibt somit über gut verkaufte Artikel (Renner) und über schlecht verkaufte Artikel (Penner) Auskunft.

Frage 11.7

Geschäftsprozesse im Einzelhandel

Lernfeld 11

Bitte erklären Sie kurz die folgenden Begriffe:

- ABC-Analyse
- Soll-Ist-Vergleich
- Analyse der Personalstruktur
- Budgetierung

Antwort 11.7

Die **ABC-Analyse** ist ein betriebswirtschaftliches Analyseverfahren. Sie hilft bei der Prioritätensetzung unseres Unternehmens. Sie teilt bspw. alle Lieferanten in die Klassen A, B und C – und zwar nach ihrer Bedeutung für das Unternehmen. Dazu werden die Lieferanten anhand einer ausgewählten Kenngröße in drei Klassen unterteilt:

A: Sehr wichtig

B: Wichtig

C: Weniger wichtig

Der **Soll-Ist-Vergleich** vergleicht die Plandaten (Soll-Daten) mit den tatsächlich eingetretenen Daten (Ist-Daten). Bei Abweichungen wird nach Gründen gesucht („analysiert").

Eine **Analyse der Personalstruktur** erfolgt aufgrund von Kennzahlen, bspw. dem Anteil der höherqualifizierten Mitarbeiter (Qualifizierungsquote), der Auszubildenden (Ausbildungsquote), der Frauen im Unternehmen.

Im Rahmen der **Budgetierung** werden den verschiedenen betrieblichen Teilbereichen Soll- bzw. Planzahlen vorgegeben (z.B. Vorgabe der Personalaufwendungen für den Kassenbereich).

Frage 11.8

Geschäftsprozesse im Einzelhandel

Lernfeld 11

Wie kann die Lagerumschlagshäufigkeit erhöht werden?

Antwort 11.8

- Verkauf erhöhen/ankurbeln, bspw. durch Werbemaßnahmen,
- Lagerbestand vermindern, bspw. durch kürzere Lieferzeiten.

Frage 11.9

Geschäftsprozesse im Einzelhandel

Lernfeld 11

Sie haben es geschafft! Geschäftsführer eines Einzelhandelsunternehmens! Herzlichen Glückwunsch.

Nun liegen Ihnen die folgenden Zahlen vor, die Ihr fleißiger Mitarbeiter, Herr Streber, aufgrund einer effizienten Kosten- und Leistungsrechnung, analysiert hat.

Ihre Firma hat 2 Abteilungen: „Fashion" und „Shoes".

Herr Streber hat übrigens keine anderen Hobbys – und auch keine Freunde…

	Fashion	Shoes
Umsatzerlöse, netto	500.000	250.000
Wareneinsatz	178.500	85.000
Variable Handlungskosten	150.000	120.000

Die Fixkosten betragen 95.000 Euro.

a) Berechnen Sie den Deckungsbeitrag für beide Abteilungen.

b) Berechnen Sie im Anschluss das Betriebsergebnis für das gesamte Einzelhandelsunternehmen.

Antwort 11.9

a) <u>Deckungsbeitrag:</u>

Der Deckungsbeitrag ist in der Kosten- und Leistungsrechnung die Differenz zwischen den erzielten Umsatzerlösen und den variablen Kosten.

> Deckungsbeitrag = Nettoumsatzerlös – Bezugspreis – variable Handlungskosten

Bitte merken: Der „Bezugspreis" ist nur ein anderes Wort für „Wareneinsatz"!

> Deckungsbeitrag Fashion = 500.000 – 178.500 – 150.000 = 171.500

> Deckungsbeitrag Shoes = 250.000 – 85.000 – 120.000 = 45.000

Es handelt sich also um den Betrag, der zur Deckung der Fixkosten zur Verfügung steht.

	Fashion	Shoes	Gesamt
Umsatzerlöse, netto	500.000	250.000	-
Wareneinsatz	178.500	85.000	-
Variable Handlungskosten	150.000	120.000	-
Deckungsbeitrag	171.500	45.000	-

Vorsicht Falle: In manchen Prüfungsaufgaben stehen mehrere Abteilungen oder ähnliches, Sie sollen aber nur für <u>eine</u> den Deckungsbeitrag ausrechnen. Wenn Sie dann alle Deckungsbeiträge ausrechnen, verlieren Sie wertvolle Klausurzeit!

Fortsetzung: Frage 11.9

Geschäftsprozesse im Einzelhandel

Lernfeld 11

Sie haben es geschafft! Geschäftsführer eines Einzelhandelsunternehmens! Herzlichen Glückwunsch.

Nun liegen Ihnen die folgenden Zahlen vor, die Ihr fleißiger Mitarbeiter, Herr Streber, aufgrund einer effizienten Kosten- und Leistungsrechnung, analysiert hat.

Ihre Firma hat 2 Abteilungen: „Fashion" und „Shoes".

Herr Streber hat übrigens keine anderen Hobbys – und auch keine Freunde…

	Fashion	Shoes
Umsatzerlöse, netto	500.000	250.000
Wareneinsatz	178.500	85.000
Variable Handlungskosten	150.000	120.000

Die Fixkosten betragen 95.000 Euro.

a) Berechnen Sie den Deckungsbeitrag für beide Abteilungen.

b) Berechnen Sie im Anschluss das Betriebsergebnis für das gesamte Einzelhandelsunternehmen.

Fortsetzung: Antwort 11.9

b) Betriebsergebnis:

Bitte merken: Der „Betriebsergebnis" ist nur ein anderes Wort für „Betriebsgewinn" oder „-verlust".

	Fashion	Shoes	Gesamt
Umsatzerlöse, netto	500.000	250.000	750.000
Wareneinsatz	178.500	85.000	263.500
Variable Handlungskosten	150.000	120.000	270.000
Deckungsbeitrag	171.500	45.000	216.500
Fixkosten	-	-	95.000
Betriebsergebnis	-	-	121.500

Hinweis: Der „Betriebsergebnis" ist nur ein anderes Wort für „Betriebsgewinn" oder „-verlust".

Das Betriebsergebnis kann hier auf verschiedenen Wegen errechnet werden.

Alternative 1:

Einfach erscheint mir die Vorgehensweise, alle Deckungsbeiträge zu addieren (171.500 + 45.000 = 216.500) und davon die Fixkosten, die ja das ganze Unternehmen betreffen abzuziehen.

Alternative 2:

Summe aller Umsatzerlöse:	750.000 Euro
- Summe aller Wareneinsätze:	- 263.500 Euro
- Summe aller Handlungskosten:	- 270.000 Euro
- Fixkosten:	- 95.000 Euro
Betriebsgewinn:	121.500 Euro

Frage 11.10

Geschäftsprozesse im Einzelhandel

Lernfeld 11

Bitte geben Sie jeweils 2 Beispiele für

- fixe Kosten
- variable Kosten

an.

Antwort 11.10

Fixe Kosten (*oder auch Fixkosten*) fallen unabhängig vom Umsatz an. Sie bleiben über einen längeren Zeitpunkt gleich. Bsp.: Ladenmiete, Gehälter für die Verwaltungsmitarbeiter

Variable Kosten sind abhängig vom Umsatz. Bei steigendem Umsatz steigen bspw. auch die Verpackungskosten an. Dies dürfte auch für die Transportkosten gelten

Frage 11.11

Geschäftsprozesse im Einzelhandel

Lernfeld 11

Als neuer Geschäftsführer eines Einzelhandelsunternehmens werten sie die folgende Gewinn- und Verlustrechnung (GuV) aus:

1. Umsatzerlöse   700.000 Euro
2. Warenaufwand   -290.000 Euro
3. Löhne/Gehälter   -130.000 Euro
4. Abschreibungen   -32.000 Euro
5. Miete   -140.000 Euro
6. Werbung   -35.500 Euro
7. Versicherungen   -12.500 Euro

a) Erklären Sie kurz die Begriffe Aufwand und Ertrag.
b) Wie hoch sind die Handlungskosten des Unternehmens?
c) Berechnen Sie den Handlungskostenzuschlag.
d) Wie hoch ist der Rohgewinn des Unternehmens? Bitte erklären Sie diesen Begriff.
e) Wie hoch ist der Reingewinn? Bitte erklären Sie den Begriff.

Antwort 11.11

a) Aufwendungen und Erträge beeinflussen den **Erfolg** – also den Gewinn oder Verlust – eines Unternehmens.

Aufwand entsteht durch den Verbrauch/Nutzung von Gütern und Dienstleistungen, durch Steuern und sonstige Abgaben.

Ertrag entsteht vor allem durch den Verkauf der betrieblichen Waren bzw. Leistungen, hier als Umsatzerlöse.

b)
Löhne/Gehälter	130.000
+ Abschreibungen	32.000
+ Miete	140.000
+ Werbung	35.500
+ Versicherungen	12.500
Summe	**350.000**

Wichtig: Zu den Handlungskosten gehört nicht der Warenaufwand!

c) Handlungskostenzuschlag =

$$\frac{\text{Handlungskosten} \cdot 100\%}{\text{Warenaufwand}}$$

Fortsetzung: Frage 11.11

Geschäftsprozesse im Einzelhandel

Lernfeld 11

Als neuer Geschäftsführer eines Einzelhandelsunternehmens werten sie die folgenden Gewinn- und Verlustrechnung (GuV) aus:

1. Umsatzerlöse 700.000 Euro
2. Warenaufwand -290.000 Euro
3. Löhne/Gehälter -130.000 Euro
4. Abschreibungen -32.000 Euro
5. Miete -140.000 Euro
6. Werbung -35.500 Euro
7. Versicherungen -12.500 Euro

a) Erklären Sie kurz die Begriffe Aufwand und Ertrag.
b) Wie hoch sind die Handlungskosten des Unternehmens?
c) Berechnen Sie den Handlungskostenzuschlag.
d) Wie hoch ist der Rohgewinn des Unternehmens? Bitte erklären Sie diesen Begriff.
e) Wie hoch ist der Reingewinn? Bitte erklären Sie den Begriff.

Fortsetzung: Antwort 11.11

c) Handlungskostenzuschlag =

$$\frac{350.000 \cdot 100\%}{290.000}$$

$$= \underline{120,69\%}$$

d) Der **Rohgewinn** ist die Differenz zwischen den Netto-Umsatzerlösen und den Warenaufwendungen bzw. dem Wareneinsatz, hier:

    Umsatzerlöse 700.000 Euro
- Warenaufwand 290.000 Euro
    410.000 Euro

e) Der **Reingewinn** ist der Rohgewinn abzüglich der Handlungskosten, hier:

    Rohgewinn 410.000 Euro
- Handlungskosten 350.000 Euro
    60.000 Euro

Alternativ kann der Reingewinn wie folgt berechnet werden:

    Netto-Umsatzerlöse 700.000 Euro
- Warenaufwand -290.000 Euro
- Handlungskosten -350.000 Euro
    60.000 Euro

Frage 11.12

Geschäftsprozesse im Einzelhandel

Lernfeld 11

a) Aufwendungen und Erträge werden grundsätzlich über Erfolgskonten gebucht. Über welches Konto werden die Erfolgskonten abgeschlossen?

b) Bitte buchen Sie die folgenden Sachverhalte:

- Die Gehaltszahlung für einen Mitarbeiter wird über das Bankkonto überwiesen (2.800 Euro)

- Die KFZ-Versicherung wird in Höhe von 430 Euro) vom Bankkonto abgebucht.

- Ihre Bank schreibt Ihnen 5,75 Euro an Habenzinsen auf dem Geschäftskonto gut.

c) Über welches Konto wird das GuV-Konto (Gewinn- und Verlustkonto) abgeschlossen?

Antwort 11.12

a) Die Erfolgskonten werden über das GuV-Konto abgeschlossen.

b) **Buchungssätze:**

Gehaltsaufwand 2.800	an	Bank 2.800
KFZ-Versicherung 430	an	Bank 430
Bank 5,75	an	Zinsertrag 5,75

Sie haben keine Ahnung, wie diese Buchungssätze zustande kommen und morgen ist bereits Prüfung? Dann merken Sie sich bitte unbedingt die folgenden „Eselsbrücken" – vielleicht ist es die letzte Rettung...

Aufwand wird immer im Soll gebucht!

Aufwandskonto an blabla

Ertrag wird immer im Haben gebucht!

blabla an Ertragskonto

c) Das GuV-Konto wird über das Eigenkapital-Konto abgeschlossen. Dies bedeutet, dass Aufwendungen das Eigenkapital mindern und Erträge das Eigenkapital erhöhen.

Frage 11.13

Geschäftsprozesse im Einzelhandel

Lernfeld 11

a) Bitte erklären Sie kurz die Begriffe Vorsteuer und Umsatzsteuer.

b) Bilden Sie zu den nachfolgenden Aufgaben die **Buchungssätze**:

Zieleinkauf von Waren:
Waren 11.700,00 Euro
+ Versand 200,00 Euro
+ Umsatzsteuer 2.261,00 Euro
Rechnungsbetrag 14.161,00

Zusätzlich Barzahlung für Hausfracht: 238,00 Euro brutto

Kauf eines Verkaufsregals per Barzahlung:
Netto 2.950,00 Euro
+ Fracht 50,00 Euro
+ Umsatzsteuer 570,00 Euro
Rechnungsbetrag 3.570,00

Barverkauf von Waren:
Warenwert 29.000,00 Euro
+ Umsatzsteuer 5.510,00 Euro
Rechnungsbetrag 34.510,00

Ein Kunde begleicht eine Forderung in Höhe von 500 Euro per Banküberweisung an uns

Antwort 11.13

a) In der Buchführung bezeichnet man die Mehrwertsteuer, die dem Unternehmer von anderen Unternehmern in Rechnung gestellt wird, als **Vorsteuer**. Als **Umsatzsteuer** bezeichnet man die vom Unternehmer an den Kunden in Rechnung gestellte Mehrwertsteuer.

b) **Buchungssätze:**

Wareneingang	11.700	
Bezugsnebenkosten	200	
Vorsteuer	2.261	
an Verbindlichkeiten aLL		14.161

Bezugsnebenkosten	200	
Vorsteuer	38	
an Kasse		238

Wenn unsere Firma bar 238 Euro bezahlt, ist dies brutto. Hier ist Vorsteuer enthalten, die wir herausrechnen müssen.

Ladeneinrichtung	3.000	
Vorsteuer	570	
an Kasse		3.570

Das Verkaufsregal ist Anlagevermögen. Die Fracht gehört beim Anlagevermögen zu den Anschaffungsnebenkosten.

Kasse	34.510	
an Umsatzerlöse		29.000
an Umsatzsteuer		5.510

Bank	500	
an Forderungen aLL		500

Frage 11.14

Geschäftsprozesse im Einzelhandel

Lernfeld 11

a) Bitte erklären Sie kurz die Begriffe „Abschreibung" und „AfA".

b) Worum handelt es sich bei einem „Erinnerungswert"?

c) Ein neuer Firmen-PKW wird zum 1.1.2018 für Brutto 23.800 Euro angeschafft. Wie hoch ist die Abschreibung im Jahr 2018, wenn der PKW über eine Nutzungsdauer (ND) von 5 Jahren linear (das heißt gleichbleibend) abgeschrieben wird?

Achtung: Die Nutzungsdauer für PKW ist derzeit 6 Jahre laut AfA-Tabelle. Sie sollen hier jedoch mit 5 Jahren rechnen, da einfacher...

d) Bitte buchen Sie Ihr Ergebnis aus c), indem Sie die Konten „Abschreibung" und „PKW" nutzen.

Antwort 11.14

a) Die betrieblichen Wirtschaftsgüter (bspw. Maschinen, Fuhrpark, Betriebs- und Geschäftsausstattung) unterliegen durch ihre Nutzung einer gewissen Abnutzung, Verschleiß, Alterswertminderung oder Werteinbußen, die zu einer Wertminderung führen.

Diese Wertminderung muss in Bilanz und Gewinn- und Verlustrechnung berücksichtigt werden, damit das Rechnungswesen die tatsächlichen Wertverhältnisse widerspiegelt.

Letztere geschieht in Form von sogenannten **Abschreibungen**, die einerseits den Vermögenswert in der Bilanz vermindern und andererseits als Aufwand den Gewinn verringern oder den Verlust erhöhen. Abschreibungen sind zahlungsunwirksame Aufwendungen, die den Unternehmensgewinn senken.

Abschreibungen werden steuerlich auch **„Absetzungen für Abnutzung"** (kurz: **„AfA"**) genannt.

b) Ein **„Erinnerungswert"** liegt vor, wenn ein Wirtschaftsgut über die Jahre bereits komplett abgeschrieben wurde, aber noch im Unternehmen verwendet wird. Man lässt dann als Restbuchwert einen Wert von 1.- Euro in der Bilanz stehen. Letzterer heißt „Erinnerungswert".

c) *Vorsicht Falle: Die Abschreibung geht immer vom Nettopreis aus. Sie müssen hier also zunächst die Umsatzsteuer herausrechnen.*

20.000 Euro Netto : 5 Jahre ND = 4.000 Euro AfA 2018

d) Abschreibung 4.000 an PKW 4.000

Frage 11.15

Geschäftsprozesse im Einzelhandel

Lernfeld 11

Ihr Chef hat am 1. März 2016 eine neue Registrierkasse gekauft. Preis: 1.200 Euro netto. Die betriebsgewöhnliche Nutzungsdauer beträgt laut AfA-Tabelle 6 Jahre. Es wird linear abgeschrieben.

a) Wie hoch war der Abschreibungsbetrag im Jahr 2016?

b) Wie hoch war der Abschreibungsbetrag im Jahr 2017.

c) Geben Sie den Restbuchwert der Kasse zum 31. Dezember 2017 an.

d) Kennen Sie noch eine andere Variante als die lineare AfA? Nennen Sie bitte ein Beispiel für die andere Variante.

Antwort 11.15

Bei der linearen Abschreibung wird jährlich ein gleichbleibender Betrag von den Anschaffungskosten der Kasse abgeschrieben und dadurch die gesamten Anschaffungskosten auf die Gesamt-Nutzungsdauer der Kasse verteilt.

100% : 6 Jahre Nutzungsdauer = 16,67% pro Jahr

Der Abschreibungssatz beträgt 16,67%, d.h. die Nutzungsdauer von 6 Jahren entspricht einer jährlichen linearen Abschreibung von 16,67%.

a) Im Jahr 2016 wird gerechnet: 1.200 • 16,67% = 200 Euro.

   Alternativer Rechenweg: 1.200 Euro : 6 Jahre ND = 200 Euro.

   Da die Kasse aber erst im März 2016 gekauft wurde (also in 2016 10 Monate genutzt wurde), die 200 Euro aber ein Jahresbetrag sind, muss die Abschreibung 2016 noch auf 10/12 Monate berechnet werden:

   200 Euro • 10/12 Monate = 166,67 Euro

b) Der Aschreibungsbetrag 2017 errechnet sich wie oben:

   1.200 Euro : 6 Jahre ND = 200 Euro.

c) Der Restbuchwert der Kasse kann bspw. über einen Abschreibungsplan dargestellt werden:

Jahr	A.-kosten	Abschreibung	Restwert
2016	1.200,00	166,67	1.033,33
2017	1.200,00	200,00	833,33
2018	1.200,00	…	…

Restbuchwert zum 31. Dezember 2017: 833,33 Euro.

d) Bei der **Leistungsabschreibung** berechnen sich die Abschreibungsbeträge entsprechend der im jeweiligen Geschäftsjahr in Anspruch genommenen Leistung (Betriebsstunden bei Maschinen). Beispiel: LKW nach gefahrenen Kilometern pro Jahr/Gesamtkilometer

**Lernfeld 12, Frage 12.1
Geschäftsprozesse im Einzelhandel**

Damit Unternehmen im Einzelhandel erfolgreich sind, ist die Orientierung an den Bedürfnissen der Kunden ein wichtiges Ziel der Sortimentsplanung.

a) Nennen Sie 5 Einflussfaktoren, die für die Sortimentsbildung und -veränderung eine Rolle spielen.

b) Nennen und erklären Sie kurz 3 Maßnahmen zur Sortimentsgestaltung.

Antwort 12.1

a) Auf die Zielgruppe bezogen:

- Einkommen
- Markenbewusstsein
- Qualitätsansprüche

Auf das eigene Unternehmen, Lieferanten oder Konkurrenten bezogen:

- Günstige Bezugsquellen
- Konkurrenzsituation
- Eigenes Kapital
- Eigene Lager- und/oder Verkaufsflächen

b) **Sortimentserweiterung**: Aufnahme neuer Produkte, die das bestehende Sortiment erweitern / vertiefen.

Sortimentsvariation: Austausch bestimmter Waren, Warenarten oder -gruppen. *Das kann durch „Trading Up" (qualitative Aufwertung, z.B. verstärkt Markenartikel anbieten) oder „Trading Down" (qualitative Abwertung, z.B. verstärkt No-Name-Produkte anbieten) erfolgen.*

Sortimentsbereinigung: Unrentable Warengruppen oder Waren werden aus dem Sortiment entfernt.

Frage 12.2

Geschäftsprozesse im Einzelhandel

Lernfeld 12

Weshalb ist „Kundenzufriedenheit" für ein Einzelhandelsunternehmen besonders wichtig?

Antwort 12.2

Zufriedene Kunden werden Stammkunden, d.h. sie kaufen wiederholt bei diesem Einzelhändler.

Diese Kunden sind bereit, auch andere Produkte des Einzelhändlers zu kaufen.

Die Kunden verbreiten ihre positiven Erfahrungen – heutzutage auch „viral" in den sozialen Netzwerken.

Frage 12.3

Geschäftsprozesse im Einzelhandel

Lernfeld 12

Die Auszubildende Ann-Kristin Auer-Kauer zeichnet wie folgt Schaufensterware aus:

> 89 Euro zzgl. USt

Als dies ihr Chef, Herr Sausewind, bemerkt, saust er geschwind herbei und entreißt der jungen Dame das Preisschild.

Was hat sie falsch gemacht?

Antwort 12.3

Hier gelten die § 1 und 4 der Preisangabenverordnung (PAngV).

Demnach ist bei Angeboten an Endverbraucher der Bruttoverkaufspreis inklusive Umsatzsteuer anzugeben.

Frau Auer-Kauer hätte also im Schaufenster den Endpreis angeben müssen, den ein Kunde zu zahlen hat. Sie hat stattdessen nur den Nettopreis zuzüglich Umsatzsteuer aufgeschrieben.

Frage 12.4

Geschäftsprozesse im Einzelhandel

Lernfeld 12

In einer Teamsitzung dringt Ihre neue Chefin Edeltraud Traumichnicht darauf, das Image ihres Unternehmens in der Öffentlichkeit zu verbessern.

Mehrmals wiederholt sie ihr Motto: „Tue Gutes – und sorge dafür, dass Medien darüber berichten!"

a) Wie wird das Instrument genannt, das Frau Traumichnicht mit ihrem Motto meint? Wie heißt die Abkürzung?
b) Wo würden Sie im Marketing-Mix das Instrument aus a) zuordnen?
c) Nennen Sie 2 Maßnahmen, um das Motto umzusetzen.

Antwort 12.4

a) Edeltraud Traumichnicht möchte **„Public Relations"** (kurz: **„PR"**) einsetzen. „Public Relations" verfolgt das Ziel, das Ansehen bzw. den guten Ruf eines Unternehmens in der Öffentlichkeit zu verbessern/ zu erhalten.

b) „Public Relations" wird der **Kommunikationspolitik** zugeordnet.

c) Potentielle Maßnahmen:

- Einrichtung einer Sportstätte
- Veranstaltung eines Tages der offenen Tür

Frage 12.5

Geschäftsprozesse im Einzelhandel

Lernfeld 12

Bitte vervollständigen Sie das folgende Schaubild zur Produktpolitik:

Produktpolitik

- **Produktgestaltung**
  - Produkte sollen den Verbraucherwünschen bestmöglich entsprechen, z.B. hinsichtlich Komfort

- **Produktinnovation**
  - ?

- **Produktvariation**
  - ?

- **Produktelimination**
  - ?

Antwort 12.5

Produktpolitik

- **Produktgestaltung**
  - Produkte sollen den Verbraucherwünschen bestmöglich entsprechen, z.B. hinsichtlich Komfort

- **Produktinnovation**
  - Entwicklung eines völlig neuen Produkts *oder*
  - Hinzufügen neuer Produkteigenschaften für ein existierendes Produkt

- **Produktvariation**
  - Anbieten verschiedener Produktvarianten, z.B. bezüglich Ausstattung, um so auf möglichst viele verschiedene Kundenwünsche eingehen zu können

- **Produktelimination**
  - Aus Kostengründen oder Absatzgründen wird ein Produkt nicht mehr verkauft

Frage 12.6

Geschäftsprozesse im Einzelhandel

Lernfeld 12

Bitte ordnen Sie die folgenden Beispiele der entsprechenden kommunikationspolitischen Maßnahme zu:

a) Die Parfümerieabteilung eines großen Kaufhauses lädt zu einer Typberatung ein.

b) Der Fußball-Bundesligaverein „Rote Laterne 09" tritt zu seinen Spielen mit Trikotwerbung einer Einzelhandelskette an.

c) In einer TV-Serie telefoniert die Kommissarin ständig mit einem Smartphone der Marke „XYZ".

Antwort 12.6

a) Es handelt sich hierbei um die sog. **Verkaufsförderung,** *hier genauer: Salespromotion.*

Verkaufsförderung hat das Ziel, durch Maßnahmen am „**Point of Sale**" (Ort des Verkaufes) den Umsatz anzukurbeln. Die Aktionen sind zeitlich begrenzt.

b) Hierbei handelt es sich um **Sponsoring,** *in diesem Beispiel genauer: Sportsponsoring.*

Beim Sponsoring stellt der Sponsor dem Gesponserten Geld oder Sachmittel zur Verfügung. Dafür erhält er Gegenleistungen.

c) Hierbei handelt es sich um sog. **Product-Placement.**

Dabei werden Produkte werbewirksam in die Handlung eines Kino- oder TV- Films integriert, wobei das Marketing verschleiert wird, obwohl der Auftraggeber dafür bezahlen muss.

Frage 12.7

Geschäftsprozesse im Einzelhandel

Lernfeld 12

Bitte erklären Sie anhand des folgenden Kreisdiagramms die Begriffe Marktvolumen und Marktanteil.

Antwort 12.7

Das **Marktvolumen** ist der gesamte Kreis, also bspw. der Gesamtumsatz aller Anbieter in einem Jahr; letztendlich der gesamte Kuchen, der verteilt wird.

Der **Marktanteil** bspw. der Tante-Emma-Gruppe ist das Kreissegment, das auf die Tante-Emma-Gruppe entfällt, also letztendlich der Anteil der Tante-Emma-Gruppe vom Kuchen.

Häufig in Prüfungsklausuren mit Prozentwerten versehen. Der Aufgabentyp kann dann in einer Rechenaufgabe münden.

Frage 12.8

Geschäftsprozesse im Einzelhandel

Lernfeld 12

Bitte vervollständigen Sie das folgende Schaubild zu den Marketinginstrumenten (*Produktpolitik, Preispolitik, Distributionspolitik, Kommunikationspolitik*).

Elemente

- **Produktpolitik**
  - ?

- **Preispolitik**
  - ?

- **Distributionspolitik**
  - Wie gelangt die Ware zum Kunden?
  - Wahl des Absatzweges
  - Festlegung der Standorte
  - Logistik

- **Kommunikationspolitik**
  - ?

Antwort 12.8

Elemente

- **Produktpolitik**
  - Alle Entscheidungen, die das Leistungsangebot des Unternehmens betreffen
  - Festlegung des Sortiments
  - Service (Garantie, Kundendienst)

- **Preispolitik**
  - Alle Entscheidungen, die mit der Gestaltung des Preises in Verbindung stehen
  - Preisfestsetzung in Abhängigkeit von der Kunden-, Konkurrenz-, Kostensituation
  - Preisdifferenzierung
  - Preisnachlässe
  - Zahlungsbedingungen

- **Distributionspolitik**
  - Wie gelangt die Ware zum Kunden?
  - Wahl des Absatzweges
  - Festlegung der Standorte
  - Logistik

- **Kommunikationspolitik**
  - Entscheidungen, auf welche Weise das Unternehmen mit seinen Kunden in Verbindung tritt
  - Werbung
  - Public Relations
  - Sponsoring
  - Verkaufsförderung
  - Product Placement, Direktmarketing, Event-Marketing

Frage 12.9

Geschäftsprozesse im Einzelhandel

Lernfeld 12

Bitte erklären Sie die folgenden Begriffe:

a) Marketing,

b) Marktforschung,

c) Primärforschung,

d) Sekundärforschung.

Geben Sie nun

e) 6 externe Quellen für Sekundärforschung

f) 6 interne Quellen für Sekundärforschung an.

Eine weitere Frage:

g) Welche Gefahr besteht bei der Aufstellung einer Marktprognose?

Abschließend:

h) Was ist ein Panel?

Antwort 12.9

a) Unter dem Begriff **Marketing** werden alle unternehmerischen Aktivitäten bezeichnet, die darauf gerichtet sind, Produkte oder Leistungen erfolgreich zu vermarkten. Der Grundgedanke des Marketings ist die konsequente Ausrichtung des gesamten Unternehmens an den Bedürfnissen des Marktes.

b) **Marktforschung** ist die systematisch betriebene Sammlung, Strukturierung, Auswertung und Interpretation von Informationen über Märkte und Marktsegmente. Sie ist wichtig, um die Ausrichtung des Unternehmens auf Märkte und Kunden zu garantieren. *Typische Fragestellungen sind bspw. Kaufkraft, Altersstruktur, Einkommensstruktur etc.*

c) **Primärforschung** ist die Neuerhebung von Datenmaterial zu einem bestimmten Zweck.

d) **Sekundärforschung** ist die Auswertung von bereits vorhandenem Datenmaterial und bereits vorliegenden Informationen. *Diese Form der Datenerhebung ist im Vergleich zur Primärforschung rascher und kostengünstiger, nur leider liegen nicht immer Daten für unsere Fragestellung vor.*

e) Externe Quellen	f) Interne Quellen
Amtliche Statistiken	Umsatzstatistik
Jahresberichte	Auftragsstatistik
Statistiken von Branchenverbänden	Kosten- und Leistungsrechnung
Fachpresse	Kundenbeschwerden
Wissenschaftliche Arbeiten	Vertreterberichte
Marktforschungsinstitute	Berichte des Einkaufs

g) Falsche Einschätzung von Einflussfaktoren, zukünftige Entwicklung kann nur geschätzt werden, Folge: Gefahr von Fehlinvestitionen!

h) Gleichbleibender Kreis von Auskunftssubjekten (Personen, Betrieben), bei denen über einen längeren Zeitraum hinweg Messungen zu gleichen Themen in der gleichen Methode vorgenommen werden. Ziel: Veränderungen erkennen.

Frage 12.10

Geschäftsprozesse im Einzelhandel

Lernfeld 12

a) Bitte vervollständigen Sie das folgende Schaubild zur Marktforschung:

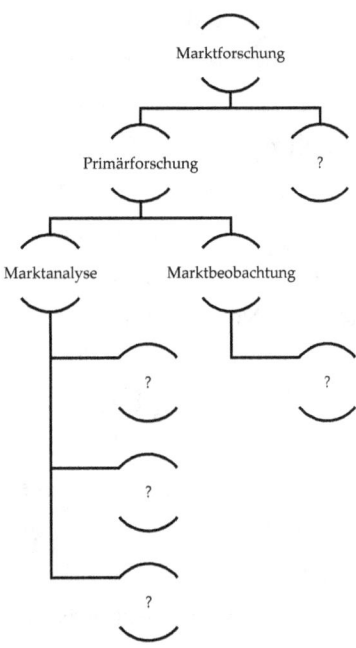

b) Grenzen Sie die beiden obigen Begriffe Marktanalyse und Marktbeobachtung voneinander ab.

c) Was bedeutet Marktprognose?

Antwort 12.10

a) Schaubild:

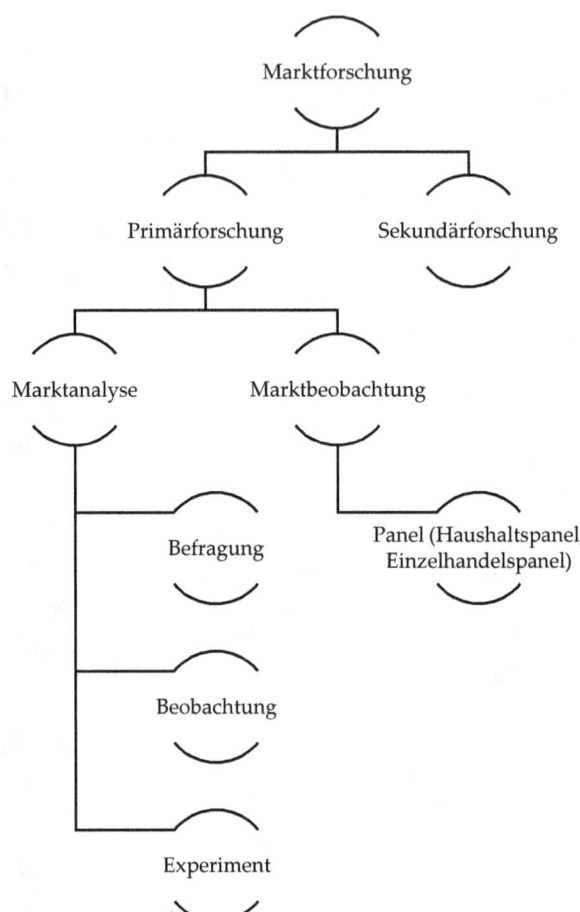

b) **Marktanalyse** bedeutet, die Ermittlung der Marktverhältnisse zu einem bestimmten Zeitpunkt; **Marktbeobachtung** die Ermittlung der Marktverhältnisse über einen längeren Zeitraum hinweg.

c) **Marktprognose** bedeutet die Abschätzung der Entwicklung der Marktverhältnisse.

**Lernfeld 13, Frage 13.1
Geschäftsprozesse im Einzelhandel**

Die Einzelhandelskauffrau Vera Veranda hat an einer Casting-Show im Fernsehen teilgenommen. Sie ist im „Recall" rausgeflogen. Deshalb muss sie leider weiterhin im Einzelhandel arbeiten. Vera lebt im Bundesland Niedersachsen und erhält im Monat Februar 2018 ein Bruttogehalt von 2.200,00 Euro.

Sie ist 1998 geboren, geht jeden Sonntag brav zur Kirche und hat die Steuerklasse I (Lohnsteuer 231,83, Solidaritätszuschlag 5,5% der Lohnsteuer, Kirchensteuer 9% der Lohnsteuer).

In der Sozialversicherung ist Vera pflichtversichert. Der Beitragssatz der Rentenversicherung beträgt 2018 18,6%, der Beitragssatz der Arbeitslosenversicherung 3,0%. Die Krankenkasse kostet 14,6%. Der Zusatzbeitragssatz beträgt bei Vera 0,9%. Die Pflegeversicherung kostet 2,55%. Vera hat keine Kinder.

a) Bitte berechnen Sie Veras Nettogehalt für den Monat Februar 2018. Wieviel bekommt sie ausgezahlt?

b) Bitte berechnen Sie die Arbeitgeber-Belastung, d.h. wieviel Geld muss der Chef insgesamt im Februar bezahlen?

Antwort 13.1

a) Gehaltsabrechnung Monat Februar 2018:

Bruttogehalt		2.200,00
Steuern:		
Lohnsteuer	gegeben	-231,83
Soli	231,83•5,5%	-12,75
Kirchensteuer	231,83•9%	-20,86
		-265,44
Sozialabgaben (Arbeitnehmer)		
Renten-Versicherung	2.200,00•18,6%•½	-204,60
Arbeitslosen-Versicherung	2.200,00•3,0%•½	-33,00
Kranken-Versicherung	2.200,00•14,6%•½ nur Vera: 2.200,00•0,9%	-160,60 -19,80
Pflege-Versicherung	2.200,00•2,55%•½	-28,05
		-446,05
Nettogehalt		1.488,51

Hinweis: In der Pflegeversicherung gibt es einen Beitragszuschlag für kinderlose Versicherte, die das 23. Lebensjahr vollendet haben. Den Beitragszuschlag von 0,25% trägt der Arbeitnehmer allein. Hier jedoch eine kleine Falle: Vera ist - Stand 2018 - jünger als 23. Also kein Zuschlag!

b) Arbeitgeber-Belastung Monat Februar 2018:

Bruttogehalt		2.200,00
Sozialabgaben (Arbeitgeber)		
Renten-Versicherung	2.200,00•18,6%•½	+204,60
Arbeitslosen-Versicherung	2.200,00 •3,0%•½	+33,00
Kranken-Versicherung	2.200,00•14,6%•½	+160,60
Pflege-Versicherung	2.200,00•2,55%•½	+28,05
		+426,25
Gesamtbelastung		2.626,25

Frage 13.2

Geschäftsprozesse im Einzelhandel

Lernfeld 13

Die Einzelhandelskauffrau Luna Lustig lebt und arbeitet im Bundesland Niedersachsen. Sie erhält im Monat Februar 2018 ein Tarifgehalt von 2.400,00 Euro. Zusätzlich spart sie vermögenswirksame Leistungen in Höhe von 40 Euro monatlich in ihrem Bausparvertrag an, von denen ihr Chef – ein ganz Netter – 30 Euro zuschießt.

Luna wurde 1992 geboren, gehört keiner Kirche an und hat die Steuerklasse I (Lohnsteuer 282,91, Solidaritätszuschlag 5,5% der Lohnsteuer, Kirchensteuer 9% der Lohnsteuer).

In der Sozialversicherung ist Luna pflichtversichert. Der Beitragssatz der Rentenversicherung beträgt 2018 18,6%, der Beitragssatz der Arbeitslosenversicherung 3,0%. Die Krankenkasse kostet 14,6%. Der Zusatzbeitragssatz beträgt bei Luna 1,0%. Die Pflegeversicherung kostet 2,55%. Luna hat keine Kinder.

a) Bitte berechnen Sie Lunas Nettogehalt für den Monat Februar 2018. Wieviel bekommt sie ausgezahlt?

b) Bitte berechnen Sie die Arbeitgeber-Belastung.

Antwort 13.2

a) Gehaltsabrechnung Monat Februar 2018:

Tarifgehalt		2.400,00
VWL / VL des Arbeitgebers		+30,00
Bruttogehalt:		**2.430,00**
Lohnsteuer	gegeben	-282,91
Soli	282,91•5,5%	-15,56
Kirchensteuer	konfessionslos	-0,00
		-298,47
Sozialabgaben (Arbeitnehmer)		
Renten-Versicherung	2.430,00•18,6%•½	-225,99
Arbeitslosen-Versicherung	2.430,00•3,0%•½	-36,45
Kranken-Versicherung	2.430,00•14,6%•½	-177,39
	nur Luna: 2.430,00•1,0%	-24,30
Pflege-Versicherung	2.430,00•2,55%•½	-30,98
	2.430,00•0,25%	-6,08
		-501,19
Nettogehalt		**1.630,34**
Gesamte VWL / VL		-40,00
Auszahlbetrag		**1.590,34**

Hinweis: In der Pflegeversicherung gibt es einen Beitragszuschlag für kinderlose Versicherte, die das 23. Lebensjahr vollendet haben. Den Beitragszuschlag von 0,25% trägt der AN allein. Luna ist - Stand 2018 - älter als 23. Also Zuschlag!

b) Arbeitgeber-Belastung Monat Februar 2018:

Bruttogehalt		2.430,00
Sozialabgaben (Arbeitgeber)		
Renten-Versicherung	2.430,00•18,6%•½	+225,99
Arbeitslosen-Versicherung	2.430,00•3,0%•½	+36,45
Kranken-Versicherung	2.430,00•14,6%•½	+177,39
Pflege-Versicherung	2.430,00•2,55% ½	+30,98
		+470,81
Gesamtbelastung		**2.900,81**

Frage 13.3

Geschäftsprozesse im Einzelhandel

Lernfeld 13

Die Einzelhandelskauffrau Alexa Stoffel aus Bad Oeynhausen hat einen Betrag von 19,64 Euro Soli (*Solidaritätszuschlag*) auf ihrer Gehaltsabrechnung stehen.

In Deutschland beträgt der Solidaritätszuschlag im Jahr 2018 exakt 5,5% der einzubehaltenden Lohnsteuer.

a) Bitte berechnen Sie die Höhe der Lohnsteuer.

b) Was ist der Solidaritätszuschlag, den alle deutschen Arbeitnehmer bezahlen müssen?

Antwort 13.3

a) Ich empfehle hier den Dreisatz:

Wenn 5,5% exakt 19,64 Euro Soli sind, dann müssen 100% doch mehr werden. Also wird der Lohnsteuer-Betrag höher ausfallen.

| 5,5% Soli | 19,64 Euro |
| 100,00% Lohnsteuer | Mehr Euro |

Da auf beiden Seiten das gleiche Zeichen („+") steht, also beide Seiten „mehr werden", sprechen wir von einem **geraden Verhältnis**.

Achtung: Bitte achten Sie darauf, dass bei Ihnen immer „Prozent" unter „Prozent" steht und „Euro" unter „Euro", d.h. Sie müssen immer die zusammen passenden Einheiten untereinander schreiben.

Wir schreiben das jetzt etwas professioneller auf, damit Ihr Lehrer/Prüfer zufrieden ist: Der erste Satz (der mit den Ausgangsbehauptungen) wird auch als „**Behauptungssatz**" bezeichnet. Der zweite wird „**Fragesatz**" genannt, da dort noch eine Zahl fehlt. Diese wollen Sie ja errechnen.

Behauptungssatz:

5,5% entsprechen 19,64 Euro

Fragesatz:

100% entsprechen ? Euro

> Und jetzt – ganz, ganz wichtig – bitte „Auswendiglernen": Beim **geraden Verhältnis** steht die Zahl aus dem Fragesatz immer „auf" dem Bruchstrich.

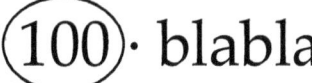

Fortsetzung: Frage 13.3

Geschäftsprozesse im Einzelhandel

Lernfeld 13

Die Einzelhandelskauffrau Alexa Stoffel aus Bad Oeynhausen hat einen Betrag von 19,64 Euro Soli (Solidaritätszuschlag) auf ihrer Gehaltsabrechnung stehen.

In Deutschland beträgt der Solidaritätszuschlag im Jahr 2018 exakt 5,5% der einzubehaltenden Lohnsteuer. Bitte berechnen Sie die Höhe der Lohnsteuer.

Fortsetzung: Antwort 13.3a)

Weiter geht´s: Da die 100 Prozent auf dem Bruchstrich stehen und dadurch der Platz für Prozent besetzt ist, bleibt für die 5,5% kein Platz mehr auf dem Bruchstrich, sie fliegen also „unter den Bruchstrich".

$$\frac{100 \cdot \text{blabla}}{5,5}$$

Die zweite Zahl aus dem Behauptungssatz steht <u>immer</u> auf dem Bruchstrich. Bitte gleich merken…

$$\frac{100 \cdot 19,64}{5,5}$$

Kurz in den Taschenrechner eingetippt (100 mal 19,64 durch 5,5), ergibt einen Lohnsteuerbetrag von 357,09 Euro.

Tipp: Wenn Sie sich nicht ganz sicher sind, ob das, was Ihr Hochleistungs-Taschenrechner da gerade ausgegeben hat, stimmt, können Sie ganz einfach die folgende Probe machen:

Das Ergebnis 357,09 • 5,5% eintippen und es kommt wieder der Ausgangswert von 19,64 Euro heraus.

b) Der Solidaritätszuschlag *(umgangssprachlich „Soli")* ist eine Ergänzungssteuer zur Einkommensteuer und Körperschaftsteuer. Er wurde 1991 eingeführt, um staatliche Ausgaben im Zweiten Golfkrieg zu decken.

Mitte der 1990er Jahre – als klar wurde – dass die deutsche Wiedervereinigung mehr Gelder benötigt, als geplant, wurde der Solidaritätszuschlag zu einer Zusatzabgabe zur Finanzierung der deutschen Einheit.

Aktuell wird diskutiert, den Soli abzuschaffen.

Frage 13.4

Geschäftsprozesse im Einzelhandel

Lernfeld 13

Bitte vervollständigen Sie die folgende Übersicht zu den Steuerklassen:

Steuerklasse 1
- Alleinstehende (Ledige, Geschiedene, Verwitwete)
- Verheiratete / gleichgeschlechtliche Lebensgemeinschaften *(wenn Sie dauerhaft von Ihrem Ehepartner getrennt leben)*

Steuerklasse 2
- ?

Steuerklasse 3
- ?

Steuerklasse 4
- ?

Steuerklasse 5
- ?

Steuerklasse 6
- ?

Antwort 13.4

Steuerklasse 1
- Alleinstehende (Ledige, Geschiedene, Verwitwete)
- Verheiratete / gleichgeschlechtliche Lebensgemeinschaften *(wenn sie dauerhaft von Ihrem Ehepartner getrennt leben)*

Steuerklasse 2
- Alleinerziehende

Steuerklasse 3
- Verheiratete / gleichgeschlechtliche Lebensgemeinschaften *(wenn Partner Steuerklasse 5 gewählt hat, oder der Partner nicht arbeitet)*

Steuerklasse 4
- Verheiratete / gleichgeschlechtliche Lebensgemeinschaften *(wenn beide arbeiten und der Partner auch Steuerklasse 4 wählt)*

Steuerklasse 5
- Verheiratete / gleichgeschlechtliche Lebensgemeinschaften *(wenn der Partner Steuerklasse 3 wählt)*

Steuerklasse 6
- Ledige und Verheiratete / gleichgeschlechtliche Lebensgemeinschaften *(ab dem zweiten Job)*.

Frage 13.5

Geschäftsprozesse im Einzelhandel

Lernfeld 13

Der Einzelhandelskaufmann Bernd Bernard aus Niedersachsen hat einen Betrag von 23,64 Euro an Kirchensteuer auf seiner Gehaltsabrechnung stehen.

In Niedersachsen beträgt die Kirchensteuer im Jahr 2018 exakt 9% der einzubehaltenden Lohnsteuer. Bitte berechnen Sie die Höhe der Lohnsteuer.

Antwort 13.5

Ich empfehle hier den Dreisatz:

Wenn 9% exakt 23,64 Euro Kirchensteuer sind, dann müssen 100% doch mehr werden. Also wird der Lohnsteuer-Betrag höher ausfallen.

| 9,00% Soli | 23,64 Euro |
| 100,00% Lohnsteuer | Mehr Euro |

Da auf beiden Seiten das gleiche Zeichen („+") steht, also beide Seiten „mehr werden", sprechen wir von einem **geraden Verhältnis**.

Achtung: Bitte achten Sie darauf, dass bei Ihnen immer „Prozent" unter „Prozent" steht und „Euro" unter „Euro", d.h. Sie müssen immer die zusammen passenden Einheiten untereinander schreiben.

Wir schreiben das jetzt etwas professioneller auf, damit Ihr Lehrer/Prüfer zufrieden ist: Der erste Satz (der mit den Ausgangsbehauptungen) wird auch als „**Behauptungssatz**" bezeichnet. Der zweite wird „**Fragesatz**" genannt, da dort noch eine Zahl fehlt. Diese wollen Sie ja errechnen.

Behauptungssatz:

9% entsprechen 23,64 Euro

Fragesatz:

100% entsprechen ? Euro

> Und jetzt – ganz, ganz wichtig – bitte „Auswendiglernen": Beim **geraden Verhältnis** steht die Zahl aus dem Fragesatz immer „auf" dem Bruchstrich.

Fortsetzung: Frage 13.5

Geschäftsprozesse im Einzelhandel

Lernfeld 13

Der Einzelhandelskaufmann Bernd Bernard aus Niedersachsen hat einen Betrag von 23,64 Euro an Kirchensteuer auf seiner Gehaltsabrechnung stehen.

In Niedersachsen beträgt die Kirchensteuer im Jahr 2018 exakt 9% der einzubehaltenden Lohnsteuer. Bitte berechnen Sie die Höhe der Lohnsteuer.

Fortsetzung: Antwort 13.5

Weiter geht's: Da die 100 Prozent auf dem Bruchstrich stehen und dadurch der Platz für Prozent besetzt ist, bleibt für die 9% kein Platz mehr auf dem Bruchstrich, sie fliegen also „unter den Bruchstrich".

$$\frac{100 \cdot \text{blabla}}{9}$$

Die zweite Zahl aus dem Behauptungssatz steht immer auf dem Bruchstrich. Bitte gleich merken…

$$\frac{100 \cdot 23{,}64}{9}$$

Kurz in den Taschenrechner eingetippt (100 mal 23,64 durch 9), ergibt einen Lohnsteuerbetrag von 262,67 Euro.

Tipp: Wenn Sie sich nicht ganz sicher sind, ob das, was Ihr Hochleistungs-Taschenrechner da gerade ausgegeben hat, stimmt, können Sie ganz einfach die folgende Probe machen:

Das Ergebnis 262,67 • 9% eintippen und es kommt wieder der Ausgangswert von 23,64 Euro heraus.

Frage 13.6

Geschäftsprozesse im Einzelhandel

Lernfeld 13

Ein internationales Handels-Unternehmen *(Schwerpunkt: „Young Fashion")* möchte eine Filiale in Hannover eröffnen. Es existieren bereits Filialen in Bielefeld & Berlin. Für die neue Filiale wird Personal gesucht.

a) Bitte erklären Sie kurz den Begriff der „Personalbeschaffung".

b) Welche anderen Bezeichnungen kennen Sie für diesen Begriff?

c) Unterscheiden Sie kurz die qualitative und die quantitative Personalplanung.

d) Was ist interne Personalbeschaffung?

e) Nennen Sie jeweils 3 Vorteile und 3 Nachteile der internen Personalbeschaffung.

f) Geben Sie 3 allgemeine Beispiele für interne Personalbeschaffung an.

g) Was ist externe Personalbeschaffung?

h) Nennen Sie jeweils 3 Vorteile und 3 Nachteile der externen Personalbeschaffung.

i) Geben Sie 7 allgemeine Beispiele für externe Personalbeschaffung an.

Antwort 13.6

a) Personalbeschaffung hat die Aufgabe, die von einem Unternehmen benötigten Arbeitskräfte zu beschaffen, um freie Stellen bedarfsgerecht und kostengünstig zu besetzen.

b) Recruiting, Personalrekrutierung, Mitarbeiterakquisition, Personalakquisition

c) Qualitative Personalplanung bedeutet, dass die Qualifikation, die Anforderungen etc. der Mitarbeiter im Vordergrund stehen. *Merkhilfe: „Qualität"!* Quantitative Personalplanung ist die Anzahl der Mitarbeiter, die benötigt wird. *Merkhilfe: „Quantität"!*

d) Bei der internen Personalbeschaffung erfolgt die Stellenbesetzung durch bereits im Unternehmen vorhandene Mitarbeiter.

e) Vorteile	Nachteile
Bindung an das Unternehmen steigt	Gefahr der „Betriebsblindheit"
Geringes Auswahlrisiko	Bisherige Stellen müssen neu besetzt werden
Gehaltsniveau ist bekannt	Wenig Auswahlmöglichkeit

f) Innerbetriebliche Stellenausschreibung, Versetzung, Personalentwicklung

g) Bei der externen Personalbeschaffung erfolgt die Mitarbeitersuche auf dem Arbeitsmarkt außerhalb des Unternehmens

h) Vorteile	Nachteile
Größere Auswahlmöglichkeit	Kostenintensiv
Neue Ideen und Impulse	Hohes Auswahlrisiko
Andere Arbeitsplätze werden nicht frei	Betriebsrat kann interne Ausschreibung verlangen

i) Stellenanzeigen, Personalberatung, Job- und Ausbildungsmessen, gezielte Abwerbung, Kontaktaufnahme zum Arbeitsamt, Arbeitnehmerüberlassung, Internet-Jobportale, usw.

Frage 13.7

Geschäftsprozesse im Einzelhandel

Lernfeld 13

Bitte erklären Sie kurz die folgenden Begriffe:

a) Berufsausbildung,
b) Fortbildung,
c) Weiterbildung,
d) Umschulung.

Antwort 13.7

a) Im Regelfall ist mit dem Begriff „Berufsausbildung" die Erstausbildung *(nach der Schule)* gemeint.

b) Durch Fortbildung sollen bereits vorhandene berufliche Kompetenzen entweder erhalten, angepasst oder erweitert werden.

c) Weiterbildung bezieht sich auf zusätzliche Qualifikationen in einem neuen Handlungsfeld.

Achtung: Der Unterschied zwischen Fortbildung und Weiterbildung besteht darin, dass bei einer Fortbildung eine konkrete Weiterqualifizierung im Fokus steht, die sich auf den derzeit ausgeübten Job bezieht. Eine Weiterbildung muss nicht in direktem Bezug zum bestehenden Job stehen.

d) Eine Umschulung setzt voraus, dass bereits eine Berufsausbildung abgeschlossen worden ist. Laut BBiG muss zur Absolvierung einer Umschulung erfolgreich eine Abschlussprüfung vor der zuständigen Kammer abgelegt werden.

Frage 13.8

Geschäftsprozesse im Einzelhandel

Lernfeld 13

a) Worum handelt es sich bei der „Arbeitnehmerüberlassung"?

b) Wie wird „Arbeitnehmerüberlassung" noch genannt?

c) Bei diesem Modell werden 2 Verträge abgeschlossen, Wie heißen diese und zwischen welchen Parteien werden sie abgeschlossen?

Antwort 13.8

a) Arbeitnehmerüberlassung liegt vor, wenn Arbeitnehmer (Leiharbeitnehmer) von einem Personalleasing-Unternehmen einem dritten Unternehmen gegen Entgelt für begrenzte Zeit überlassen werden.

b) Leiharbeit, Personalleasing, Zeitarbeit

c) Das Personalleasing-Unternehmen schließt mit dem dritten Unternehmen einen Arbeitnehmerüberlassungsvertrag.

Das Personalleasing-Unternehmen schließt mit dem Arbeitnehmer (Leiharbeitnehmer) einen Arbeitsvertrag (Dienstvertrag). Zeitarbeitskräfte sind Mitarbeiter des Personalleasing-Unternehmens, auch wenn sie woanders eingesetzt werden.

Frage 13.9

Geschäftsprozesse im Einzelhandel

Lernfeld 13

Bitte vervollständigen Sie das folgende Schaubild zu Führungsstilen:

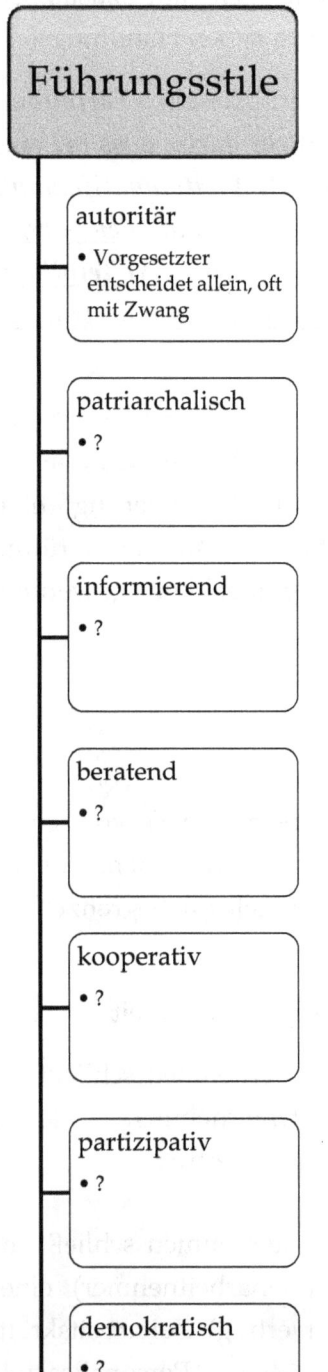

Antwort 13.9

Führungsstile

- **autoritär**
  - Vorgesetzter entscheidet allein, oft mit Zwang

- **patriarchalisch**
  - Vorgesetzter entscheidet, setzt durch, oft mit Manipulation

- **informierend**
  - Vorgesetzter entscheidet, setzt sich durch Überzeugung durch

- **beratend**
  - Vorgesetzter informiert und erwartet Meinungs-Äußerungen der Mitarbeiter

- **kooperativ**
  - Gruppe entwickelt Vorschläge, Vorgesetzter wählt aus

- **partizipativ**
  - Mitarbeiter entscheiden selbständig in vereinbartem Rahmen

- **demokratisch**
  - Gruppe entscheidet allein, Vorgesetzter ist nur Koordinator

Frage 13.10

Geschäftsprozesse im Einzelhandel

Lernfeld 13

Bitte vervollständigen Sie das folgende Schaubild zu den Haupt- und Nebenpflichten aus dem Arbeitsvertrag:

Hauptpflichten aus dem Arbeitsvertrag (§ 611 BGB)	
Arbeitgeber	**Arbeitnehmer**
Vergütungspflicht	?

Nebenpflichten aus dem Arbeitsvertrag (§ 242 BGB)	
Arbeitgeber	**Arbeitnehmer**
Fürsorgepflicht	*Treuepflicht*
Beispiele:	*Beispiele:*
?	?
?	?
?	?
?	?
?	?

Frage 13.11

Geschäftsprozesse im Einzelhandel

Lernfeld 13

Welche Anlässe für ein Mitarbeitergespräch sind Ihnen bekannt?

Antwort 13.10

Hauptpflichten aus dem Arbeitsvertrag (§ 611 BGB)	
Arbeitgeber	**Arbeitnehmer**
Vergütungspflicht	Arbeitspflicht

Nebenpflichten aus dem Arbeitsvertrag (§ 242 BGB)	
Arbeitgeber	**Arbeitnehmer**
Fürsorgepflicht	*Treuepflicht*
Beispiele:	*Beispiele:*
Schutz des Lebens, Gesundheit	Verschwiegenheitspflicht (Betriebsgeheimnisse)
Pflicht zur Lohnfortzahlung	Unterlassung von Rufschädigung
Pflicht zur Gewährung von Urlaub	Wettbewerbsverbot
Gleichbehandlung und Gleichberechtigung	Einhaltung der betrieblichen Regeln/ Ordnung
Schutz des Persönlichkeitsrechts	Schadensanzeige- und -abwendungspflicht

Antwort 13.11

Ende der Probezeit, Ablauf eines befristeten Arbeitsvertrages, Beurteilungsgespräche, Konfliktgespräche, Personalentwicklungsgespräche etc.

Frage 13.12

Geschäftsprozesse im Einzelhandel

Lernfeld 13

Was verstehen Sie unter Personalentwicklung?

Antwort 13.12

Personalentwicklung umfasst alle Maßnahmen zur Erhaltung und Verbesserung der erforderlichen Mitarbeiter-Qualifikationen auf allen hierarchischen Ebenen, um die jetzigen und zukünftigen Arbeitsplatzanforderungen zu erfüllen.

Personalentwicklung ist Teil der Personalwirtschaft.

Frage 13.13

Geschäftsprozesse im Einzelhandel

Lernfeld 13

a) Errechnen Sie den Nettopersonalbedarf nach der Personalbestandsmethode aufgrund der folgenden Angaben:

> Stellenbestand am 1.1.: 160
> Mitarbeiterbestand am 1.1.: 166
> zusätzliche Stellen: 9
> Abgänge: 7
> Zugänge: 1

b) Entscheiden Sie, ob es sich bei den folgenden Veränderungen um <u>Ersatzbedarf</u> oder um <u>Zusatzbedarf</u> handelt:

b1) Im Kassenbereich wird in diesem Jahr eine Mitarbeiterin in den Ruhestand gehen.

b2) Ein Kaufmann im Einzelhandel wird entlassen.

b3) Ihr Einzelhändler baut eine neue Verkaufshalle für Gartenpflanzen an und benötigt für die Erweiterung drei neue Mitarbeiter.

Antwort 13.13

a) <u>Ausgangsdaten:</u>

Stellenbestand am 1.1.:	160
Mitarbeiterbestand am 1.1.:	166
zusätzliche Stellen:	9
Abgänge:	7
Zugänge:	1

Stellenbestand am 1.1.:	160
<u>Zusatzbedarf:</u>	<u>+ 9</u>
Bruttopersonalbedarf:	**169**

Mitarbeiterbestand am 1.1:	166
<u>Abgänge:</u>	<u>- 7</u>
<u>Zugänge:</u>	<u>+ 1</u>
fortgeschriebener Personalbestand:	**160**

> Bruttopersonalbedarf
> - fortgeschriebener Personalbestand =
> Nettopersonalbedarf

<u>**Nettopersonalbedarf:** 169 - 160 = 9</u>

b) Ersatzbedarf bei b1) und b2) sowie Zusatzbedarf bei b3).

Frage 13.14

Geschäftsprozesse im Einzelhandel

Lernfeld 13

Nennen Sie 3 Gründe, weshalb der Personalbedarf eines Einzelhandelsunternehmens schwanken kann.

Antwort 13.14

- Saisonale Schwankungen
- Messezeiten
- Sortimentsänderungen

Frage 13.15

Geschäftsprozesse im Einzelhandel

Lernfeld 13

Wenn ein Einzelhandelsunternehmen einem Mitarbeiter bzw. einer Mitarbeiterin kündigt, sind bestimmte Voraussetzungen zu erfüllen, damit die Kündigung auch rechtswirksam wird. Erstellen Sie eine Checkliste, in die Sie die wesentlichen Voraussetzungen eintragen.

Antwort 13.15

- Besteht ein Sonderkündigungsschutz, z.B. bei Schwerbehinderten?
- Wurde der Betriebsrat angehört? Ansonsten nach § 105 BetrVG unwirksam
- Wurden die Voraussetzungen des KSchG eingehalten?
- Wurde die Kündigung nicht von einer Bedingung abhängig gemacht?
- Wurde die Kündigungsfrist eingehalten?
- Schriftform eingehalten?
- Wurde die Kündigung eindeutig formuliert?
- Kündigungs-Schreiben von einer bevollmächtigten Person unterschrieben?
- Kündigung im Original zugestellt?
- Gilt die Kündigung als zugegangen?
- Wurde gegen die guten Sitten etc. verstoßen?

Frage 13.16

Geschäftsprozesse im Einzelhandel

Lernfeld 13

Erstellen Sie ein <u>einfaches Arbeitszeugnis</u> für einen Kaufmann im Einzelhandel mit den notwendigen Mindestangaben.

Verwenden Sie die nachfolgenden Daten:

- „Zeugnis" als Überschrift
- Herr Fabian Faulinski
- Geboren am 11. Juni 1974
- Geboren in München
- Beschäftigt vom 1. Juli 2017 bis zum 28. Februar 2018
- Beschäftigt als „Kaufmann im Einzelhandel" in der Abteilung „Seniorenmode"
- Aufgabengebiet: „Beratung von Kunden und das Einräumen von Ware"
- Ausscheiden auf eigenen Wunsch
- Abschlussformulierung
- „Hannover, 28. Februar 2018" als Ort und Datum des Zeugnisses
- Unternehmen „Hotte Mode GmbH", Unterschrift „Bastian Besserwisser" *(Prokurist)*

Antwort 13.16

Ein Lösungsvorschlag meinerseits...

...

Zeugnis

Herr Fabian Faulinski, geboren am 11. Juni 1974 in München, war vom 1. Juli 2017 bis zum 28. Februar 2018 als Kaufmann im Einzelhandel in unserer Abteilung „Seniorenmode" tätig.

Sein Aufgabengebiet umfasste im Wesentlichen die Beratung von Kunden und das Einräumen von Ware.

Herr Faulinski scheidet auf eigenen Wunsch aus unserem Unternehmen aus.

Wir wünschen Herrn Faulinski für seine berufliche und private Zukunft alles Gute.

Hannover, 28. Februar 2018

ppa. Bastian Besserwisser

Hotte Mode GmbH

...

Bitte achten Sie darauf, dass in diesem Fallbeispiel ein Prokurist mit dem Kürzel „ppa." („per procura") vor dem Namen unterschreibt.

Frage 13.17

Geschäftsprozesse im Einzelhandel

Lernfeld 13

Welche wesentlichen Arbeitspapiere sind einem Arbeitnehmer auszuhändigen, wenn er das Unternehmen wieder verlässt?

Antwort 13.17

- Arbeitszeugnis *(auf Verlangen ein qualifiziertes Zeugnis)*

- die Meldungen an den Sozialversicherungsträger

- Ein nach amtlich vorgeschriebenem Muster gefertigter Ausdruck der elektronischen Lohnsteuerbescheinigung. Der Ausdruck ist auszuhändigen oder elektronisch bereitzustellen.

  Hinweis: Die Lohnsteuerkarte wurde im Jahr 2013 durch die elektronischen Lohnsteuerabzugsmerkmale (ELStAM) ersetzt.

- Arbeitsbescheinigung für die Agentur für Arbeit (§ 312 SGB III)

- Urlaubsbescheinigung (Bescheinigung über den im laufenden Kalenderjahr bereits gewährten oder abgegoltenen Urlaub)

- Sozialversicherungsnachweis *(insofern er sich noch im Besitz des Arbeitgebers befindet)*

- Unterlagen über die betriebliche Altersversorgung

Frage 13.18

Geschäftsprozesse im Einzelhandel

Lernfeld 13

Worum handelt es sich bei der sog. Beitragsbemessungsgrenze in der Sozialversicherung?

Geben Sie zum besseren Verständnis ein Rechenbeispiel!

Antwort 13.18

Beiträge zu den Sozialversicherungen werden grundsätzlich nach der Höhe des Bruttogehalts der Arbeitnehmer berechnet.

Bsp.: Die Verkäuferin Luna Lustig hat ein Bruttogehalt von 2.400 Euro im Monat. Ihr Beitrag zur Arbeitslosenversicherung ist 2.400 • 3% • ½ = 36 Euro.

Die sogenannte Beitragsbemessungsgrenze ist eine Obergrenze. Hat ein Arbeitnehmer ein höheres Bruttogehalt, so werden seine Beiträge nur bis zu dieser Grenze erhoben.

Bsp.: Der Filialleiter Peter Protz aus Hamburg hat ein Bruttogehalt von 10.000 Euro im Monat. Die Beitragsbemessungsgrenze in der Arbeitslosenversicherung wurde von der Bundesregierung für 2018 auf 6.500 Euro monatlich festgelegt.

Sein Beitrag zur Arbeitslosenversicherung ist also nicht 10.000 • 3% • ½ = 150 Euro, sondern nur 6.500 • 3% • ½ = 97,50 Euro.

Wenn man nun bedenkt, dass es solche Beitragsbemessungsgrenzen zusätzlich für die Rentenversicherung, die Krankenversicherung und die Pflegeversicherung gibt, spart Herr Protz eine ganze Stange Geld!

Frage 13.19

Geschäftsprozesse im Einzelhandel

Lernfeld 13

Wovon ist die Motivation der Mitarbeiter im Einzelhandel abhängig? Nennen Sie 5 Einflussfaktoren.

Antwort 13.19

- Führungsstil der Vorgesetzten
- Betriebsklima
- Fortbildungsmöglichkeiten
- Arbeitsbedingungen
- Mitbestimmung
- Erfolgsbeteiligungen
- Aufstiegsmöglichkeiten
- …

Frage 13.20

Geschäftsprozesse im Einzelhandel

Lernfeld 13

Bitte zählen Sie 5 wichtige Rechte auf, die Sie als Arbeitnehmer in Sachen Datenschutz laut Bundesdatenschutzgesetz haben.

Antwort 13.20

c) **Allgemeines Auskunftsrecht:** Sie dürfen die zu Ihrer Person gespeicherten Daten *(auch Ihre Personalakte)* jederzeit einsehen.

d) **Recht auf Zurückhaltung sensibler Daten:** Werden Sie bspw. arbeitsunfähig geschrieben, darf Ihr Arbeitgeber in aller Regel nicht verlangen, dass Sie den genauen Grund für die Krankschreibung angeben.

e) **Recht auf Löschung, Berichtigung oder Sperrung:** Falsche, widerrechtlich erhobene oder veraltete Daten können Sie auf Antrag löschen, berichtigen bzw. sperren lassen.

f) **Recht auf aktive Zustimmung:** Besondere personenbezogene Daten *(Gesundheitsdaten, Informationen zu Sexualität etc.)* dürfen zur Wahrung vom Arbeitnehmerdatenschutz nur unter eindeutiger Einwilligung Ihrerseits erhoben, verarbeitet und genutzt werden.

g) **Recht zu lügen:** Will Ihr Arbeitgeber sensible Informationen von Ihnen erfragen, zu deren Freigabe Sie grundsätzlich nicht verpflichtet sind, können Sie die Beantwortung entweder verweigern oder dürfen lügen.

Frage 13.21

Geschäftsprozesse im Einzelhandel

Lernfeld 13

Nennen Sie 6 wichtige Regeln, die Sie als Arbeitgeber bei der Vorbereitung eines Beurteilungsgesprächs beachten sollten.

Antwort 13.21

- Formal Gesprächstermin vereinbaren mit Zeit- und Ortsangabe *(Mitarbeiter kann sich so auch auf das Gespräch vorbereiten)*,
- ausreichend Zeit für das Gespräch einplanen,
- keine Störungen,
- Gesprächspartner aktiv zuhören,
- sachliche Gesprächsführung,
- keine Verallgemeinerungen, sondern nur eigene Beobachtungen schildern,
- gemeinsame Vereinbarungen treffen,
- zeitnahes Protokoll des Gesprächs erstellen.

Frage 13.22

Geschäftsprozesse im Einzelhandel

Lernfeld 13

a) Aus welchen Gründen ist Arbeitsschutz ein wichtiges Ziel in den Einzelhandelsbetrieben?

b) Welche wichtigen Schutzgesetze müssen bei der Personaleinsatzplanung beachtet werden?

Antwort 13.22

a)
- Schutz von Leben und Gesundheit,
- Arbeitsunfälle erhöhen die Personalkosten,
- Arbeitsunfälle stören den Betriebsablauf,
- Arbeitsschutz kann als Image- und Wettbewerbsvorteil angesehen werden.

b)
- Arbeitsschutzgesetz
- Jugendschutzgesetz
- Arbeitszeitgesetz
- Bundesurlaubsgesetz
- Mutterschutzgesetz
- Schwerbehindertengesetz

Frage 13.23

Geschäftsprozesse im Einzelhandel

Lernfeld 13

Welche Angaben sollten in eine Stellenbeschreibung aufgenommen werden? Nennen Sie 4 Angaben.

Nennen Sie jeweils 2 Vor- und Nachteile einer Stellenbeschreibung.

Antwort 13.23

- Einordnung in die Organisationsstruktur,
- Stellvertretung,
- Tätigkeitsbeschreibung,
- Pflichten und Kompetenzen,
- ...

Stellenbeschreibung	
Vorteile	Nachteile
Kompetenzen werden geregelt	Regelmäßige Aktualisierung notwendig
Arbeitsgebiet klar umrissen	Zeitaufwand für Erstellung

Lernfeld 14, Frage 14.1
Geschäftsprozesse im Einzelhandel

a) Welche Geschäfte darf ein Prokurist für das Unternehmen, das ihm Prokura erteilt hat, abwickeln? Nennen Sie 5 Beispiele.

b) Welche Geschäfte darf er nicht abwickeln? Nennen Sie auch hier 5 Beispiele.

c) Erklären Sie die Begriffe „Gesamtprokura", „Einzelprokura" und „Filialprokura".

Antwort 14.1

a) Die Prokura ist eine spezielle handelsrechtliche Vollmacht mit gesetzlich fixiertem Inhalt. Der Prokurist darf grundsätzlich alle Geschäfte tätigen, die ein Handelsgewerbe mit sich bringt.

Der Prokurist darf:

- An- und Verkäufe tätigen,
- Personal einstellen und entlassen,
- Kredite aufnehmen,
- Wechsel begeben,
- Zahlungen entgegennehmen,
- Zweigniederlassungen errichten und schließen,
- Unternehmen und Beteiligungen erwerben,
- Prozesse führen.

b) Der Prokurist darf nicht:

- Grundstücke veräußern und belasten,
- das Handelsgeschäft einstellen oder es veräußern,
- die Firma ändern,
- Gesellschafter aufnehmen,
- die Eröffnung des Insolvenzverfahrens beantragen,
- selbst Prokura erteilen,
- den Jahresabschluss unterzeichnen.

c) **Einzelprokura** bedeutet, dass der Prokurist die Gesellschaft alleine nach außen vertreten darf (z.B. alle Verträge allein unterschreiben darf). **Gesamtprokura** bedeutet, dass der Prokurist nur zusammen mit einem weiteren Prokuristen oder einem Geschäftsführer agieren kann (Verträge benötigen mindestens 2 Unterschriften seitens der Gesellschaft). **Filialprokura** beschränkt sich auf eine Niederlassung des Unternehmens.

Frage 14.2

Geschäftsprozesse im Einzelhandel

Lernfeld 14

Bitte erklären Sie kurz die Begriffe

- Generalhandlungsvollmacht (auch: Allgemeine Handlungsvollmacht)
- Artvollmacht
- Spezialvollmacht

Welche Geschäfte sind nicht von der einer Handlungsvollmacht abgedeckt? Nennen Sie 4 Beispiele.

Antwort 14.2

Unter **Handlungsvollmacht** versteht man jede Vollmacht, die nicht Prokura ist und die ein Kaufmann im Rahmen seines Handelsgewerbes erteilt.

Von der Prokura unterscheidet sie sich durch ihren geringeren Umfang. Die Handlungsvollmacht wird deshalb häufig als „kleine Schwester der Prokura" bezeichnet.

Anders als für die Prokura schreibt das Gesetz den Umfang der Handlungsvollmacht nicht zwingend vor. Ihn bestimmt der Vollmachtgeber.

Die **Generalhandlungsvollmacht** (oder auch: **Allgemeine Handlungsvollmacht**) erstreckt sich über den gesamten Bereich des Handelsgewerbes und wir normalerweise auf Dauer erteilt. Die **Artvollmacht** bezieht sich auf eine bestimmte Art von wiederkehrenden Geschäften (z.B. regelmäßiger Einkauf von Waren) und die **Spezialvollmacht** auf die Vornahme einzelner, konkreter Geschäfte, z.B. einmaliger Kauf eines Druckers.

Außergewöhnliche Geschäfte sind nicht von einer Handlungsvollmacht abgedeckt. Beispiele:

- Veräußerung und Belastung von Grundstücken,
- Eingehung von Wechselverbindlichkeiten,
- Aufnahme von Darlehen,
- Führung von Prozessen.

Frage 14.3

Geschäftsprozesse im Einzelhandel

Lernfeld 14

Wie viele Verträge werden bei einem Bürgschaftskredit abgeschlossen? Wer verpflichtet sich im Bürgschaftsvertrag?

Antwort 14.3

Dem **Bürgschaftskredit** liegen 2 Verträge zugrunde: Der Kreditvertrag zwischen Kreditgeber und Kreditnehmer und der Bürgschaftsvertrag zwischen Kreditgeber und Bürge.

Im **Bürgschaftsvertrag** verpflichtet sich der Bürge, für die Verbindlichkeiten des Kreditnehmers einzustehen, wenn der nicht zahlen kann.

Frage 14.4

Geschäftsprozesse im Einzelhandel

Lernfeld 14

Als gestandener Verkäufer möchten Sie sich nach einigen Jahren selbständig machen und ein Einzelhandelsunternehmen gründen. Sie überlegen zunächst, welche Rechtsform für Sie in Frage käme.

Welche Rechtsformen von Unternehmen unterscheidet man grundsätzlich?

Bitte erstellen Sie ein Schaubild, in dem Sie die Unternehmensformen gruppieren.

Beschränken Sie sich auf die wichtigsten Rechtsformen.

Antwort 14.4

Unternehmensformen

- **Einzelunternehmen**
- **Gesellschaftsunternehmen**
  - **Personengesellschaften**
    - Offene Handelsgesellschaft, OHG
    - Kommanditgesellschaft, KG
    - GmbH & Co. KG
  - **Kapitalgesellschaften**
    - Aktiengesellschaft, AG
    - Gesellschaft mit beschränkter Haftung, GmbH
  - **Andere Gesellschaftsformen**
    - Genossenschaft, eG
    - Versicherungsverein auf Gegenseitigkeit, VVaG

Frage 14.5

Geschäftsprozesse im Einzelhandel

Lernfeld 14

Als gestandener Verkäufer möchten Sie sich nach einigen Jahren selbständig machen und ein Einzelhandelsunternehmen gründen. Sie überlegen zunächst, welche Rechtsform für Sie in Frage käme.

Bei der Entscheidung für eine Rechtsform geht es u.a. darum,

- wer für das Unternehmen haftet,
- wer die Geschäftsführung übernimmt,
- wie Gewinn und Verluste verteilt werden.

Bitte erstellen Sie eine Tabelle, in die Sie für die Rechtsformen

- Einzelunternehmen
- OHG
- KG
- GmbH
- AG
- Genossenschaft

die oben genannten Angaben eintragen.

Antwort 14.5

Rechtsform	Einzelunternehmen	OHG	KG	GmbH	AG	Genossenschaft
Haftung	Unbeschränkt mit Geschäfts- und Privatvermögen	Gesellschafter unmittelbar, unbeschränkt, gesamtschuldnerisch mit Geschäfts- und Privatvermögen	Komplementär: Unbeschränkt mit Geschäfts- und Privatvermögen. Kommanditist: Nur mit Kapitaleinlage	Beschränkt auf das Gesellschaftsvermögen. Haftung der Gesellschafter also nur mit deren Einlage	Beschränkt auf das Gesellschaftsvermögen. Aktionäre haften nur mit ihrer Einlage (also ihren Aktien)	Beschränkt auf das Genossenschaftsvermögen, evtl. Nachschusspflicht der Genossen
Geschäftsführung	Einzelunternehmer	Normalfall: Jeder Gesellschafter	Komplementär, Kommanditisten sind von Geschäftsführung ausgeschlossen	Geschäftsführer	Vorstand	Vorstand
Gewinn bzw. Verlust	Einzelunternehmer	Gewinn: 4% der Kapitaleinlage als Verzinsung, der Rest nach Köpfen. Verlust: Nach Köpfen	Gewinn: 4% des Kapitals für jeden Gesellschafter, Rest in angemessenem Verhältnis/ Verlust: In angemessenem Verhältnis	Gewinn: Beteiligung nach Geschäftsanteilen. Verlust: Beschränkte oder unbeschränkte Nachschusspflicht	Gewinn: Dividende an Aktionäre, Erhöhung der Rücklagen. Verlust: Wird aus Rücklagen gedeckt	Gewinn- und Verlustbeteiligung nach Köpfen

Frage 14.6

Geschäftsprozesse im Einzelhandel

Lernfeld 14

Unsere Buchhalterin, Frau Fleißig, entdeckt bei der Prüfung unserer offenen Posten den folgenden Sachverhalt:

Rechnung an den Kunden Pfiffikus, einen EDV-Einzelhändler:

> 10 Laptops zu jeweils 500,00 Euro
> = 5.000,00 Euro
>
> + 19% Umsatzsteuer
>
> = 950,00 Euro
>
> Bruttobetrag= 5.950,00 Euro

Im Vertrag war ein Zahlungsziel von 14 Tagen nach Erhalt der Ware vereinbart. Geliefert wurde am 29. Juni 2018. Frau Fleißig schickt am 3. August eine Mahnung zzgl. der bis dahin angefallenen Verzugszinsen an Pfiffikus.

Wann kommt Pfiffikus in Verzug?

Wie hoch sind die Verzugszinsen bei einem Basiszinssatz in Höhe von -0,88% (Zinsmethode 30/360)?

Bitte buchen Sie auch die Belastung des Kunden mit Verzugszinsen und Auslagen (5 Euro), indem Sie die Konten „Forderungen aLL", „Zinserträge Kunden" und „Sonstige Erträge" benutzen. Die eigentliche Rechnung ist bereits gebucht.

Antwort 14.6

Grundlage für die Berechnung von Verzugszinsen ist der Basiszinssatz. Dieser wird gemäß § 247 BGB von der Deutschen Bundesbank jeweils zum 1. Januar und zum 1. Juli eines Jahres neu berechnet und im Bundesanzeiger bekannt gegeben. In der Aufgabe ist er mit -0,88% gegeben.

Bei Rechtsgeschäften zwischen Unternehmern beträgt der Verzugszinssatz inzwischen 9% über dem Basiszinssatz pro Jahr, also:

$$-0{,}88\% + 9\% = 8{,}12\%$$

Datum des Verzugs:

Im Vertrag war ein Zahlungsziel von 14 Tagen nach Erhalt der Ware vereinbart. Geliefert wurde am 29. Juni 2018. Fällig war die Rechnung deshalb bereits am 13. Juli. Da das nach dem Kalender bestimmbare Zahlungsziel vertraglich vereinbart war, muss keine Mahnung abgewartet werden, damit Pfiffikus in Verzug gerät. Formal ist Pfiffikus ab dem 14. Juli in Verzug, nämlich dem Tag, der auf den letzten Tag der Zahlungsfrist folgt.

Berechnung der Verzugszinsen:

$$\frac{5.950 \text{ Euro} \cdot 8{,}12\% \cdot 20 \text{ Verzugstage}}{100\% \cdot 360 \text{ Tage}}$$

= 26,84 Euro

Anmerkungen: 360 Tage pro Jahr (30 Tage pro Monat) sowie 20 Verzugstage: 14. Juli - 3. August

Buchungssatz:

Forderungen aLL 31,84

an Zinserträge Kunden 26,84

an Sonstige Erträge 5,00

Frage 14.7

Geschäftsprozesse im Einzelhandel

Lernfeld 14

Bitte tragen Sie die korrekten Begriffe in die folgenden Lücken ein:

Eine Form der Finanzierung, bei der das Kapital von außen in das Unternehmen einfließt, nennt man _____.

Bei der _____ wird – im Gegensatz zur Außenfinanzierung – kein Kapital von außen zugeführt.

Die Innenfinanzierung kann als _____ (z.B. durch Gewinnthesaurierung) oder als _____ (z.B. durch Finanzierung aus Rückstellungen) durchgeführt werden.

Antwort 14.7

Eine Form der Finanzierung, bei der das Kapital von außen in das Unternehmen einfließt, nennt man *Außenfinanzierung*.

Bei der *Innenfinanzierung* wird – im Gegensatz zur Außenfinanzierung – kein Kapital von außen zugeführt.

Die Innenfinanzierung kann als *Eigenfinanzierung* (z.B. durch Gewinnthesaurierung) oder als *Fremdfinanzierung* (z.B. durch Finanzierung aus Rückstellungen) durchgeführt werden.

Frage 14.8

Geschäftsprozesse im Einzelhandel

Lernfeld 14

Erklären Sie bitte kurz die wesentliche Gemeinsamkeit und den Hauptunterschied zwischen einer Hypothek und einer Grundschuld.

Antwort 14.8

Wenn bspw. ein Haus erworben wird, möchte sich die Bank, die dafür das Geld gibt, absichern. Dies geschieht durch einen *(notariell veranlassten)* Eintrag im Grundbuch, der ihr zusichert, die Immobilie verwerten zu dürfen, falls das Darlehn nicht mehr zurückgezahlt werden kann – einer Hypothek oder Grundschuld.

Der Hauptunterschied zwischen Hypothek und Grundschuld: Die Hypothek ist an ein bestimmtes Darlehen gebunden, die Grundschuld nicht. So ist es bspw. möglich, eine Grundschuld im Grundbuch stehen zu lassen, obwohl das Darlehen bereits getilgt ist. Die bestehende Grundschuld kann dann später für ein neues Darlehen genutzt werden.

Frage 14.9

Geschäftsprozesse im Einzelhandel

Lernfeld 14

a) Nennen Sie 3 wesentliche Nachteile des Leasings im Unternehmensbereich. Bitte beschränken Sie sich auf die Sichtweise des Leasingnehmers!

b) Bitte erklären Sie kurz den Begriff Factoring.

c) Welche Funktionen übernimmt der sogenannte Factor für den Kunden bzw. welche Vorteile hat der Forderungsverkäufer?

Antwort 14.9

a) Der Leasingnehmer erwirbt kein Eigentum und kann deshalb nicht uneingeschränkt über das Leasingobjekt verfügen.

Möchte der Leasingnehmer den Vertrag vorzeitig auflösen, so entstehen für ihn zusätzliche Kosten.

Der Leasingnehmer muss zusätzliche Verpflichtungen eingehen, bspw. wird die Leasinggesellschaft bei Leasing eines Firmen-PKW den Abschluss einer Vollkaskoversicherung fordern.

b) Aus der Sicht des Forderungsverkäufers (sogenannter Anschlusskunde) ist Factoring der laufende Verkauf von kurzfristigen Forderungen an eine Factoring-Gesellschaft (sogenannter Factor).

Gegenstand des Factorings sind Forderungen aus Lieferungen und Leistungen.

Der Forderungsverkäufer schließt dazu mit dem Factor einen Factoring-Vertrag ab.

c) **Dienstleistungsfunktion**: Der Factor übernimmt die Buchhaltungsarbeiten und das Inkasso- und Mahnwesen für den Forderungsverkäufer.

Delkrederefunktion: Der Factor übernimmt das Risiko der Zahlungsunfähigkeit des Kunden.

Finanzierungsfunktion: Der Forderungsverkäufer erhält durch die Zahlungen des Factors einen raschen Liquiditätszufluss.

Frage 14.10

Geschäftsprozesse im Einzelhandel

Lernfeld 14

Als gestandener Verkäufer möchten Sie sich nach einigen Jahren selbständig machen. Sie überlegen zunächst, welche Rechtsform für Sie in Frage käme. Aus Ihrer bisherigen Tätigkeit kennen Sie bereits einige Unternehmen. Nun wollen Sie Näheres wissen…

a) Um welche Rechtsform handelt es sich bei der Modessa Mode GmbH? Wer haftet bei Modessa?

b) Um welche Rechtsform handelt es sich bei der Texta Textil AG?

c) Um welche Rechtsform handelt es sich bei der Raiffeisen Deutschland e.G.?

d) Wie wird der Vollhafter einer Kommanditgesellschaft (KG) genannt?

e) Wie wird der Teilhafter einer Kommanditgesellschaft (KG) genannt?

f) Um welche Gesellschaftsform handelt es sich bei der „Feinkost Meier GmbH & Co. KG"?

g) Was ist die Besonderheit bei einer „GmbH & Co. KG"?

h) Welche Organe hat eine GmbH?

i) Welche Organe hat eine AG?

Antwort 14.10

a) Es handelt sich um eine „Gesellschaft mit beschränkter Haftung", hier erkennbar am Zusatz „GmbH". Die GmbH gehört zu den Kapitalgesellschaften.

Es ist eine juristische Person des Privatrechts, die mit der Eintragung in das Handelsregister fähig ist, Rechtsgeschäfte abzuschließen.

Bei der Modessa Mode GmbH haftet nur die GmbH mit ihrem Gesellschaftsvermögen für die Verbindlichkeiten der Gesellschaft. Das Privatvermögen der Gesellschafter bleibt unberührt.

b) Es handelt sich um eine „Aktiengesellschaft", hier erkennbar am Zusatz „AG". Auch die AG gehört zu den Kapitalgesellschaften. Auch sie ist eine juristische Person des Privatrechts.

c) Es handelt sich um eine Genossenschaft, hier erkennbar am Zusatz „e.G."

d) Der Vollhafter einer KG heißt „Komplementär".

e) Der Teilhafter einer KG heißt „Kommanditist".

f) Eine „GmbH & Co. KG" ist eine Kommanditgesellschaft und somit eine Personengesellschaft.

g) Anders als bei einer typischen Kommanditgesellschaft ist der persönlich und unbegrenzt haftende Gesellschafter (Komplementär) keine natürliche Person, sondern eine Gesellschaft mit beschränkter Haftung (GmbH).

Das Ziel dieser Konstruktion besteht darin, Haftungsrisiken für die hinter der Gesellschaft stehenden Personen auszuschließen. De facto haftet hier kein Mensch voll mit seinem Privatvermögen.

h) Geschäftsführer, Gesellschafterversammlung und ab 500 Arbeitnehmern einen Aufsichtsrat

i) Vorstand, Aufsichtsrat, Hauptversammlung

Stichwortverzeichnis

A

ABC-Analyse 231
Ablauforganisation 66, 67
Ablenkungsmethode 216
Absatzkalkulation 202
Absatzkooperation 161
Abschlussprüfung
    Wiederholung 11
Abschreibung 238
Abschreibungsplan 239
Abschreibungssatz 239
Absetzungen für Abnutzung 238
AfA 238
Aktions-, Sonder-, Showfenster 143, 144, 145, 146
Allgemeine Handlungsvollmacht 266
Allgemeine Verbotszeichen 177
Allgemeine Warnzeichen 176
Alternativfrage 75
Alternativfragen 76
Analyse der Personalstruktur 231
Anforderungen
    an Verkäufer 90
Anfrage 168
Angebot 168
Anlagevermögen 192
Arbeitgeber-Belastung 247, 248
Arbeitnehmerüberlassung 255
Arbeitsgericht 55
Arbeitspapiere
    bei Beendigung 261, 262
Arbeitsschutz 264
Arbeitsteilung 37
Arbeitsvertrag
    Pflichten 257
Arbeitszeugnis 57
Arglistig verschwiegene Mängel 171
Artvollmacht 266
Aufbauorganisation 66, 67
Aufwand 234
Aufwendungen 236
Ausbilder
    Pflichten 13
Ausbildungsverhältnis
    Kündigung 11
Ausbildungsvertrag
    Inhalte 10
Ausländer 72
Auslaufsortiment 46
Außenfinanzierung 270
Austauschmethode 216
Auszubildende
    Pflichten 12

B

Barcode 165
Bareinkaufspreis 197, 198, 201
Barverkaufspreis 197, 198, 202
Basiszinssatz 269
Bedarf 31, 32
Bedarfsermittlung 70
Bedienform 54, Siehe Verkaufsformen
Bedienung 51
Bedürfnis 31
Bedürfnisse 32, 33
Begleitern/-innen 223
Beitragsbemessungsgrenze 262
Berufsausbildung 255
Berufsgenossenschaften 63
beschränkt Geschäftsfähigen 93
Beschränkte Geschäfts- 92
Besitz 94
Bestellpunktverfahren 169
Bestellrhythmusverfahren 169
Betriebsergebnis 232
Betriebsformen 58, 59
    funktionsorientiert, erlebnisorientiert 62
Betriebsrat 22
    Aufgaben 25
    Mitbestimmung Mitwirkung Information 24
Betriebsrates
    Mitbestimmung Mitwirkung Information 23
Betriebsratswahlen 21
Betriebssystem 166
Betriebsversammlung 25
Beurteilungsgesprächs 263
Bezugskalkulation 201
Bezugspreis 184, 197, 198, 201, 202, 205, 206, 207, 208, 209, 211
Bilanz 192
Blaue Engel 64
Boutique 58, 59
Break-Even-Point 226
Bruttopersonalbedarf 258
Buchungssätze
    Übung 236
    Übungen 237
Budgetierung 231
Bumerang-Methode 82
Bundesdatenschutzgesetz 167, 263

Bürgerlicher Kauf 95
Bürgschaftskredit 266
Bürgschaftsvertrag 266

C

Controlling 230
Convenience Store 58, 59

D

Datenschutz 167
    Arbeitnehmer 263
Datenschutzbeauftragte 167
Datensicherung 167
Deckungsbeitrag 226, 232
dezentraler Lagerung 180
Diagramme 128, 190
Diebstähle
    Vorbeugung 217
Dienstleistungen 35
Discounter 58, 59, 61
Disposition 65
Distributionspolitik 244
Draufgabe 158
Dreingabe 158
Dreisatz 108, 109, 110, 113, 114, 115, 116, 117, 118, 120, 121, 203, 249, 252
Dreisatzes 129
dualen Ausbildung 14
Duftinseln 147
durchschnittliche Lagerbestand 181, 182, 183
durchschnittliche Lagerdauer 181, 184
durchschnittlichen Lagebestände 184

E

EAN 165, 166
echten Einwänden 86
EDI 165
effektiven Jahreszinssatzes 224
Effektivzins 224
Eigenfinanzierung 270
Eigenkapitalquote 227, 228
Eigenkapitalrentabilität 227, 228
Eigentum 94
einfaches Arbeitszeugnis 260
Einführungsrabatt 211
Einkauf
    Arbeitsprozesse 164
Einkaufsgenossenschaft 161
Einkaufsverband 161
Einkaufszentrum 61
Einliniensystem 66, 67

Einräumen neuer Ware 179
Einschließmethode 216
Einseitiger Handelskauf 95
Einstandspreis 184, 197, 198, 201, 202, 205, 206, 208
Einwand
    echter, unechter 86
Einwände 82
Einzelhandel
    Aufgaben 39
    Funktionen 39
Einzelhandelsbetriebe
    Funktionen 40
Einzelprokura 265
elektronischen Datenaustausch 165
Entscheidungsfragen 76
Erfolgskonten 236
Erfüllungsgeschäft 97
Erfüllungsort 168
Ergänzungsartikel 89
Erinnerungswert 238
Erlebniszonen 147
Ersatz vergeblicher Aufwendungen 170
Ersatzbedarf 258
Ersatzlieferung 170
Ertrag 234
Erträge 236
erwerbswirtschaftliche Prinzip 62
Euro-Geldscheine 107
externe Personalbeschaffung 254

F

Fabrikverkaufs-Laden 58
Fachgeschäft 58, 59
Factor
    Funktionen 271
Factoring 271
Factory-Outlet 58
Farbgestaltung Siehe Verkaufsraum
Feedback 152
FIFO 179
Filialprokura 265
Finanzierung 159, 164, 224, 270
fixe Kosten 234
Fixe Kosten 226
Fixkosten 226, 234
Flächenproduktivität 229
Fluchtweg 178
Fortbildung 255
fortgeschriebener Personalbestand 258
Frageformen 75, 76
Fragetechniken 75, 76
Franchise-Geber
    Vorteile, Nachteile 163

Franchise-Nehmer
    Vorteile, Nachteile 163
Franchising 160, 163, 164
freibleibend 168
Freiwahl 51
freiwillige Kette 160, 162
freiwillige Leistungen 87
Freizeichnungsklauseln 168
Fremdfinanzierung 270
Friedenspflicht 28
Führungsstilen 256
Fürsorgepflicht 257

G

Garantie 86, 212
Gebotszeichen 178
Gebrauchsgut 35
Gehaltsabrechnung 247, 248
Gemeinlastprinzip 62
Generalhandlungsvollmacht 266
Generation 55plus 71
Generationenvertrag 43
Geringwertiges Wirtschaftsgut 191
Gesamtprokura 265
Geschäftsfähigkeit 92
Geschenk-Verkauf 219
Geschlossene Frage 75
Geschlossene Fragen 76
gesetzlichen Rentenversicherung 43
Gewährleistung 212
Gewerbeaufsichtsamt 63, 210
Gewerkschaften 28
Gewinn 52, 62, 124, 190, 197, 198, 202, 203, 268
Gewinn- und Verlustrechnung 234
Gleitzeit 58
Grundschuld 270
GTIN 165
Güterarten 34
Gütezeichen 64
GuV 234
GuV-Konto 236
GWG 191

H

Handelskauf 95
    Prüfpflichten Käufer 171
Handelsspanne 207, 208, 209, 211
Handlungskosten 197, 198, 202, 234
    Beispiele 202
Handlungskostenzuschlag 234
Handlungsvollmacht 266
Hardware 166

Hauptartikel 89
Hochbetriebs 221, 222
Höchstbestand 172
Hypothek 270

I

Improvisation 65
Informationsquellen
    Warenkunde 77
Innenfinanzierung 270
interne Personalbeschaffung 254
Investitionsgut 35

J

Ja-aber-Methode 82, 84
JArbSchG 17, 18
JAV 19
    Wahl 20, 21
Jugend- und Auszubildendenvertretung 19
    Wahl 20, 21
Jugendarbeitsschutzgesetz 17, 18
Jugendliche 72
Just-In-Time 169

K

Kalkulationsabschlag 208, 209
Kalkulationsfaktor 205, 209
Kalkulationsschema
    Merkhilfe 199
Kalkulationszuschlagsatz 206, 209
Kasse
    Arbeitsschritte 105
    Kundenorientiertes Verhalten 106
    Mögliche Situationen 104
Kassennachschau 136
Kassieren
    Vorbereitende Tätigkeiten 103
Kaufhaus 58, 59, 61
Kaufvertrag 97
Kernprozesse 68
Kernsortiment 46
Kernzeit 58
Kinder 72
Kirchensteuer 252
Klangwelt 147
Kommission 162
Kommunikation
    Feedback 152
Kommunikationsinstrumente 149
Kommunikationspolitik 149, 241, 244
Konsumgut 35

Kooperation
   horizontale, vertikale 160
Kooperation im Einzelhandel 159
Krankenkassen 44
Kreditkarte 107
Kulanz 212, 213, 214
Kunden
   Einwandbehandlung 83
Kundenbindung 87
Kundeneinwände
   Arten 85
Kundeneinwänden 83
Kundeneinwands 84
Kundenlaufstudien 140
Kundennutzen 78
Kundentypen 71
Kundenzufriedenheit 240
Kündigung
   Voraussetzungen 259
Kündigungsschutzklage 55

L

Ladendiebe
   Methoden 216
Ladendiebstahl 214, 215
Lagerarten 174
Lagerhaltung 41
Lagerrisiken 175
Lagerumschlags-häufigkeit 231
Lagerung
   Zentral, dezentral 180
Lagerung von Waren
   Kosten 176
Lagerzinsen 230
Laufkunden 72
Leasing
   Nachteile 271
Leiharbeit 255
Leiharbeitnehmer 255
Leistungsabschreibung 239
Lieferantenauswahl 168
linearen Abschreibung 239
Liquidität 227, 228
Listeneinkaufspreis 197, 198, 199, 200, 201
Listenverkaufspreis 197, 198, 199, 200, 202, 207, 208, 209

M

Managementprozesse 68
Mangel 170
mangelhaften Lieferung (Schlechtleistung) 170
Mängelrüge 171

Markenzeichen 64
Marketing 245
Marketinginstrumenten. 244
Marketing-Mix 148
Markt 38
Marktanalyse 246
Marktanteil 243
Marktbeobachtung 41, 246
Markterschließung 41
Marktforschung 245, 246
Marktprognose 245, 246
Marktvolumen 243
MDK 44
Medizinischen Dienstes der Krankenversicherung 44
Mehrliniensystem 66, 67
Mehrwertsteuer 225
Meldebestand 172, 173, 174
Mengenausgleich 41
Minderjährige 93
Minderung des Kaufpreises 170
Mindestbestand 172, 173, 174
Mitarbeitergespräch 257
Motivation 262
Mutterschutz 45
Mutterschutzfristen 45

N

Nachbesserung 170
Nacherfüllung 170
Nachfrage 31, 32
Nachlieferung 170
Naturalrabatt 158
Nettogehalt 248
Nettopersonalbedarf 258

O

Objekten 65
objektorientierten Gliederung 65
Offene Frage 75
Offene Mängel 171
Off-Price-Store 61
Ökonomisches Prinzip 30
Optimaler Bestellzeitpunkt 169
Optische Verkleinerung 81
Organisation 65

P

Panel 245
PAngV 210, 241
Personalbedarf

Schwankungen 259
Personalbeschaffung 254
Personalbestandsmethode 258
Personalentwicklung 258
Personalleasing 255
Personalleasing-Unternehmen 255
Personalplanung 254
Phantasiefenster 143, 144, 145, 146
Plakatfenster 143
Point of Sale 243
Postenmarkt 58
PR 241
Preisangabenverordnung 210, 241
Preisgespräch 78
Preiskorrekturmethode 216
Preisnennung 73, 81
Preispolitik 244
Preisschock 81
Preissicherungs-Umgehung 216
Prestige-Kunde 72
Primärforschung 245
private Versicherungen 42
Probezeit 15
Product-Placement 243
Produktionsfaktoren 37
Produktpolitik 242, 244
Prokura 265
Prokurist 260, 265
Prozentformel 130
Prozentformeln 126
Prozentrechnung 126, 128
Prozentsatz 130
Prüfzeichen 64
Public Relations 241

Q

Qualitative Personalplanung 254
quantitative Personalplanung 254

R

Rabatt 131, 197, 198, 201, 202, 211
Rack-Jobber 160, 162
Randsortiment 46
Raumüberbrückung 41
Rechte 35
Rechtsfähigkeit 91
Recycling 63
Reingewinn 234
Reklamation 84, 171, 213
Renner-Penner-Liste 230
Reservelager 174
Rettungszeichen 177

Rohgewinn 234
Rückfragemethode 82
Rücktritt vom Vertrag 170
Rügepflicht 171

S

Sachmangel 170
Saisonsortiment 46
Sales-promotion 243
Sandwichmethode 78
Sandwich-Methode 79
Schadenersatz statt der Leistung 170
Schaufenster 142
Schaufensterarten
    Vorteile, Nachteile 146
Schaufenstern
    Arten, Typen 143
    Offene, geschlossene 143
Schaufensterware
    Preisauszeichnung 241
Schnäppchenjäger 72
Schutzgesetze
    bei der Personaleinsatzplanung 264
Schutzzeichen 64
Sekundärforschung 245
Selbstbedienung 51
Selbstkostenpreis 197, 198, 202
Senioren 71, 106
Serviceleistungen 87
Shop-in-the-Shop-Konzept 141
Sicherheitsmerkmale
    Euro-Geldscheine 107
Solidaritätszuschlag 249
Soll-Ist-Vergleich 231
Sonderpostenmarkt 61
Sortiment 46
Sortiments
    "Trading Up" 139
Sortimentsbereinigung 240
Sortimentsbildung 41, 240
Sortimentsbreite 47
Sortimentserweiterung 240
Sortimentsgestaltung 240
Sortimentsplanung 240
Sortimentstiefe 47
Sortimentsvariation 240
Sortimentsveränderungen
    Gründe 50
Sozialversicherung 42
Spätkunden 220
Spezialgeschäft 58, 59
Spezialvollmacht 266
Sponsoring 243

Sportsponsoring 243
Stabliniensystem 66, 67
Stammkunden 72
Stapelfenster 143, 144, 145, 146
Stelle
   Zuständige Stelle 14
Stellenbeschreibung 264
Steuerklassen 251
Stimmungsfenster 143
Suggestivfrage 75
Supermarkt 58, 59, 61

T

Tarifautonomie 26
Tarifvertrag 28
Teamarbeit 154
Testzeichen 64
Touristen 72
Trading Down 240
Trading Up 139, 240
Treuepflicht 257
Trojanisches Pferd 216

U

Übersichtsfenster 143, 144, 145, 146
Umlaufvermögen 192
Umpackmethode 216
Umsatzerlöse
   Definition 204
Umsatzrentabilität 227, 228
Umsatzsteuer 132, 133, 184, 197, 198, 202, 203, 204, 207, 208, 209, 210, 211, 225, 237
Umsatzsteuersätze 225
Umschlagshäufigkeit 181, 182, 183
Umschulung 255
Umtausch 84, 85, 131, 213, 214
Umweltschutzes
   Prinzipien 62
Umweltzeichen 64
Unbeschränkte Geschäfts- 92
unechten Einwand 86
Unfallverhütungs-Vorschriften 63
Unternehmer-Rentabilität 227
Unternehmungs-Rentabilität 229
unterstützende Prozesse 68
unverbindlich 168

V

variable Kosten 234
Variable Kosten 226
Verbotszeichen. 177

Verbrauchermarkt 58, 59
Verbrauchsgut 35
Verbrauchsgüterkauf 95
Vergleichsmethode 81, 83
Verharmlosungsmethode 81
Verkaufsförderung 243
Verkaufsform 54
Verkaufsformen 51
Verkaufsgespräch
   Fragetechniken 75, 76
   Phasen 69
Verkaufslager 174
Verkaufsraum
   Gestaltung 147
Verkaufssituation
   Begleiter 223
   Hochbetrieb 221
   Kunde vor Ladenschluss 220
Verkaufszonen 140
Verletztenrente 55
Verpackungsentnahme 216
Verpflichtungsgeschäft 97
Verrichtungen 65
verrichtungsorientierten Gliederung 65
Versandlager 174
Versteckmethode 216
Versteckte Mängel 171
versteckter Mangel 170
Verursacherprinzip 62
Verzugszinsen 269
Visual Merchandising 139
VL 248
Vorsorgeprinzip 62
Vorsteuer 225, 237
Vorteil-Nachteil-Methode 82
Vorwahl 51
VWL 248

W

Waren
   Behandlung 179
Warenbezogene Ansprache 70
Warenhaus 58, 59, 61
Warenkenntnisse 77
Warenpflege 179
   Maßnahmen 179
Warenvorlage
   Grundsätze, Regeln 73
Warenwälzung 179
Warenwirtschaftssystem 156, 157
Warenwirtschaftssysteme
   Aufgaben 158
Warenwirtschaftssystems

Hardware-Bestandteile 166
Warnzeichen 176
Weiterbildung 255
Weiterverwertung 63
Werbemittel 151
Werbeplan 150
Werbeträger 151
Wiederverwendung 63
Wiederverwertung 63
Wirtschaftskreislauf 36
Wirtschaftssektor 37
WWS 156

Z

Zeitarbeit 255

Zeitüberbrückung 41
zentraler Lagerung 180
Zerlegungsmethode 81
Zieleinkaufspreis 197, 198, 201
Zielverkaufspreis 197, 198, 202
Zukunftsprinzip 62
Zulassung zur Abschlussprüfung
    Voraussetzungen 15
Zusatzartikel 89
Zusatzbedarf 258
zuständige Stelle 16
Zweiseitiger Handelskauf 95
Zwiebelmethode 216

Feedback oder Kritik

Sie haben dieses Buch durchgearbeitet und es hat Ihnen gefallen?

Das freut mich sehr! Denn ich habe es mit viel Herzblut und Engagement geschrieben und nur in einem kleinen Verlag veröffentlichen können. Durch Ihre Bewertung oder Rezension erfahren andere Azubis, dass dieses Buch hilfreich sein könnte.

Sie haben einen Fehler in diesem Buch entdeckt oder etwas ist unverständlich? Das ist ärgerlich! Bitte schicken Sie mir eine E-Mail an

mail@anaximander-verlag.de

und ich kümmere mich um Ihr Anliegen. Sie bekommen nicht immer innerhalb eines Tages eine Antwort ... aber oftmals schon innerhalb einer Woche ;-)